SUPERBUR
MANUALI

Maria Venturi

L'AMORE S'IMPARA

Biblioteca Universale Rizzoli

ISBN 88-17-12942-9

prima edizione BUR: giugno 1991
prima edizione Superbur Manuali: giugno 2002

PARTE PRIMA

COME CONQUISTARE UN UOMO

INTRODUZIONE

« Nessuno nasce imparato » è un modo di dire che da bambina mi suscitava una curiosa ilarità e oggi mi sembra un piccolo gioiello di saggezza. Ahinoi, disatteso: l'impazienza dei tempi non indulge con gli apprendisti, e vuoi per presunzione, vuoi per legittima difesa, ci buttiamo in ogni situazione convinti di saperne abbastanza per cavarcela.

È così anche coi sentimenti. E forse peggio: qui nessuno ci chiede referenze né ci insegna il mestiere. Le attrazioni sono istintive, la coppia aperta, la maternità naturale e la buona riuscita del matrimonio e dei figli un po' dipendono dalla fortuna e un po' da come siamo riuscite ad arrangiarci nel ruolo di compagne e di madri.

Io penso che molte cose si potrebbero anche prevedere, aggiustare, pilotare: in un solo verbo, imparare. Quel che mi imbarazza, e assolutamente non vorrei arrogarmi, è il ruolo di « maestra ». Per spericolatezza e stupidità ho commesso molti errori prima di approdare a un legame appagante: sarebbe perciò ridicolo che ora salissi in cattedra a pontificare e dare lezioni.

Anche se ringrazio chi mi chiede interviste televisive, articoli e libri ritenendomi generosamente una « esperta » dei sentimenti, sono soltanto un'autodidatta che ha proceduto per tentoni e abbagli.

Con una *chance* in più rispetto alle compagne di disavventura: le migliaia di lettere che ho ricevuto parlando, per circa vent'anni, con le donne: le lettrici di *Anna* prima, quelle di *Più Bella* poi. Lo considero, più che un bagaglio professionale, un patrimonio umano preziosissimo: le lezioni di vita più spontanee e salutari che ho ricevuto, quelle che mi hanno fatto capire che nell'amore bisogna essere generose, audaci, leali ma anche « sapienti ».

Il rapporto con un uomo è, sostanzialmente, una guerra. Si deve combattere contro egoismo, paura, viltà, riluttanze. Spesso contro la Mamma e il ricordo (o l'alibi o i ricatti) di un'altra. Talvolta contro noi stesse: resistenze ed egoismi li abbiamo anche noi. Ne deriva che, come tutte le guerre, questo rapporto esige tattiche d'aggiramento, tecniche di tregua e strategie d'emergenza: le tre fasi di ogni legame (conquistare, mantenere, riprendersi) che abbiamo suddiviso in tre volumi.

Sono le famose « lezioni » che ho imparato e che mi limito a illustrarvi. Mettendoci, di mio, una piccola avvertenza: a differenza di tutte le altre guerre, in quella con l'uomo non debbono esistere né vincitori né vinti. Come nei buoni affari (e un amore felice è il migliore che si possa fare nella vita), l'esito deve essere ugualmente soddisfacente per entrambi i partner.

Buona lettura e... buona fortuna.

Maria Venturi

Capitolo uno

L'ANIMALE UOMO

L'uomo, inteso come maschio, è l'animale meno mutevole del creato. Mi dispiace dissociarmi, ma non credo affatto che l'evoluzione e la rivoluzione della femmina lo abbiano reso più cauto o più aggressivo o più insicuro di quanto fosse un tempo. Abbiamo semplicemente compiuto un'operazione di disturbo al suo *habitat*, costringendolo a venire allo scoperto con atteggiamenti e difetti che ieri nessuno gli contestava e oggi, stando a quanto fidanzate e mogli raccontano, sembrano assai restii a correggere.

Il presuntuoso, il mammone, l'eterno indeciso, il nevrotico, l'avaro, lo spericolato, il carrierista, l'infedele (eccetera eccetera) esistono da sempre, e sono esemplari che a mio avviso non si estingueranno mai. I problemi derivano dal fatto che, noi sì, siamo cambiate.

A differenza del maschio, eravamo rimaste una specie «imperfetta» a cui ora sono stati dati artigli ed ali. La *nuova donna* di cui tanto si parla esiste davvero (negli strati sociali più elevati, s'intende). Se non riesce a difendersi e a volare è perché non ha ancora imparato a fare buon uso delle armi di cui dispone.

Da quel che credo di aver capito, buona parte delle nostre infelicità amorose deriva da un errato modo di intendere la sicurezza di sé e il concetto di parità. E val la pena di soffermarsi su questo concetto. Sia le giovanissime alla prima esperienza sia le ultratrentenni con un vissuto alle spalle, «indottrinate» da manuali barricaderi o etiche inneggianti al rigore e all'autostima, vanno verso l'uomo con un atteggiamento inconsapevolmente o scientemente ostile.

La compiacenza, la piccola finzione e la civetteria vengono ritenute strumenti di seduzione sorpassati e insultanti. Lui *deve* apprezzarci e volerci per come realmente siamo, assunto di per sé nobile ma in pratica traumatico, in quanto non esiste più mediazione o cuscinetto nell'impatto maschio-femmina. A ciò si aggiunge quella ipervalutazione della sicurezza che spesso sconfina nella presunzione.

Confondendo la civetteria con la compiacenza, ci rifiutiamo non solamente di correggere le nostre rigidità e i nostri difetti (operazione che peraltro migliorerebbe tutti i rapporti affettivi e di lavoro) ma anche di mostrarci comprensive, tolleranti e gentili come vorremmo che l'uomo si mostrasse con noi. Salvo poi sentirci stupite e confuse se un «lui» che sembrava tanto preso e assiduo, superato l'incanto dei primi incontri bruscamente si defila.

Le frizioni sfociano nel conflitto nel momento in cui ci proponiamo di dar vita a un rapporto paritario. Intendiamoci, sarebbe masochistico e sbagliato se perpetuassimo la religione della «superiorità» del maschio rinunciando a far valere i nostri diritti e le nostre esigenze. Ma qui torniamo al punto di partenza.

L'animale uomo non è cambiato e la parità non gli è congenita: è un nuovo modo di vivere la coppia e il rapporto con la donna in genere che gli imponiamo contro la sua volontà e in alcuni casi anche con la coercizione. Deve abituarsi e «sforzarsi» di essere collaborativo, attento, rispettoso, tenero, autocritico, gentile. Giustamente lo pretendiamo. Ma perché mai ci rifiutiamo di fare lo stesso sforzo nei suoi confronti? Forse perché abbiamo paura di decadere nelle vecchie civetterie e malizie?

Eppure anche l'uomo simula, compiace, tenta di porgersi al meglio: la recita fa parte della seduzione, e il più delle volte i cambiamenti sostanziali passano attraverso gli atteggiamenti formali. Tutto ciò che deriva da

... l'animale uomo, "stanato" da
secolari privilegi ...

cattive abitudini o pessima educazione può essere rivisitato e corretto.

Se il carattere si possa cambiare o no è controverso: personalmente opto per la corrente di pensiero più disfattista. Non ho avuto molti uomini, ma quei pochi che ho amato li ho lasciati come li avevo trovati. E non mi pare proprio che l'ultimo, col quale vivo da venticinque anni, sia granché cambiato: è rimasto il classico marito *double-face*, meticoloso, instancabile, simpaticone e disponibile sul lavoro e con gli amici; disordinato, pantofolaio, cieco e sordo a ogni provocazione in casa.

A quel che sento, sono in ottima compagnia: e da qui deriva la convinzione (se permettete ve la porgo come certezza) che esistono caratteristiche e difetti strutturali assolutamente immodificabili. Come, del resto, sono anche alcune qualità.

L'amore, è risaputo, se non lo viviamo come una schiavitù o una guerra ci fa sentire onnipotenti ed euforiche. Raramente ci rende cieche come certa letteratura vorrebbe. I difetti di un uomo li vediamo, eccome. Ma anziché fermarci per cercare di capire se, e fino a che punto, potranno disturbarci, ci buttiamo con ardore incoraggiate da due diverse fedi. La prima: nessuno è perfetto e comunque le cose che di lui mi piacciono sono superiori a quelle che non mi piacciono. La seconda: detesto certe cose che lui dice e fa, tuttavia io lo cambierò.

Né la religione della generosità né quella dell'efficientismo sono purtroppo confortate dal miracolo. L'esperienza dimostra che con il passare del tempo l'insofferenza prevarica la tolleranza e la giòia delle cose che piacciono è sopraffatta dalla rabbia di quelle che non piacciono. Milioni di donne possono confermarvi che l'egoista non diventerà mai generoso, il mammone non reciderà mai il cordone ombelicale che lo lega alla figura materna, il vile non sarà mai capace di atti coraggiosi e autorevoli, il carrierista non posporrà mai le esigenze del capo a quelle della partner e così via.

A questo punto la morale della prima «lezione» dovrebbe essere chiara: prima di conquistare un uomo, chiedetevi se ne vale la pena.

Capitolo due

AL CUORE SI COMANDA

Io non credo, e l'ho scritto mille volte, alle attrazioni fatali. Prima che il cuore diventi ingovernabile creandosi «delle ragioni che la ragione non conosce» c'è tutto il tempo per correggere il tiro e darsi alla fuga: se non lo si fa è per masochismo o per ignoranza. Il primo è incurabile, alla seconda si può porre rimedio imparando.

Che cosa? Per cominciare, che a ciascuna di noi corrisponde un certo tipo d'uomo (ma lo stesso discorso vale anche volto al maschile). Ciò *non* significa che il partner debba avere le nostre idee, i nostri gusti, la nostra estrazione sociale, le nostre aspirazioni: il che, per inciso, renderebbe il rapporto abbastanza noioso. Quel che conta è che il suo modo di essere sia compatibile con il nostro; in parole semplici, che non vi sia incompatibilità tra quelle aspirazioni e quei valori che giustamente vengono definiti esistenziali.

Una ragazza che si proietta nel matrimonio ponendo la fedeltà ai vertici delle aspettative non potrà mai costruire un'unione serena con un partner che è negato alla monogamia; una donna determinata, anticonformista e sicura non riuscirà mai a sentirsi bene accanto a un compagno dal temperamento crepuscolare e rinunciatario; una carrierista che guarda al lavoro come a uno strumento irrinunciabile per la sua realizzazione avrà (e arrecherà) molti problemi lasciandosi travolgere dall'amore per un uomo che sogna una famiglia tradizionale.

In natura come nelle dinamiche sentimentali tutto ha una precisa funzione: l'attrazione sessuale è finalizzata alla procreazione, l'urgenza di parlare e «raccontarsi», che caratterizza i primi mesi di un rapporto, ha lo scopo di consentire la verifica di affinità o rigetti. Il piacere di intrigare e di recitare non deve far perdere di vista questo scopo. Nascondere come si è veramente, o rifiutarsi di vedere come è fatto l'altro, è dissennato.

Tre anni fa una lettrice mi scrisse disperata: alla vigilia delle nozze aveva «scoperto» che avrebbe dovuto convivere con la suocera. Era stata fidanzata due anni: di che cosa avevano parlato, lei e il suo ragazzo? Com'era possibile che (con tutto il rispetto per le suocere...) una simile catastrofe non fosse mai stata ventilata?

Ribadendo la lezione numero uno: una intelligente esplorazione risparmia la fatica di conquiste dispersive o rovinose. L'«intelligenza» include ovviamente lucidità e buonsenso. Va da sé che l'uomo ideale esiste soltanto nei sogni e che bisogna adattarsi a convivere con qualche difetto.

Ma anche qui vale la regola della compatibilità, da applicare con criteri del tutto personali. Esistono disattenzioni, vizietti, lacune o manie di per sé irrilevanti verso i quali, tuttavia, una donna (ma anche un uomo!) può avere una avversione esagerata e quasi paranoica. Io, per esempio, non avrei mai potuto sposare un fanatico dello stadio; se vado in casa di amici e stanno guardando una partita alla tivù divento isterica perché sono visceralmente allergica al calcio.

Un mio amico, per fare un altro esempio, rifiuta di convivere con la donna a cui è legato da dodici anni perché lei è allegramente e spudoratamente disordinata mentre lui è un fanatico del motto «ogni cosa al suo posto e ogni posto in ordine». Non so se lei non l'ha ancora lasciato perché è pazzamente innamorata o perché lui è miliardario. Sta di fatto che così ha un futuro, mentre se insistesse per la coabitazione l'aspetterebbe un inferno di brevissima durata.

Noi donne in particolare siamo assai spesso portate a sopravvalutare il ruolo della fortuna quando vediamo una collega, o una conoscente, o un'amica costruirsi un rapporto sentimentale più felice del nostro. Oppure ad attribuirle subdole capacità di civetteria e di malizia se, a differenza di noi, riesce senza fatica ad attirare l'attenzione dell'uomo che le interessa.

Sottovalutiamo la realtà che, fatte salve eccezionali bellezze o travolgenti personalità, la maggior parte delle donne deve affrontare i nostri medesimi problemi e le nostre medesime resistenze nei rapporti con l'altro sesso. L'esito più felice dipende esclusivamente dall'arte, connaturata o appresa, di mirare al bersaglio giusto.

Da ragazza ho appassionatamente amato *L'antologia di Spoon River* di Edgard Lee Masters. Straziata da una cotta incorrisposta, ero affascinata dal bellissimo verso, *i nostri cuori rispondono a stelle che non vogliono saperne di noi...* Con il passare degli anni ho prosaicamente capito che nel firmamento amoroso «non vogliono saperne di noi» solamente le stelle che gravitano in orbite diverse dalle nostre.

Anche gli uomini hanno le loro preferenze e le loro idiosincrasie. E, del tutto sprovvisti del nostro zelo missionario o della nostra generosa capacità di adattamento, una volta sospettati in noi atteggiamenti o difetti che non amano girano alla larga. È quanto dovremmo imparare a fare, esattamente come hanno fatto le «sorelle» cosiddette fortunate. Il loro primo successo è aver accuratamente aggirato l'insuccesso di una conquista «impossibile», consapevoli dei limiti e delle inadeguatezze che esse mostravano agli occhi di un determinato tipo d'uomo.

Con questo non voglio certamente dire che, individuato il partner idoneo, i giochi siano fatti. Innanzitutto ho la vaga sensazione che il colpo di fulmine, ribattezzato *feeling*, stia diventando un fenomeno sempre più raro. Forse perché presuppone uno stato di grazia osteggiato da stanchezza e stress; forse perché esige un'atmosfera che discoteche, cene superaffollate e luoghi di conoscenza e incontro in genere non facilitano; forse perché nell'era dell'efficientismo e del computer si è cinicamente perduta la fede nel miracolo; forse perché i martellanti inviti a dimagrire, correre, migliorare fino a costruirci un'immagine di irresistibile richiamo ci ha riempiti (uomini e donne) di complessi di inadeguatezza e di colpa, cosicché tendiamo a ripiegarci in noi stessi anziché rizzare le antenne...

Sta di fatto che di flirt o legami nati da folgorazione o rapimento mi giungono notizie sempre meno frequenti. A questo fenomeno relativamente nuovo si aggiunge la ben nota riluttanza dell'animale maschio. Come incontra una donna che lo attrae, anziché approfondire le ragioni di questo interesse cerca criticamente i motivi per cui è ingiustificato. Lei ha un tono di voce troppo alto, è troppo estroversa, non è ordinata, non è affidabile, è possessiva, non controlla le sue emozioni... Eccetera eccetera.

Talvolta rilutta autofustigandosi. È il ragazzo, oppure l'uomo, del genere «non son degno di te». Credo che tutte voi ne abbiate conosciuto almeno uno e ancora ricordiate quei discorsi che vi facevano impazzire di impotenza, infelicità e rabbia: meriti un compagno migliore, con me non saresti mai felice, io sono condannato a vivere solo, cerca di dimenticarmi.

L'altro giorno, mettendo ordine in un vecchio armadio in cui non mettevo mano da secoli, ho trovato una valigia piena di lettere, telegrammi e nastri: i reperti di un incubo che (ancor oggi non so se per amore folle o testardaggine monumentale) si è trasformato in un legame solido e sereno.

Venticinque anni fa l'attuale compagno della mia vita non si riteneva, per l'appunto, degno di me. Inutilmente tentavo di convincerlo che ero bruttina, rompiscatole, spendacciona, disorganizzata, cocciuta, avventata, umorale, anche un po' stupida e, se non bastasse, di tre anni più vecchia di lui e con due gemelline sulle spalle.

Via posta e mangianastro lui continuava a ripetere che io ero «unica» (oddio, nel mio genere lo ero!), che lui non avrebbe mai potuto darmi quel che gli chiedevo perché «non era fatto» per vivere in due (anzi, in quattro) e non era «adatto» (sic) alla felicità. Che lo dimenticassi, perciò. Sì, ciao. Tirai fuori il peggio (o il meglio) di me e alla fine, io stremata e lui senza fiato, arrivammo al compromesso di tentare.

Guardandolo oggi, e riesumando quei lontani ricordi, mi chiedo da dove mai gli fossero venute certe convinzioni: sta di fatto che ha dimostrato una prodigiosa capacità di adattamento. Non solo alla felicità, ma a tutti i comfort del quotidiano che vanno dalla poltrona al buon pranzetto, dalle pantofole alla pennichella. Adora le gemelle, con le quali ha fatto fronte unico contro di me, fa anche trecento chilometri di macchina per tornare a dormire a casa (lui dice «con me») e pur dando prova di essermi legatissimo ha purtroppo smesso di ritenermi «unica». Si lamenta che spendo, rompo, parlo senza riflettere, rifletto senza consultarlo e così via. E mi fa osservare che sono stata *molto fortunata* a vivere con un uomo come lui. In parte ha ragione, perché è un es-

... ma possiede
infallibili antenne ...

sere umano straordinario. Ma la fortuna non c'entra: se vivo con lui è perché l'ho voluto. E se l'ho voluto è perché fin dal primo momento avevo capito che avremmo potuto vivere bene insieme.

So di molte donne che hanno sfoderato la mia stessa caparbietà. E non è facile, credetemi. Per cominciare, occorre un temperamento ottimista e inarrestabile. Ma, quel che più conta, bisogna dimenticarsi del celebrato orgoglio. Inseguire chi scappa, telefonare a chi fa dire che non c'è, fare il «primo passo» dopo una lite lacerante, ostentare indifferenza con chi cerca di ingelosirti, mostrarsi costruttive con chi è disfattista comporta profonde c isi di scoraggiamento e di vergogna.

Ed è *obiettivamente* umiliante, al punto che si hanno soprassalti di rabbia e di orgoglio che fanno considerare l'ipotesi di resa come un celestiale sollievo.

Vale la pena respingerlo? Nel mio caso sì. E non è il solo. Volendo generalizzare, penso che pagare un prezzo tanto alto per un uomo valga la pena solo se questo uomo veramente lo merita.

Qui molte di voi obietteranno che nessun amore può meritare il sacrificio della propria dignità. È una scuola di pensiero per la quale nutro molto rispetto e anche una certa invidia. Purtroppo esistono donne, e io sono tra queste, che per amore fanno tutto: in questo discutibile e travolgente slancio mi pare già segno di apprezzabile self-control limitare l'olocausto a un partner degno!

Va da sé che la mia storia e certi «inseguimenti» rientrano nel sacrificio massimo e nel caso limite. Tuttavia rimane la realtà che la maggior parte degli uomini, pronta a buttarsi in un flirt o un'avventura, come fiuta nella partner il desiderio di un coinvolgimento più serio e duraturo è assalito da una sensazione di oscuro disagio. Neppure se è il primo ad essere sentimentalmente coinvolto è risparmiato da crisi e dubbi.

Lo stesso uomo che nel lavoro si mostra spericolato, fiducioso, rapido nella difesa e nell'attacco, nel rapporto amoroso può diventare tremebondo e vile. Una spiegazione esiste, e scusate se non è la prima volta che la scrivo (il guaio dei cosiddetti «esperti» è l'essere invitati a esprimersi sempre sugli stessi temi...). Dunque, io penso che ciò avvenga esclusivamente per inesperienza.

Il maschio dei brutti tempi andati, che secondo una certa oleografia era il cacciatore all'inseguimento della preda, o se preferite l'uomo-padrone che dettava le regole del suo gioco alla donna-oggetto, da una obiettiva rivisitazione del passato risulta un po' sopravvalutato.

A parte le prepotenze legittimate e gli strapazzi d'una notte, di giochi ne faceva ben pochi. Nella scelta della moglie doveva passare la mano alla famiglia, al rispetto delle famose affinità elettive, alle convenzioni sociali e così via. I requisiti erano talmente intimidatori e le alternative di libera scelta talmente esigue, che restava ben poco spazio sia per sbagliare sia per riluttare. Ne consegue che l'uomo non ha avuto modo di affinare le malizie, l'obiettività, la sicurezza dell'autentico protagonista.

Lo è diventato, per assurdo che possa sembrare, in tempi relativamente recenti. Il crollo di caste, censure, prevenzioni e padri-padroni ha seppellito il «matrimonio di convenienza» a rischio accuratamente controllato consentendogli di scegliere la compagna che vuole. Questa autonomia lo ha responsabilizzato e spiazzato: come il ridare la libertà a un animale che è sempre vissuto in gabbia. Deve imparare a guardarsi intorno, a fiutare le trappole, a scovare le tane.

Fuor di metafora era un analfabeta approdato a una cultura, quella dei sentimenti, di cui sta imparando l'abbiccì. La nostra abilità consiste nell'identificare l'allievo più volonteroso e dargli una mano se e quando non capisce qualcosa (generalmente, molte cose...). Gira e rigira, si torna all'assunto di partenza: al cuore si può e si *deve* comandare.

Capitolo tre

CHE COSA LO RESPINGE

Non è detto che il bravo allievo accetti sempre d'essere aiutato. Non è scontato che, respinte da lui, se ne trovi altri sul quale riversare amorosamente la nostra antica sapienza sentimentale. Vi sono purtroppo ragazze e donne loro malgrado sole, superficialmente definite «sfortunate in amore»: e, quel che è peggio, intimamente persuase di esserlo davvero.

La ritengo una convinzione distruttiva e demenziale: non esiste donna, tranne rarissime eccezioni, che non sia potenzialmente amabile. Eppure le «rubriche del cuore» sono inondate di lettere che chiedono risposta alla stessa domanda variamente espressa: perché agli occhi dei ragazzi io sono solamente la confidente sensibile e la simpatica amicona? Perché sono l'unica del mio gruppo a non avere un partner? Perché sono arrivata a trent'anni senza ancora incontrare il grande amore? Perché tutti gli uomini sembrano attratti da me, ma al momento di passare dal corteggiamento al rapporto più profondo si eclissano?

Molte volte sono lettere intelligenti, con un'autoanalisi particolareggiata e persino spiritosa: la ragazza che scrive, accantonate false modestie, ammette di essere carina, allegra, con una enorme carica di tenerezza e d'amore. Quasi sempre è vero e ci credo: mi ha sempre rattristata perciò, oltre all'angoscia per questo patrimonio inutilizzato, lo stato di confusione e di comprensibile perplessità che aleggia tra le righe.

Risulta in effetti sorprendente che donne teoricamente tanto amabili all'atto pratico non riescano a trovare nessuno che le ami. Con il passare degli anni e di storie sono arrivata a scoprirne il denominatore comune, e cioè a identificare il ben mimetizzato handicap: esistono atteggiamenti e difetti a cui il maschio è talmente sensibile (e allergico) da esserne spaventato. Basta averne o assumerne uno solamente perché tutte le possibili qualità ne vengano sopraffatte.

Ritengo a questo punto scontato, nonché opportuno, soffermarsi a parlarne: una buona strategia impone di deporre le armi improprie prima di scegliere quelle più idonee, e ciò vale anche per le tecniche di conquista.

La prima cosa che neutralizza il potere di seduzione femminile è l'eccessiva disponibilità. Non parlo della cordialità, della gentilezza, dell'essere generosamente pronte a raccogliere una confidenza o a dare una mano. Mi riferisco a quella voglia d'amore che quasi tutte abbiamo, ma che alcune portano come stampata in faccia: cerco un compagno che sappia capire tutta la tenerezza che è in me, guardami, vuoi essere tu?

La maggior parte degli uomini dopo aver guardato si ritrae impaurita o a disagio: perché non si sente all'altezza, perché non si sente pronta, perché ha l'impressione che gli venga tesa una trappola. Se è anche un po' cretino, si sente frustrato nel suo istinto di cacciatore e si chiede perché mai dovrebbe inseguire una «preda» che evidentemente nessun altro ritiene appetibile.

Un'altra cosa che, oltre a spaventare, irrita il maschio è la possessività. La partner-edera che gli si avviticchia civettuola e adorante può persino lusingare la sua vanità: purché non mostri radici invasive. *Lui* vuole possedere, ma non appartenere, e se portare la vera nuziale dà fastidio a molti è proprio perché simboleggia un marchio d'appartenenza (non ho mai creduto alle allergie da oro, né le dimensioni dell'anellino mi sembrano tali da disturbare la manualità, come tanti mariti sostengono).

Il possesso può essere espresso in molti modi: c'è la donna che vuol «fare tutto insieme», e pertanto non con-

... detesta la donna-edera ...

cepisce che lui possa avere amicizie o hobby non condivisi; e c'è la donna che vive l'amore con il culto del «dirsi tutto» e pertanto indaga, chiede, sollecita (arrangiandosi a controllare o spiare se il partner si mostra reticente).

C'è quella che crede ciecamente al ruolo di moglie-amante-sorella-madre e lo interpreta non solo comprando camicie e calzini (attenzione che l'uomo può apprezzare molto) ma anche decidendo per lui cosa deve mangiare, quale libri deve leggere, che collega deve scavalcare, che tipi di compromessi è bene che accetti e così via. Questa tendenza alla versatilità oppressiva è identificabile a vista d'occhio, fin dai primi incontri, ed è causa di precipitose ritirate.

Proseguendo la panoramica di ciò che lui non sopporta, arriviamo alla trasandatezza. Lungi da me caldeggiare la servile teoria secondo cui l'uomo deve sempre vederci «al meglio»: ma il peggio dovrebbe contemplare qualche tregua. Invece, per alcune paladine dell'apparire-come-si-è, qualsiasi forma di cura (talvolta deodorante compreso) è considerata una deprecabile manipolazione della propria personalità. Ed ecco legioni di ragazze senza trucco, pettinate in qualche modo, vestite come capita, le unghie smangiucchiate, la sottoveste penzolante.

Il ritratto può apparire caricato, ma se vi capita di posare l'occhio su qualcuna di loro soffermatevi a guardare: sono proprio così. In tutta franchezza non me la sento di condannare il coetaneo che le sfugge accusandolo d'essere un superficiale o comunque uno incapace di apprezzare quel che non si vede.

L'uomo normale ha un esagerato senso estetico che deriva anche dal suo narcisismo: può essere gelosissimo della propria donna, ma lo lusinga che colleghi, amici e conoscenti la ritengano carina ed elegante.

Parente strettissima della trasandata «ideologica» è la sincera-a-tutti-i-costi: quella che ignora tatto, diplomazia, compassione, tolleranza. Dire che ciò che pensa è al vertice della sua morale e, che possa essere condivisa o meno, questo prototipo di donna merita senz'altro l'aureola di martire in quanto eroicamente ne subisce le conseguenze. Prima delle quali, risultare insopportabile al maschio.

Sentirsi dire con voce ferma e sguardo dritto «sei insicuro, stai ingrassando, ti sfruttano, quel che hai fatto è da imbecilli, sei incapace di crescere, ti manca la vera cultura» non deve essere francamente piacevole. Tanto più se le accuse, come frequentemente capita, sono fondate.

Altro esemplare femminile, ahinoi trascurato dai maschi, è l'insicura-masochista. Quella che, come lo vede la prima volta, si affretta a fargli notare quante lacune e quanti difetti lei si porta addosso. Negli incontri successivi mestamente gli spiega che non sa mai cosa decidere, tutto le va male, nessuno la capisce. Per carità, non è colpa degli altri: è lei a essere sciocca, timida, ignorante, diversa dalle altre.

L'uomo, l'abbiamo già detto, è del tutto sprovvisto di vocazione missionaria. Per di più i problemi lo infastidiscono, la tristezza lo incupisce e le strazianti richieste d'aiuto lo paralizzano: ritrova sprint e gambe per darsi, anche qui, a precipitosa fuga.

Decisamente impopolare, tranne che nelle aule scolastiche, è la «prima della classe»; con la fine del liceo il suggerimento, il problema passato sottobanco, le quattro idee per riempire la terza facciata del foglio perdono ogni fascino. Mi rifiuto di avallare la teoria secondo cui una partner bellissima e un po' stupida è l'ideale vagheggiato del maschio adulto. Tuttavia è onesto ammettere che la donna dotata di una intelligenza superiore alla media deve purtroppo farsela in qualche modo perdonare. Quanto meno, non esibirla.

Ora, io mi metto nei panni di quelle che hanno ricevuto in dono questa non comunissima qualità: che ne diano prova è doveroso, che l'impatto con menti meno privilegiate le infastidisca è comprensibile, che talvolta si trovino ad assumere atteggiamenti di vago tono cattedratico è inevitabile.

Il guaio è che alcune sono così (giustamente) orgogliose della loro superiorità intellettuale da disattendere tutti gli altri elementi del sex-appeal. Se un uomo si avvicina con il manifesto interesse di conversare, gli scaricano addosso cinema polacco e preclassici tedeschi, si mostrano ansiose di sapere se preferisce il primo Beethoven o l'ultimo Mozart, Fichte o Kant.

Una delle mie gemelle era così. Per anni ha consumato i suoi idilli tra cineforum, avanguardie e concerti con il risultato di far strage di semideficienti che la ritenevano una dea. Tra le soddisfazioni più grandi della mia vita c'è quella di averla vista ridimensionarsi nei più angusti binari della normalità.

Nella mia famiglia, debbo ammetterlo, siamo tutti dei casi limite, tuttavia credo che il fenomeno non sia così raro. Può diventare insopportabile se la superintelligenza è più un'aspirazione che una realtà: qui siamo alla citazione rimasticata, al nozionismo da pagina culturale, alla polemica saccente, al monologo delirante. Caso limite anche questo? Sia: vale comunque la pena ricordare quanto già detto, e cioè che l'intelligenza, da sola, non basta per conquistare stabilmente un uomo; se esibita o simulata, serve addirittura per respingerlo.

Qui le «sfortunate» obietteranno che non si riconoscono in alcuno dei difetti fin qui elencati. Ne siete proprio sicure? Provate a fare una sincera analisi dei vostri gusti, delle vostre idee, dei vostri desideri: è una tecnica di test «made in Usa» per neutralizzare il rischio di barare o non veder chiaro in se stesse.

Siete convinte che la sincerità assoluta è irrinunciabile? Pensate che una buona coppia debba trarre piacere nel fare tutto insieme? Vi irrita che lui prenda iniziative e decisioni senza consultarvi? Criticate i suoi sbagli e i suoi difetti senza perdonargliene uno? Ritenete una distrazione o una scappatella imperdonabili? Tenete al di sopra di tutto che lui riconosca ed apprezzi la vostra «superiorità»?

Intendiamoci, si tratta di aspirazioni e idee comuni: ma, nelle risposte, qualche «dipende», «non so», «non sempre» è un buon segno. Sta infatti a indicare che comportamenti di per sé normali non sono esasperati in voi al punto da diventare invasivi.

Purtroppo ciascuno ha di sé un'immagine ideale che rende difficile l'autocritica. Se qualcuno ci fa rimarcare un difetto, proviamo lo stesso senso di «estraneità» di quando ci è capitato di sentire per la prima volta la nostra voce registrata su una cassetta. Ci riteniamo esenti da quel tal difetto non per malafede o insincerità, ma semplicemente perché non ci rendiamo conto di averlo.

Ora, se nessun uomo riesce a interessarsi a noi e ad amarci, è lampante che *qualcosa* in noi non funziona e lo disturba. Cerchiamo di identificare l'handicap. È meno doloroso accusare il genere maschile di essere superficiale, plagiabile, babbeo, incapace di scelte mature, ma non serve a nulla: se non a offrire un alibi in più alla fatalistica filosofia della «sfortuna».

CHE COSA LO ATTRAE

Se l'animale uomo non è cambiato, come dicevamo all'inizio, è invece mutato il suo *habitat*. Sono spariti rifugi tranquilli, punti d'arrivo e stabilità: credo che le insoddisfazioni e le tensioni che caratterizzano «la civiltà dell'ulcera e del tranquillante» abbiano origine soprattutto dalla provvisorietà, sotterranea e oscura, che si avverte ovunque. E in particolare nel mondo del lavoro.

Nessun successo è definitivo, nessun ruolo al riparo da insidie, nessuna carriera un punto fermo, nessuna attività commerciale o libera professione assicurata contro insuccessi o stasi. La donna, vuoi perché ha minori frequentazioni col successo, vuoi perché fa grandi investimenti alternativi nel mondo degli affetti, vive generalmente il lavoro con coinvolgimenti altrettanto forti ma meno stressanti.

È soprattutto il maschio a sentirsi stimolato e frustrato, sottovalutato e minacciato, osteggiato e indeciso sul da farsi. La maggior parte del suo tempo e delle sue energie si consuma in ufficio, e la «qualità» delle sue manifestazioni affettive comincia a degradare dal momento in cui dal ruolo di studente passa a quello di lavoratore. L'allegro, premuroso, instancabile e dialettico fidanzatino è fatalmente destinato a trasformarsi nel buon marito che alla compagna e alla casa chiede soprattutto tregua e relax.

Ma la tendenza a preferire partner gaie e rassicuranti si va da qualche tempo delineando anche tra i ventenni. L'antico fascino della coetanea misteriosamente cupa sembra aver perduto parecchi punti. Oggi l'arma di seduzione sicuramente infallibile è un temperamento ottimista, e la donna vincente quella che riesce a comunicare fiducia, serenità e allegria. Da quando faccio la giornalista mi è capitato di intervistare moltissime mogli di uomini Ricchi & Famosi. All'inevitabile domanda: «Ma come sei riuscita a sedurlo?», l'immancabile risposta è stata: «Facendolo ridere».

Lungi da me esortarvi a ricoprire il ruolo di garruli giullari: sto semplicemente annotando la realtà che un buon carattere favorisce il successo amoroso e che è eccezionale imbattersi in una donna piena di slanci, vitalità e fantasia che non sia anche piena di estimatori.

Purtroppo l'ottimismo è come la classe: connaturato. E la simil-allegria, pur apprezzabile a livello di sforzo, non garantisce i medesimi successi. Esistono, fortunamente, altre qualità che l'uomo apprezza. Quali? L'affidabilità, per esempio: che non è necessariamente rigore, serietà e impegno. «Affidabile» è la ragazza, o la donna, che appare dotata di buon senso, spirito pratico, capacità di ascoltare e consigliare, e preferibilmente anche di humour.

L'uomo ama raccontarsi, e questo tipo di donna è la migliore depositaria di confidenze, rievocazioni e sfoghi. Con lei sta bene innanzi tutto perché si sente al riparo da brutte sorprese e colpi bassi, e poi perché d'istinto ha fiducia in ciò che dice, sia che sdrammatizzi e metta in guardia, sia che incoraggi e suggerisca un rimedio d'emergenza.

Una grande attrazione esercita anche la donna dotata di quella che gli psicologi chiamano «personalità creativa». La noia del quotidiano le è sconosciuta perché, come si suol dire, sa inventarsi la vita: e perciò ogni giorno escogita, cambia, sposta, si trova qualche interesse. Nei suoi racconti c'è sempre il colpo d'ala del particolare romanzesco perché tra lei e la realtà ha posto il filtro della fantasia.

Dice molte bugie, ma non per insincerità: semplicemente perché le piace dare un tocco di colore a ciò che le sembra piatto e banale. Annoiarsi, con lei, è impossibile: al più si possono perdere le staffe. Ma una volta imparato a individuare l'orpello (e una volta capito che l'ultima cosa che lei pretende è di essere creduta), l'irritazione di lui sparisce e rimane il divertimento.

All'ottimismo, all'affidabilità e alla fantasia va aggiunta un'altra qualità che a lui piace moltissimo: quel tocco d'ingenuità e di infantilismo che spinge una donna (ma solo in età molto giovane!) a credere, fidarsi ed entusiasmarsi. Come un uomo la attrae, immediatamente si autoconvince che è affascinante, intelligente, onesto, votato a sicuro successo: è una suggestione rovinosa, ma l'oggetto di tanta ammirazione va in estasi per colei che, sola (e si spera unica!), è riuscita a capire quanto realmente vale.

Belloc, nel suo *Apollo*, spiega che neppure il più sensato dei maschi riesce a resistere all'arma della lusinga. Sfoderarla artatamente sarebbe indecente. Però se vi riconoscete nella credulona-entusiasta tanto vale che trasformiate l'handicap in uno strumento di seduzione. Come regola generale, e rieccoci alla lezioncina, val la pena di tener presente che un complimento o un apprezzamento positivo sono sempre stimolanti e graditi: non è così anche per noi?

Ma andiamo avanti: un altro attributo che esercita un'irresistibile attrattiva sul sesso maschile è il *glamour*, termine con cui si riassumono stile, eleganza, composta malizia e raffinata presa di distacco da tutto ciò che contrasta con un'immagine di sovrumana eleganza. È la donna che entra con incedere da dea, si sofferma con contenuto piacere ed esce con signorile rammarico. Diciamolo subito: bisogna esserci nate, altrimenti è una caricatura e uno strazio.

Il *glamour* raggiunge i vertici attorno ai quarant'anni, ma fin dall'adolescenza se ne possono scorgere i tratti. Ognuna di noi ha, o ha avuto, una compagna di scuola così: era, è, la ragazza più corteggiata dai maschi e più invidiata da noi. L'avete presente? Generalmente adora i tacchi bassi e i capelli lunghi (che ama portare raccolti in una coda di cavallo). Che indossi anonimi jeans o un abito firmato, sembra comunque elegantissima. Non è necessariamente alta e magra ma, come dicevano le sartine di famiglia, «ha l'ossatura fine e porta bene tutto».

Oggi più che mai la donna-glamour vive la sua stagione d'oro: per i *new-preppies* come per gli *old-trogs* (i soliti cafoni con delirio di dirozzamento) anche la moglie rientra tra i «simboli di stato» e poter sfoggiare una compagna di gran classe distingue come possedere la barca o il pied-à-terre a Portofino. Gli *old-trogs* pensano, giustamente, che costi di meno: sottovalutando il fatto che sposarne una è per loro impresa assai più ardua...

L'onestà tradizionalmente intesa è un optional: se lei non ha un passato sessuale vertiginoso tanto meglio, ma una purezza che brilla come un solitario non è sufficiente per suscitare sentimenti più appassionati di una doverosa stima. Così come l'aver avuto altri legami e altre storie non impedisce a un uomo di essere seriamente attratto da noi: a meno che non sia portatore insano di arretratezze e tabù (ma in questo caso non credo proprio ci interessi conquistarlo!).

Ho lasciato per ultima la bellezza non certo perché penso che sia l'ultima delle doti che il maschio apprezzi, ma semplicemente perché funge da conclusione a quanto detto sopra.

È vero che «è bello ciò che piace», ma è altrettanto vero che ciò che è bello piace sicuramente: donne comprese. Un fascino fisico evidente e incontestabile è la prima cosa che a livello epidermico fa presa sul sesso maschile, e costituisce pertanto un formidabile strumento di seduzione.

Che poi l'uomo scopra inadeguatezze o difetti che lo persuadono a non instaurare o a rompere un rapporto capita spesso. È una realtà assai gratificante per le bruttine costrette ad arrangiarsi con strumenti alternativi, ma essendo anch'io nel novero permettetemi di ridimensionare brutalmente i rassicuranti luoghi comuni e le stupende tragedie che hanno le bellissime per protagoniste. Non è affatto vero che esse siano oche sfortunate o infelici come si vorrebbe: essendo loro concesso il privilegio di poter accedere a carriere e successi vietati alle comuni mortali, e avendo avance, incontri e storie generalmente più numerosi, sono fatalmente più esposte a cadute, dispiaceri e abbagli.

Ciò avviene a Hollywood come a Abbiategrasso. Non sono l'estetizzante paranoica che ritiene il bello e il buono inscindibili, tuttavia ho incontrato decine e decine di splendide donne che erano anche fantasiose, gaie, gentili e intelligenti. L'arma della bellezza si inceppa, e perde ogni potere, quando viene usata in modo improprio. E questo, devo ammetterlo, capita più spesso di quanto sarebbe auspicabile.

Per un curioso fenomeno, l'handicap di molte bellissime è cadere proprio in quegli atteggiamenti e in quei difetti di cui abbiamo parlato e a cui gli uomini sono allergici. La consapevolezza di una obiettiva «superiorità» fisica può spingere ad esempio al convincimento che l'amore e l'ammirazione del partner siano scontati e dovuti: ed ecco la nostra fascinosa non fare alcuno sforzo sia per essere competitiva nei confronti di ipotetiche rivali (delle quali è però stranamente gelosa) sia per mostrarsi «seduttiva» nei confronti del fidanzato o marito.

Questa eccessiva sicurezza può di tanto in tanto farla diventare scostante, sciatta, dogmatica, irritante: non tollera di sentirsi trascurata e se lui ha un cedimento o una distrazione reagisce in modo esagerato. Comprensibilmente un po' narcisista, entra subito in crisi se non si vede o non si sente in forma: e può capitare che scarichi sul partner i suoi scontenti e le sue paure.

Quella di invecchiare è tra le prime. L'avanzare del tempo non fa piacere a nessuna, ma tra me e la mia amica Beatrice (che è la sosia di Liz Taylor) c'è una differenza: al timore di perdere lucidità, efficienza e salute, lei aggiunge quello di vedersi portar via un'arma di grandissimo potere, la bellezza. Io invece, non avendo mai avuto la fortuna di potermene servire, certamente non ne sentirò la mancanza.

Per concludere il discorso in modo corretto val la pena ribadire che, a parità di doti, la bella vince perché ha una marcia in più. Per sua sfortuna (e per nostro gaudio) talvolta corre troppo e finisce per andare fuori strada annullando il vantaggio.

MAMMINA CARA...

È arrivato il momento di spostare il bersaglio: fin qui ho parlato esclusivamente dei nostri difetti e delle nostre lacune. Non vorrei aver stimolato a tal punto il vostro spirito autocritico da farvi apparire l'uomo un essere superiore! In una cosa certamente lo è: nella varietà e nel numero delle piccole patologie che si possono registrare nella sua specie.

Se riflettete bene, le caratterizzazioni femminili sono poche. Cultura e storia ci hanno offerto striminzite *chance* di versatilità e di ruoli, così che grosso modo tutte le donne rientrano in quattro categorie con relative peculiarità: l'angelo, o il demonio, o la virago, o la «mamma».

Affacciandoci invece nell'universo maschile, le caratterizzazioni si moltiplicano all'infinito. Ciascun uomo aggiunge ai comportamenti che sono il denominatore comune del suo sesso sia i difetti che gli ha inculcato la Mamma sia i tic, le resistenze, le idee preconcette e le paranoie che s'è creato in proprio.

Ne deriva che la personalità è complessa, le reazioni imprevedibili e gli slanci imperscrutabili. Non è un caso che dopo dieci anni di convivenza nostro marito riesca ancora a riservarci qualche brutta sorpresa mentre noi, ai suoi occhi, siamo noiosamente risapute. Né che dopo dieci storie d'amore noi tendiamo ancora a ricadere nei medesimi tranelli mentre, a parità di vissuto, l'uomo si è formato un fiuto infallibile per girare alla larga dai prototipi che l'hanno scottato.

Inizierei l'esplorazione dell'uomo partendo dalle peculiarità che sembrerebbero comuni a tutti. Conoscere la preda è indispensabile per poterla catturare, ma devo doverosamente avvertirvi di prendere quanto andate a leggere con beneficio d'inventario (e di verifica...). Quel che credo di sapere del maschio deriva dalle migliaia di dolenti e puntigliose descrizioni che me ne sono state fatte, forse non sempre obiettive, e da quello che sono volonterosamente riuscita a capire per conto mio. Siamo insomma al bricolage, ai piccoli pezzi messi assieme nel tentativo di ricostruire il Grande Mosaico, e non posso garantire che qualcuno non mi sfugga o non finisca al posto sbagliato...

Tornando all'esplorazione dell'uomo, io risalirei, è il caso di dirlo, alla culla. Ovvero alla sua Mamma. La maiuscola è d'obbligo trattandosi di una figura chiave della sua esistenza. Tutto quello che di «femminile» può essere in lui (la sensibilità, la capacità di sacrificio e di abnegazione, la fantasia, la tenerezza) l'ha assimilato da una buona madre.

Ciascuna donna incontra, ama e sposa il figlio che un'altra donna ha allevato a propria immagine e somiglianza, in quanto ha ovviamente tentato di trasmettergli certezze e valori propri. Di certo è stata lei a determinare le sue abitudini, i suoi gusti, i suoi condizionamenti, il suo modo di concepire la famiglia e la casa: se lui preferisce certi cibi, se mostra certi viscerali rifiuti, se ha vizi e prepotenze da piccolo sultano (o al contrario ci appare meravigliosamente collaborativo) è perché sua madre lo ha allevato così.

Chi vuol essere certo dell'origine del suo cane, onde non essere imbrogliato, ne esige il *pedigree* dall'allevatore. Per farci una prima rudimentale idea del maschio che ci attrae dovremmo esaminare la sua genitrice: è purtroppo assai difficile che da una madre egoista, frustrata e incapace di autentica generosità possa nascere un uomo costruttivo, equilibrato e affettuoso.

Una volta diventato adulto, il figlio può prendere criticamente le distanze da una figura materna che ha via

... quella che lusinga acutamente
la sua vanità...

via scoperto invasiva o sbagliata. Ma a livello emotivo ne rimane coinvolto. Il complesso di Edipo non l'ha inventato Freud: il padre della psicoanalisi si è solo limitato ad analizzarlo.

Se incontrate un uomo che mostra animosità o ribellione nei confronti di una madre che vi sembra insopportabile non illudetevi che abbia reciso il cordone ombelicale: c'è l'Edipo felice e l'Edipo furioso, il mammone adorante e tranquillamente condizionato e il mammone occulto che inutilmente tenta di liberarsi da dipendenza e soggezione.

Sposando vostro marito, che lo vogliate o no dovrete imparare a convivere anche con la sua figura materna. E tutto ciò che farete o direte contro di lei si ritorcerà contro di voi in quanto nessun figlio può rimanere intimamente neutrale nell'eterna guerra suocera-nuora. Convincendolo, prove alla mano, che sua madre è ricattatoria, vittimista e incombente, non avrete ottenuto alcuna vittoria: più o meno consapevolmente, è una realtà che lui già conosce e costringerlo a prenderne scopertamente atto significa solo scatenare i suoi sensi di colpa. Se ne difenderà assumendo atteggiamenti di noncuranza oppure di aggressività: anche nei vostri confronti.

Qui è doveroso spezzare una lancia in favore di alcune (molte!) suocere. A sentire le nuore, una perfetta non ne esiste. Nelle descrizioni che esse ne fanno si avvertono sempre, magari allo stato latente, diffidenza, gelosia e un pizzico di ostilità. E ciò è spiegabile.

Un rapporto affettivo stabile rappresenta sempre un «passaggio di consegne» dell'uomo oggetto (d'amore e di contesa): una giovane donna, con abitudini ed estrazioni familiari sue, si unisce a un uomo che fino a quel momento è stato «gestito» da un'altra donna. La conflittualità sta all'origine e lo scontro è nell'aria.

Ogni volta che lui contesterà il sapore di un nuovo piatto o la stiratura di una camicia o il modo di impilare la biancheria, emergerà il fantasma di sua madre che cucinava, stirava e riponeva in modo diverso dal nostro. E forse migliore, ammettiamolo: la giovane sposina o convivente non può avere il tocco esperto d'una consumata padrona di casa.

Ma il confronto ci innervosisce, la critica ci manda in

furia. E guai al cielo se Mammà generosamente si offre di insegnarci quel piattino che tanto piace a lui o di illustrarci quel tal modo di ordinare fazzoletti e canottiere: ciò che noi vogliamo è proprio togliergli il più in fretta possibile le abitudini assimilate nella vecchia famiglia per trasmettergli quelle che noi abbiamo imparato nella nostra.

Ogni intrusione in tal senso ci appare un'opera di invadenza e di disturbo. Ma non sempre è così. Alcune (molte!) volte la madre del nostro uomo è realmente desiderosa di darci una mano e persuasa in buona fede che il suo aiuto ci sia gradito.

Questa convinzione, ammettiamolo, gliel'abbiamo inculcata noi stesse. Sarà un caso, ma gli scontri con la suocera non avvengono quasi mai prima del matrimonio: come ci innamoriamo di un uomo, la cosa che più desideriamo è essere presentate a sua madre. È una specie di «ufficializzazione» che ci rassicura, ci inorgoglisce e che viviamo come una prova d'amore e di impegno da parte di lui.

Ci rechiamo al primo incontro con l'immancabile mazzetto di fiori e l'aria gentilmente ansiosa. Vogliamo a tutti i costi farle buona impressione. E, negli incontri successivi, accattivarci il suo affetto. Ci offriamo di accompagnarla a far le spese, di darle un passaggio, di farle quella tal commissione; e se suo figlio le dice una parola poco gentile o ha un gesto d'insofferenza subito interveniamo in difesa della madre.

La nostra fantozziana e smaniosa disponibilità decresce a mano a mano che il legame sentimentale si rafforza: sicure ormai dell'amore di lui, non abbiamo più bisogno della mediazione e della solidarietà della futura suocera. La quale sarà pure falsa, cannibalesca, ipocrita e così via, ma una ragione l'ha certo: essere dapprima sbalordita e in seguito offesa per il nostro brusco voltafaccia.

Un sondaggio fatto nel 1983 da *Anna* offre uno spunto di meditazione ancora valido. Alla domanda «qual è la causa più frequente dei piccoli litigi con vostro marito?», sei mogli su dieci hanno risposto: la suocera. È una percentuale molto alta, se si pensa a quanti motivi d'attrito (i soldi, l'educazione dei figli, il ménage della casa) possono insorgere in una coppia.

E c'è di più: i bisticci che hanno per oggetto la suocera sono, dopo quelli per danaro, i più astiosi e amari. Costretto ad ascoltare vere o presunte malefatte di sua madre, invitato concitatamente a prendere una posizione o addirittura una decisione, il nostro uomo si dibatte come una belva in trappola. Colpendo o criticando la figura chiave della sua crescita l'uomo, oltre a sentirsi in colpa, deve compiere una specie di processo di autodemolizione che lo disturba profondamente.

È un discorso su cui più avanti si dovrà tornare. Ma era indispensabile affrontarlo anche parlando di seduzione: la conquista di un uomo passa quasi sempre attraverso sua madre, in quanto in ogni uomo si cela, più o meno appassionatamente e scopertamente, il mammone. Ed è curioso che noi donne, inquisite dell'anacronistico reato di «far tutto per amore», una sola cosa ci rifiutiamo quasi sempre di fare: cercare di stabilire un rapporto quanto meno vivibile con una suocera che non ci è simpatica.

I DIFETTI «NATURALI»

Abbiamo scoperto che, in qualunque modo si comporti con lei, il nostro uomo ama sua madre. È già una buona acquisizione di partenza. E al di là dei piccoli o grandi fatti che questa realtà comporta, dovrebbe in qualche modo tranquillizzarci: l'amor materno è un sentimento basilare della vita affettiva e dovremmo sempre diffidare da chi è incapace di nutrirlo.

Ma procedendo nell'esplorazione dell'universo maschile ci imbattiamo in «passioni» e difetti dei quali sarebbe assai difficile scorgere il lato positivo. L'egoismo, per esempio: è un altro denominatore comune del quale esistono tracce persino negli atteggiamenti che sembrano più generosi.

L'uomo ama di norma se stesso assai più di quanto la donna riesca ad amarsi e le ragioni sono talmente note che è inutile dilungarsi: preferito dalla storia, dalla cultura, dalla legge e dalla mamma, è stato risparmiato da frustrazioni e «ridimensionamenti». Ancor oggi, l'educazione della femmina è repressiva, quella del maschio esortativa. Alla bambina viene insegnato quello che *non può* fare, al bambino quello che *deve* osare.

Siccome in psicologia come in natura è la funzione che sviluppa l'organo, addestrato per l'onnipotenza l'uomo ha finito per innamorarsi profondamente di se stesso. Di fronte a una situazione o a una scelta, di lavoro come d'amore, prima di fare un'analisi obiettiva d'istinto lui chiede: va bene *per me*?

Se sposa una donna «a rischio» contro il parere di tutti, il più delle volte non è per anticonformismo o per coraggio, ma semplicemente perché ha realizzato che a dispetto di tutto *quella* donna è il suo tipo di compagna ideale. Ha fatto insomma una scelta «egoistica».

È un'altra realtà con la quale dovete fare i conti ogni volta che un ragazzo, un uomo, si mostra interessato alla vostra persona e vi chiede un appuntamento. Tutto ciò che gli racconterete durante il primo incontro sarà usato contro di voi: infatti egli metabolizzerà fulmineamente ogni particolare, ogni commento e ogni gesto, non per conoscervi meglio (cosa che farà in seguito), bensì per capire se vale la pena di allacciare un flirt.

Ecco perché un minimo di autodifesa (chiamatela pure astuzia!) si impone da parte vostra. Imparate l'arte del colpo d'occhio, ossia a osservare bene il ragazzo, l'uomo che si avvicina per un approccio. Prima di accettare un invito a cena, dategli corda in modo da scoprire chi è, che cosa pensa, se ha qualche idea o hobby che lo appassiona: il successo del primo incontro a due sarà tanto più grande quanto più vi sarete adeguata (coi vestiti, col dialogo, coi gesti) all'immagine della sua partner ideale.

È una recita mortificante, dite? Nient'affatto: lo sarebbe solo se il suo modo di pensare e di essere non vi piacessero affatto. Ma in tal caso il problema non si porrebbe neppure: è infatti auspicabile che gentilmente declinereste l'invito.

Sempre a proposito di egoismo: se ci fate caso, le cose che irritano particolarmente vostro marito, e che l'uomo in genere più difficilmente perdona, sono quelle che feriscono il suo amor proprio. Può chiudere un occhio su una spesa pazza o una decisione sbagliata presa per vostro figlio, ma se tardate a un appuntamento o avete scordato di stirargli la sua camicia preferita avrà una reazione di dolente vittima in quanto avete dato prova di trascurare la sua Persona.

Dimenticherà generosamente tutto ciò che nel corso di un litigio, accecate dall'ira, potete avergli strillato: tranne l'accusa di essersi fatto raggirare, scavalcare o

...ha una irrefrenabile propensione
a mimetizzarsi...

trattare da idiota. Qui siamo alla disistima demolitrice, il suo Ego crolla come un tonfo. Se un uomo che frequentate da poco assume atteggiamenti contraddittori oppure dà prova di non saper prendere alcuna decisione con la fermezza che vorreste, guardatevi bene dal chiamarlo bamboccio o vigliacco: è sacrosanto farglielo rimarcare, ma esistono giri di parole meno espliciti per esprimere i medesimi concetti.

Amarsi molto rende senz'altro più facile la vita, ma anche assi più vulnerabile l'Ego: se noi donne siamo generalmente più comprensive e pronte a perdonare è, purtroppo, perché abbiamo un'opinione assai meno grandiosa della nostra persona e pertanto vogliamo più bene al nostro uomo che a noi stesse.

Dopo l'egoismo, un'altra caratteristica che sembra propria del sesso maschile è il conformismo espresso come necessità di approvazione e integrazione. Lui può essere terrorista, bohèmien, metallaro, *maudit,* ossia sfidare ogni legge e convenzione: ma deve comunque agire, vestirsi e comportarsi in conformità di quanto il suo particolare ambiente impone al fine di sentirsene accettato.

La divisa, simbolo stesso dell'integrazione, è un'invenzione maschile. Le amazzoni siamo no. Noi quelle che sulla spinta della passione o dell'affermazione di un diritto di libertà o di scelta osiamo buttarci, sfidare, trasgredire. Bisogna ammettere che anche lui può farlo: ma soltanto se è *eccezionalmente* coraggioso.

Passando dall'epico al quotidiano, meglio conosciamo il nostro partner e più tocchiamo con mano quanto l'opinione della mamma, del capo, del collega, degli amici e dei vicini di casa gli stia a cuore. Prima di fare una scenata, si preoccupa che le finestre siano ben chiuse; se invita a cena qualcuno vuol sapere che menu abbiamo in mente e non bada a spese pur di far bella figura; se invece a essere invitati siamo noi, al momento di uscire controlla nei minimi particolari come ci siamo vestite e ci implora di non dire questo, non fare quello e non chiedere quell'altro. Neanche fossimo delle selvagge.

Più ama la fidanzata e la moglie, più è preoccupato di quel che possono pensarne le sorelle o mammà: una critica a lei sottintende tra l'altro una debolezza o una latitanza sua... E se lei compera uno splendido tappeto o un servizio d'argento, più che irritarsi per la cifra che ha speso lui si preoccupa che i parenti non ne vengano a conoscere l'importo.

Sa che tutti sanno che siamo compagne affettuose e fedeli, eppure il suo conformismo può spingerlo a vertici di delirante fantasia: basta che indossiamo una gonna di tre centimetri più corta o che la nostra camicetta abbia uno scollo di tre centimetri più basso perché lui subito tema che colleghi e amici ci giudichino una donna leggera, sfrontata e infedele.

Non è pavidità, è natura. Ecco perché, se vogliamo conquistare un uomo, dobbiamo guardarci bene dal parlare a voce alta, unirci a un coro alpino, esibirci in un assolo di danza, indossare la toilette che secondo noi meglio ci valorizza e/o fare quanto altro la nostra allegria e la nostra spontaneità ci suggerirebbero. Paradossalmente il maschio vagheggia una donna eccezionale che tutti gli dovrebbero invidiare ma che allo stesso tempo sembrasse «invisibile».

Ogni difetto ha i suoi parenti più o meno prossimi. Fratello del conformismo è l'amore per il quieto vivere, altra peculiarità del genere maschile: non solo a lui secca «distinguersi», ma ha una irrefrenabile propensione a mimetizzarsi o sparire ogni volta che vorremmo coinvolgerlo nei piccoli problemi o nelle piccole beghe del quotidiano.

L'impianto del riscaldamento non funziona? L'assemblea dei condomini ha deliberato per i tendoni parasole di un orrendo color becco d'oca? Sua madre ha organizzato un pranzo di famiglia proprio per il sabato in cui avevamo in progetto una gita in campagna? Sua sorella ha fatto uno spiacevole pettegolezzo con una comune amica?

«Non prendertela», «parlaci tu», «ci penserò», «dovresti chiamare l'idraulico», sono le sue quiete risposte. Nel momento delle chiarificazioni sparisce, richiesto di una piccola riparazione appare assai indaffarato nel portare a termine qualcos'altro, coinvolto in una polemica che esige una presa di posizione dà prova di salomonica saggezza dando ragione a tutti: salvo che non siano in gioco la sua rispettabilità o la sua immagine (vedi sopra).

Va volentieri soltanto a parlare con gli insegnanti dei figli, soprattutto se frequentano una scuola dove sopravvive il ruolo di «capofamiglia» e «chi ne fa le veci», ossia noi, viene ritenuto un meno onorevole interlocutore. Perdere le staffe è inutile, come è inutile fargli polemicamente osservare che sul lavoro si comporta in tutt'altro modo e con ben altra capacità di coinvolgimenti, rissosità e grinta: LUI è stato strutturato per l'eccezionalità, non per i miseri fastidi d'ogni giorno (da cui peraltro mammina cara l'ha sempre tenuto al riparo).

Questa propensione per grandi temi e grandi problematiche, come le giovanissime possono confermare, il maschio la rivela fin dai vent'anni. Può discutere per ore (appassionato, dialettico, implacabile o adorabilmente irrazionale) se viene coinvolto in un litigio o in una chiarificazione esistenziale, mentre si chiude in un annoiato mutismo se gli vengono contestate o richieste piccole cose.

La «lezione» da trarne? Non infastidiamolo. Non pretendiamo che faccia violenza alla sua natura. Facciamoci carico di misere incombenze che culturalmente ci appartengono. Mostriamoci indulgenti con le sue (infinite) contraddizioni. Sforziamoci di apparirgli sempre seduttive, intelligenti e spiritose.

Per chi non l'avesse capito, sto scherzando. Eppure è proprio tutto questo che LUI vorrebbe: c'è da stupirsi se il rapporto uomo-donna è conflittuale? Piccole manovre e grandi tattiche servono anche per cercare strumenti di cattura e di convivenza alternativi all'annientamento di noi stesse...

GLI SQUILIBRI D'ACQUISTO

Non montiamoci la testa, anche l'universo donna è caratterizzato da zone d'ombra e anfratti angusti. Anche nel nostro genere allignano difetti tipicamente femminili. La presunzione e il culto dell'istinto «infallibile» sono i primi, e potrei andare avanti per capitoli descrivendo i comportamenti irrazionali ed i fastidiosissimi difetti che ne derivano: dalla cocciutaggine ai toni profetici con cui enunciamo le nostre «certezze», dalle nostre viscerali avversioni a solidarietà e simpatie di oscura comprensione alla logica di lui.

Se riassumo i possibili capitoli in poche righe è per due ragioni. La prima: siccome è il maschio l'oggetto di questi volumetti, parlando di donne andrei fuori tema. La seconda: le nostre negatività hanno spesso, a differenza di quelle di lui, esasperazioni e risvolti positivi. La cieca fede nel nostro istinto, per riallacciarci a quanto detto, ci potrà sì rendere saccenti, rompiscatole e illogiche, ma ci consente anche intuizioni geniali, slanci di generosità encomiabili, suggerimenti e rimedi di grande buonsenso e reazioni più ottimistiche di fronte a brutte sorprese ed emergenze.

Amo moltissimo l'uomo, ma sono profondamente persuasa che noi siamo superiori, concetto che svilupperò in seguito molto amorosamente. Secondo me siamo anche strutturate meglio: e non parlo solamente dell'occhio di riguardo con cui la natura ci ha trattate dal punto di vista fisico, se non altro per compensarci dell'esclusiva fatica di dover gestire e partorire un figlio.

Mi riferisco anche alla mente. Nonostante millenarie restrizioni e soggezioni, siamo più adattabili, più elastiche, più libere e soprattutto psicologicamente meno condizionate del maschio. E qui torniamo in tema: l'analisi dei suoi difetti concretamente finalizzata a stanare la preda per meglio poterla catturare.

A quelli peculiari, la sua dotazione di nascita, via via che cresce l'uomo aggiunge tic, vezzi, vizietti e squilibri d'acquisto. Non tutti insieme, ovviamente: temperamento, educazione, esperienza ed eventi portano ciascuno a caratterizzarsi con una piccola patologia che diventa predominante.

Partiamo dagli squilibri, ovvero dai condizionamenti e dalle inadeguatezze che gli impediscono un armonioso rapporto con sé e il prossimo: donne comprese. L'insicurezza è, di tutti gli squilibri, il più doloroso per chi ne è colpito. È un male che non fa sperequazioni di sesso, e anche noi ne siamo afflitte. Tranne che nei sentimenti: se *sentiamo* che quello è l'uomo che andavamo cercando, nulla ci può fermare.

Il maschio no. Non essendogli consentito di esitare o aver paura nei «virili» ruoli di lavoratore o di capo, scarica tutte le sue insicurezze nelle scelte e nei rapporti sentimentali.

Non v'è dubbio che una figura paterna troppo severa o una figura materna troppo oppressiva abbiano pesanti responsabilità in questo comportamento. Il bambino cresce con la paura di sbagliare e di essere punito dal padre; d'altro canto ha poche possibilità di mettersi alla prova, in quanto la madre lo pretegge, lo copre e decide per lui trasmettendogli allo stesso tempo un immotivato messaggio d'infallibilità.

Questo bambino arriva all'età adulta combattuto tra la presunzione d'essere un uomo forte e l'oscura consapevolezza di fragilità che non riesce a capire. Se ne difende tentando di razionalizzarle: l'esistenza non autorizza certezze, io non sono pessimista bensì lucido, non voglio cadere nella trappola dei sentimenti perché sono un essere libero.

Un uomo così prima o poi entra nella vita di ogni donna. Ci vuole, ci ama, ma alla sola idea di impegnarsi o dare stabilità al rapporto si irrigidisce e rilutta. Accampa i soliti pretesti esistenziali, e ce li illustra con dialettica puntigliosa e sottile della quale ovviamente non capiamo la logica. E forse neppure lui, dal momento che messo alle strette dalle nostre argomentazioni sparisce mormorando frasi sconnesse, il volto segnato da autentica sofferenza.

Dopo una settimana o un mese telefona che «ci ha provato», ma lontano da noi non resiste. E il rapporto riprende tra allegria e tristezza, ostilità e tregue. Non confondetelo con il prototipo che abbiamo già analizzato, il riluttante che si autofustiga col complesso d'inadeguatezza. Anche se apparentemente simili, le resistenze hanno origini sostanzialmente diverse: lì c'era il timore di sbagliare, qui c'è l'incapacità di decidere. Lì esisteva una via d'uscita, convincerlo che eravamo fatti l'uno per l'altra e aiutarlo a veder chiaro nei suoi sentimenti; qui le vie d'uscita sono impervie in quanto non dobbiamo convincerlo di nulla. Il nostro uomo sa benissimo di amarci ed è lucidamente consapevole di aver incontrato la compagna giusta: ma ha paura di decidere e di legarsi.

Sarebbe perciò sbagliato adottare la stessa tattica d'assalto, aggressiva e travolgente. L'eterno indeciso è un maestro nell'arte di difendersi e di cercare degli alibi. Aggredito, sferra la controffensiva; invitato a spiegarsi meglio, passa minuziosamente in rassegna mille «perché». E, alla disperata, si eclissa.

Meglio perciò optare per quella strategia morbida spiritosamente definita dalla psicologa Jill Tweedie «omeopatica»: curare l'insicuro inoculandogli piccolissime dosi del suo stesso male. Lui dice d'aver paura? Figurarsi noi. Afferma di sentirsi in trappola? È la nostra stessa sensazione. Ha bisogno di un periodo di lontananza per veder chiaro in se stesso? È proprio la proposta che stavamo per fargli.

Questa finzione strategica, la sola che si sia dimostrata praticabile, sortisce due benefici effetti: sbalordisce il nostro partner facendo fulmineamente scattare il suo amor proprio (com'è possibile che *noi* abbiamo delle riserve sulla sua Persona?) e gli consente di analizzare le proprie sicurezze in un'ottica più distaccata, in quanto le ha potute proiettare sulla partner.

E passiamo oltre. Un padre teneramente autorevole e una madre amorosamente equilibrata non garantiscono affatto il prodotto perfetto. Può capitare, e capita, che da due ottimi genitori e da una famiglia serena derivi lo «squilibrio» opposto all'insicurezza: il figlio che cresce autoprogrammandosi con determinazione per luminosi traguardi.

Anche questo esemplare ci è familiare. È il ragazzo di ottima educazione ed ottimi studi che si porta in faccia, insieme con gli occhi, il naso e la bocca, anche una espressione di gentile inaccessibilità. È stato tra i primi della classe ed appare seriamente intenzionato a diventare anche uno dei primi nel luogo di lavoro.

Frequenta soltanto amici doc, corteggia esclusivamente ragazze di grande bellezza o di grande classe: è un selettivo ed un esteta che aspira al meglio. E se di norma, prima di sposarsi, colleziona un gran numero di avventure è perché è persuaso che al meglio non c'è mai fine.

È possibile che, strada facendo, s'imbatta in voi. Non obiettate subito che siete scialbe, approssimative, prive di charme aggressivo e *pedigree* intimidatorio: a parte che è tutto da verificare, tra le sue molte doti l'esteta possiede anche quell'istinto manageriale-creativo che gli consente di scorgere la perla rara o il business anche laddove l'occhio comune non arriva. Perciò non autoemarginatevi in partenza. Né lasciatevi paralizzare dal complesso di non essere adeguata.

A scoprirvi eventuali manchevolezze sarà certamente lui. Voi limitatevi a mimetizzarle e a evitare le cose che il vostro squisito partner proprio detesta: dette in due parole, l'eccessiva esuberanza e la mancanza d'autocontrollo. Sviluppate in esempi pratici, il Nostro non ama i colori accesi, le toilette elaborate, le prese di posizione emotive, la confidenza facile, le spiegazioni plateali, le amicizie simbiotiche, gli atteggiamenti possessivi, le spese inutili, i film di cassetta (detesta carabinieri e pompieri), i discorsi illogici.

Ricordate sempre che è anche vagamente snob e che

il suo senso dell'umorismo, all'apparenza scarsissimo, è in realtà particolare: al cinema, davanti al teleschermo oppure in una cena tra amici ride quasi sempre da solo, riuscendo a cogliere spunti di comicità laddove ai più sfuggono. Ai romanzi preferisce di solito i saggi, ai rotocalchi i quotidiani, agli estroversi radicali i più maliziosi socialisti o i più colti repubblicani.

Non è un uomo facile né da sedurre né da sposare, ma val la pena tentare in quanto, una volta messa su famiglia, si rivela di norma un marito devoto e fedele: non perché le donne affascinanti e di classe smettano di piacergli, ma perché ai suoi occhi il tradimento è anche mancanza di self-control e di stile.

Proseguendo nell'esplorazione degli squilibri acquisiti ci imbattiamo nella gelosia, che gli psicologi suddividono in due specie: quella «estroversa» e sana, che nasce da un autentico interesse per la persona amata e il comprensibile timore di poterla perdere, e quella «introversa» o patologica sulla quale, appunto, è di obbligo soffermarsi in quanto manifestazione di uno «squilibrio» assai grave.

L'uomo che ne soffre (è di lui che stiamo parlando, ma l'analisi è identica anche per la donna) è ugualmente vittima di un temperamento possessivo e di «incidenti» familiari o affettivi che l'hanno reso insicuro. Come comincia a frequentare una donna, la considera «cosa sua» anche se si tratta di una avventura senza profondi coinvolgimenti affettivi.

L'eventualità che lei lo tradisca (da lui presa quotidianamente in considerazione) non lo colpisce nei sentimenti, bensì nella vanità: infatti quel che non sopporta non è tanto pensare che lei lo lasci, quanto che gli preferisca un altro. E qui, se permettete, tralascio ogni strategia di seduzione per aprirvi gli occhi e suggerirvi una precipitosa ritirata.

La gelosia «introversa» è una malattia catastrofica e senza scampo, e vivere accanto a un partner che sospetta, fruga, spia, mette alle corde, tende tranelli, minaccia, finge di compiacere e trascende in scenate è uno dei peggiori inferni in cui si possa piombare. Nella rubrica di posta che ho avuto su *Anna* poche lettere mi hanno causato l'impotenza e la tristezza di quelle che descrivevano questo inferno. Non vi era nulla da suggerire, nulla di cui poter consolare le disperate mogli che erano, per di più, economicamente nell'impossibilità di sopravvivere a una separazione.

Cadere nell'orrenda trappola è facile: «saggezza» popolare, canzonette e proverbi hanno esaltato il concetto che «amore vuol dir gelosia»: e il fatto che agli inizi di un idillio lui si mostri così smanioso di possederci e così impaurito all'idea di perderci ci rassicura e ci lusinga: *allora* è davvero innamorato. *Allora* tiene veramente a me.

Quel che ho tentato di spiegarvi, e spero con successo, è ch' lui è realmente interessato soltanto alla propria persona. Non vuole il vostro amore, ma la vostra sudditanza; non è esaltato dalle vostre qualità, ma dal fatto che sia riuscito a possedervi; avvilendovi con estenuanti e meschini interrogatori non cerca la conferma della vostra fedeltà, ma la prova che è talmente abile da continuare a tenervi in uno stato di dipendenza e soggezione. L'amore s'impara: purché non siamo masochiste.

VEDIAMOCI CHIARO

Dopo i difetti «di natura» e gli squilibri d'acquisto, siamo al capitolo di tic e manie, vezzi e vizietti, allergie e passioni. Qui si può spaziare dal folclore al dramma: dipende da caso a caso, ma anche dal nostro metro di valutazione. Una tendenza all'esagerazione, compreso il rispetto dovuto al maschio, potrebbe farci prendere troppo sul serio comportamenti inoffensivi, mentre una ottimistica vocazione a minimizzare potrebbe indurci a chiudere un occhio su comportamenti che al contrario meriterebbero qualche riflessione.

E qui s'impone una precisazione da parte mia. Come ho già doverosamente premesso, procedo a tentoni e con metodo empirico; per di più, sono influenzabile e suscettibile di infiniti ripensamenti (ho fatto presuntuosamente mio il detto che solo gl'imbecilli non cambiano mai idea). Questi temi li ho affrontati un anno fa in un libro, *Caro amore*, e spero proprio che non l'abbiate letto perché da allora ad oggi alcune mie certezze sono state erose dal dubbio e alcune analisi che mi sembravano acutissime mi appaiono di straordinaria stupidità.

Prendiamo gli avari. Sarà perché all'epoca ero stata contestata a causa di alcune spese che i miei cari avevano definite folli, sarà che ciò che apprezzo di più del danaro è la gioia di spenderlo, avevo fatto dell'avarizia un ritratto catastrofico spingendomi all'affermazione che vivere con un uomo tirchio è una delle peggiori disgrazie che possano capitare.

C'è di molto peggio, credetemi. E vi spiego perché. Tanto per cominciare, l'uomo è per sua antica cultura assai più parsimonioso della donna: essendo stato a lungo il solo a guadagnare, era anche il solo a sapere quel che i soldi gli costavano. (E la sindrome del «sudore della fronte» gli è rimasta...). Il fatto d'avere, pure a lungo, ricoperto in esclusiva il ruolo di capofamiglia ha acuito il suo timore per l'imprevisto e il suo senso di responsabilità.

Sta di fatto che tra i tanti piccoli piaceri che il maschio ignora c'è quello dello spendere. Molte volte, come le madri di famiglia ben sanno, spendere è soprattutto una necessità: ma il nostro uomo ignora anche questo, in quanto non è con noi a vedere che il cappotto di Sabrina è diventato corto, i piedi di Luigino non entrano più nelle scarpe e che la lavatrice ama più le perdite d'acqua che le centrifughe.

Insomma, dobbiamo imparare a convivere con l'idea che *tutti* gli uomini hanno col denaro un rapporto meno creativo e meno distaccato del nostro. Tendono a rimandare ogni spesa e a contestare vivacemente il nostro concetto di «necessario»: tutto ciò che non è indispensabile per una decorosa sopravvivenza ai loro occhi è superfluo.

Questa tendenza alla parsimonia si manifesta fin dall'età giovane e bastano poche settimane d'idillio perché una ragazza la tocchi con mano. Lui adora le passeggiate ecologiche, i tramonti e i localini ruspanti, ossia tutto ciò che è gratis o a basso costo. È pieno di pensierini «simbolici» tipo il mazzetto di fiori, una vecchia foto, la biro di quando faceva le elementari; considera il brillantino un dono pacchiano e le ricorrenze una convenzione consumistica, con comprensibile perplessità e dispiacere della sua fidanzatina.

«Il pensiero è quello che conta» è sicuramente un proverbio di origine maschile che già le nostre nonne contestavano, sospirando di frustrazione e d'invidia quando sentivano che un uomo si era «rovinato» per una donna dilapidando con lei tutti i beni di famiglia. Per noi donne, chi ama spende. E più il «pensiero» è costoso, più intensamente ci sentiamo pensate.

Tuttavia rompere un fidanzamento perché lui preferisce esprimersi simbolicamente sarebbe sbagliato. Come marito ha i suoi lati positivi: responsabile e prudente, non si espone mai ad avventure o investimenti spericolati; è raro che abbia altri interessi al di fuori di voi e dei vostri figli (comporterebbero una spesa in più); è per lui impensabile potervi tradire (l'amante è un lusso, e perciò un'uscita superflua).

Con qualche piccolo sforzo potreste persino tentare di rieducarlo: stringi stringi, l'avaro è un uomo dotato di scarsa fantasia che si è concentrato sul solo piacere che conosce, il risparmio. Facendogli scoprire qualche divertimento o gratificazione alternativi, è possibile che se ne appassioni deconcentrandosi dagli amati soldi: val la pena sottolineare che la categoria degli scialacquoni annovera parecchi pentiti della taccagneria...

Un altro uomo da non prendere troppo sul serio è l'er-

... l'infantile adora linus e topolino...

metico, cioè colui che lesina le parole come lo spilorcio il danaro. L'attrazione per le persone silenziose è comune a entrambi i sessi in quanto esse danno l'impressione di avere un'intelligenza assai al di sopra del comune: è del resto risaputo che meno si parla e minor rischio si corre di dire delle sciocchezze...

L'ermetico esercita su noi donne una suggestione in più, in quanto risveglia la nostra tenerezza e il nostro istinto materno. Chiuso in se stesso, il volto assorto in un'espressione di sofferto distacco e l'atteggiamento di chi, ovunque si trovi, si sente fuori posto e provvisorio, immediatamente richiama la nostra attenzione. Ci buttiamo su di lui con l'impetuoso fervore di Anna dei miracoli: riusciremo a dargli la facoltà di parlare e di tirar fuori tutte le meravigliose cose che cela dentro di sé.

Concentrate nello sforzo, non ci accorgiamo che se l'è cavata benissimo nell'esprimere l'essenziale, e cioè quanto gli è bastato per avviare un rapporto sentimentale con noi. Da questo momento la situazione si capovolge: il suo disagio e la sua sofferenza spariscono e siamo noi ad arrovellarci nel tormento e nel dubbio. Lui è tenero, assiduo, premuroso ma continua a tenere chiuso dentro il meglio di sé. Preferisce le pause al dialogo, i gesti alla parola, e che sia innamorato di noi lo dobbiamo dedurre dai comportamenti: infatti non ha mai pronunciato il rassicurante *ti amo*.

E di conseguenza dubitiamo dei suoi sentimenti. Per noi donne situazioni e stati d'animo debbono essere necessariamente espressi parlandone, è attraverso il dialogo che esorcizziamo le insicurezze, liberiamo le rabbie, ci carichiamo sessualmente. Spesso crediamo alle «verità della parola» assai più che all'evidenza dei fatti, cosa che purtroppo può renderci facilmente suggestionabili e manipolabili.

Sta di fatto che con l'introverso ci sentiamo inquiete, dubbiose e scontente: uno stato d'animo che non ci rende certamente seduttive e talvolta spinge il Nostro a una sofferta e silenziosissima rottura. Peccato. Avremmo potuto costruire con lui un ottimo matrimonio solo se avessimo capito una semplice verità: l'ermetico è sostanzialmente un pigro che ritiene uno sforzo inutile spiegare a voce ciò che è convinto risulti chiarissimo da come si comporta, e cioè ineccepibilmente.

Un altro prototipo ai nostri occhi esageratamente inquietante è l'uomo cosiddetto «infantile». Come tutte le religioni anche quella della virilità ha le sue oleografie: e benché abbiamo persino combattuto una guerra per risvegliare nell'uomo voglia di docilità e tenerezza continuiamo a subire la suggestione dell'«eterno mascolino» predonesco e inarrestabile. Dal partner ideale ci aspettiamo affidabilità, decisione e grinta, perpetuando senza rendercene conto l'immagine del maschio forte «che non deve chiedere mai».

Invece l'infantile chiede, eccome: innanzitutto perché è bene educato e poi perché ha spesso bisogno di essere aiutato. Come i bambini, ha più fantasia che senso pratico. È curioso, allegro, simpatico e tende a risolvere i problemi aggirandoli o rifiutandosi di vederli. Inutilmente ci aspettiamo da lui gesti di coraggio e di determinazione: la dimensione eroica e le certezze travolgenti non rientrano nella sua ottica emotiva.

Tende a sdrammatizzare tutto, e basta un nulla per riempirlo d'entusiasmo. È mite, influenzabile, fiducioso; adora *Linus* e *Topolino*, gli piacciono i film di Boldi e Villaggio, raccoglie francobolli o monete fuori corso, è un patito del bricolage e del modellismo, ha il culto dell'amicizia e, ovviamente, adora i bambini: coi quali va molto d'accordo.

Affascinate dalla sua ingenuità e colpite dai suoi modi teneri e gentili ci innamoriamo di lui a prima vista: salvo poi sentirci furiose già al secondo incontro. Com'è possibile che sia così ingenuo, abbia gusti tanto puerili, sia talmente incapace di imporsi? Masochisticamente ci turba anche il fatto che il rapporto con lui sia rasserenante e senza sorprese: noi donne, si sa, più soffriamo e più ci sentiamo certe di amare.

Per piacere, non lasciatelo: l'infantile si rivela spesso uno dei mariti migliori. Ottimo padre, lavoratore responsabile (è entusiasta persino del suo capo!), compagno collaborativo e rasserenante, considererà la vita di famiglia il più appassionante dei «giochi».

Posso essere d'accordo con le riluttanti sul fatto che non è l'uomo delle emergenze, quello che all'occorrenza sfodera nervi saldi e strategie di forza. Ma, in tutta franchezza, quante «emergenze» si verificano in un matrimonio? La vita a due è fatta per lo più di quotidianità, e qui lui se la cava benissimo.

È arrivato il momento di parlare d'un diffuso «vizietto» che a noi donne sembra tanto assurdo quanto offensivo: la sua impossibilità, quasi fisica, di distogliere lo sguardo da qualsiasi immagine femminile risulti in qualche modo «emergente»: vuoi per il particolare eccentrico vuoi per la bella veduta d'insieme. Stiamo parlando dell'uomo guardone, anche definibile «voyeur platonico»; ed è proprio su questo particolare che vorrei soffermarmi.

A differenza del superman o del playboy, il Nostro non è un infedele e non ha alcuna voglia di tradirvi. E perché mai dovrebbe, dal momento che siete la sua compagna ideale? Il suo interesse è esclusivamente «esplorativo» (retaggio dell'occhiata che il sultano dava alle schiave prima di scegliersi la favorita...). Lui, la sua scelta, l'ha già fatta autolimitandosi al rapporto con una sola donna: l'occhiata gli serve per vedere come sono le altre, quelle rimaste in circolazione.

Benché nessuna passione extraconiugale sia mai esplosa nei due secondi che il nostro partner impiega allo scopo, questa debolezza ci sembra offensiva per la sua intelligenza e la nostra sensibilità. In parte lo è: ma l'intelligenza ha le sue pause come il guerriero il suo riposo. Protestare, lamentarsi, lanciare accuse di stupidità e pappagallismo serve solamente a scatenare una reazione di fastidioso stupore.

Una mia amica escogitò un paio d'anni fa una controffensiva molto spiritosa: ogni volta che usciva col marito e vedeva passare un bell'uomo, si voltava ostentatamente a guardarlo. Ripetendo con candore ciò che lui infinite volte le aveva detto: «Ma che male c'è, caro?» Tanto per la cronaca, si è rivelata una stategia del tutto inutile: il vizietto è incurabile. Personalmente a me sembra soprattutto una gran mancanza di educazione, ma ciascuna ha sensibilità proprie: e posso capire che una donna molto rigorosa oppure molto insicura ne sia turbata al punto da lasciare il «guardone» al suo destino (se non ha già commesso l'errore di unirvi il proprio).

ATTENTE AL PLAYBOY

Il playboy è il ragazzo che gioca: con le donne e con il sesso. A differenza del guardone, non concepisce l'amore platonico. L'avventura è un piccolo capolavoro, del quale vuole vivere allegramente tutti e tre i capitoli: il corteggiamento, la consumazione e la fuga.

Alcuni osservatori del costume affermano che il gioco della carriera e la rivoluzione femminista hanno provocato l'estinzione della specie, ma io propenderei per un'analisi più ottimistica. È pur vero che la corsa al successo ha deconcentrato il maschio dalle gratificazioni erotiche, ma questo non significa affatto che vi abbia rinunciato: semplicemente, vi dedica minor tempo e minor slancio.

Quanto al femminismo, ha sì fatto prendere coscienza di sé alla donna riducendo a uno sparuto gruppetto di superstiti le masochiste che ancora si prestano a farsi usare come oggetto o giocattolo. Ma dalla medesima rivoluzione è nata la femmina-amazzone che da oggetto è diventata soggetto attivo: di approccio e di conquista. E anche a lei possono piacere i capitoli del corteggiamento, della consumazione e della fuga.

Certamente il playboy di oggi ha mutato luoghi e volto rispetto a quello degli anni Sessanta. I *draguers* alla Piacentini e alla Rizzi che, belli e dannati, prendevano il volo per le spiagge alla moda a caccia di svedesine e di star non esistono più. Il conquistatore dei giorni nostri è diventato meno convenzionale, i suoi gusti sono meno spettacolari ma più raffinati: oltre che la bellezza lo attraggono lo *charme*, l'intelligenza, l'umorismo.

Le sue armi di seduzione non sono più muscoli abbronzati, disponibilità da nullafacente e carica erotica inestinguibile: ha imparato a leggere, a conversare, a prendersi meno sul serio.

In una cosa è rimasto identico: l'incapacità di fermarsi a lungo. Una volta soddisfatte le proprie curiosità riparte alla caccia di esperienze nuove. È un cannibale di emozioni: e l'amore per la novità è per lui una specie di droga. Ciò è causa di terribili sofferenze per quelle che hanno la disavventura di innamorarsi, ma talvolta lui è il primo ad avvertire l'handicap della propria instabilità e a mettersi in discussione.

Superata la stagione delle impetuose superficialità giovanili, desidererebbe sinceramente innamorarsi, e ha spesso la euforizzante sensazione di essere sentimentalmente coinvolto. Ma dopo sei settimane o sei mesi ripiomba nella ben nota sensazione di assuefazione e di noia. Se è un uomo colto, sa bene che letteratura e filosofia e musica hanno simboleggiato nel dongiovanni l'esistenziale infelicità che deriva dell'impotenza d'amare: e la sua crisi diventa più acuta, la sua volontà di fermarsi più puntigliosa.

Moltissimi vi riescono: persino prima di conoscere questa crisi. Trovata la cosiddetta «donna giusta» passano istintivamente e senza traumi dalla fase «estetica», quella del narcisismo e delle emozioni, alla fase «etica», quella dell'altruismo e dei doveri.

La fedeltà rientra tra questi doveri? In altre parole, l'ex avventuriero riuscirà a trasformarsi in un uomo serenamente monogamo? Sono gli interrogativi che tutte le donne si pongono quando si innamorano di un uomo che è passato da una storia all'altra costruendosi una fama di scarsissima affidabilità.

Nel momento in cui ci chiede di sposarlo ci dà la massima prova d'amore: ma quali garanzie abbiamo che i suoi sentimenti resisteranno al tempo e alla quotidianità e soprattutto che prima o poi non sarà ripreso dalle vecchie voglie di esplorazione e di conquista?

...talvolta il playboy avverte l'handicap della propria instabilità...

La risposta è scoraggiante: nessuna. Il matrimonio con un playboy è ad alto rischio, e per questo una donna che considera l'infedeltà la peggior violenza compiuta alla coppia dovrebbe riflettere a lungo. Gli atti di fede non sono concessi: è più utile invece cercare di fare delle previsioni (e delle valutazioni) razionali.

Il playboy, diciamolo subito, non considera la fedeltà un valore. O, quanto meno, non considera l'infedeltà una reale offesa alla partner. Il suo meccanismo emotivo si è strutturato sulla curiosità, per cui sposato o no una donna affascinante sarà per lui sempre oggetto di istintivo interesse. Inoltre, abituato a vivere legami epidermici e senza coinvolgimenti, non dà alcuna importanza alla scappatella o al sesso.

Se non tradisce la moglie lo fa soltanto perché la paura di farla soffrire o di poterla perdere è di gran lunga superiore al piacere che trarrebbe da un'avventura. In altre parole è un fedele coatto o, se preferite, un portatore sano d'infedeltà.

La prima deduzione da trarne è che il dongiovanni si «redime» soltanto se è profondamente innamorato di una donna. E i doverosi interrogativi che la ragazza del playboy deve autocriticamente porsi prima di diventare sua moglie sono: posseggo realmente la capacità e le doti per essere amata profondamente?

Qui, me ne rendo conto, rischio di sconfinare nel razzismo. *Tutte* le donne hanno qualcosa che le rende meritevoli di un profondo amore. Purtroppo, però, quelle che sposano il *viveur* debbono avere «qualcosa in più»: una eccezionale carica umana, oppure una notevole bellezza, oppure un irresistibile fascino, oppure un'acuta intelligenza, oppure un formidabile senso dell'umorismo (tutto insieme sarebbe disumano...).

I superlativi sono di rigore, in quanto solamente per amore di una donna che ritiene «unica» e che, alla luce di una lunga esperienza, prevede insostituibile il nostro adultero potenziale si comporterà irreprensibilmente scacciando ogni tentazione.

Le superlative qualità di cui sopra consentono inoltre un motivo di speranza in più: la durata di questa soggezione. È infatti difficile che una donna eccezionale diventi improvvisamente sciocca, oppressiva, sospettosa, frustrata, noiosa, risaputa. Certamente anche lei avrà le sue trasandatezze e i suoi acciacchi, le sue crisi e i suoi timori, ma d'istinto (meglio: per privilegio naturale) li «porgerà» salvaguardando la sua immagine dal degrado.

Tutte queste considerazioni ci riportano comunque al punto di partenza: il matrimonio con il playboy rimane ad alto rischio. L'eccezionalità di una tentazione potrebbe fargli dimenticare, per un week-end o per una notte, l'eccezionalità della moglie. È un'eventualità che bisogna prospettarsi per capire se si sarebbe pronte ad affrontarla nel solo modo possibile: senza farne un dramma e senza trarne disfattistiche conclusioni.

Il playboy è il solo marito al quale potete ciecamente credere mentre vi giura che è stata solo una scappatella, che quella donna non conta nulla per lui, che siete voi la sola che ama e amerà sempre: infatti è vero. Forse che le decine di avventure che ha vissuto prima di conoscervi hanno contato qualcosa per lui? Forse che le decine di donne che ha avuto prima di sposarvi hanno lasciato in lui qualche segno?

Certamente no. E l'occasionale tradimento è stata un'escursione in più nel rapporto epidermico e senza ricordi.

Ma anche se voi non vi foste rivelate all'altezza delle sue aspettative e l'eccezionalità delle tentazioni dovesse miracolosamente ripetersi, di una cosa potete essere certe: sarete comunque al riparo da separazione o abbandono. Se il playboy si sposa, è per sempre: scusate se mi ripeto, ma lui conosce troppo bene gli abbagli e la precarietà delle tensioni emotive per cadere nella trappola di una relazione extraconiugale stabile o per lasciarsi stregare dalla passione.

È una trappola in cui cadono invece assai più facilmente i mariti senza passato amoroso e con una conclamata vocazione alla fedeltà: se incidentalmente si sentono attratti da un'altra donna, si lasciano travolgere da emozioni che non conoscono, giochi di cui non hanno esperienza, schermaglie contro cui non hanno mai sviluppato meccanismi di difesa. Con tutti i rischi che ne conseguono.

La sola certezza di non essere abbandonate mai non è granché consolante, anche perché la decisione di separarci potremmo prenderla noi. Ma chi sposa un playboy non ne ha altre, e sapere cosa l'aspetta le è doppiamente utile: come strategia di fuga se non si sente abbastanza forte, e come strategia di conquista se vuole affinare le sue armi. Il povero playboy, già colpito dall'eccezionalità delle doti, sarà anche sbalordito dall'eccezionale numero di cose che lei sa di lui.

LE PICCOLE RECITE

Credo che a questo punto abbiate capito dell'uomo quel tanto che è indispensabile per evitare sconfitte clamorose e rapporti sciagurati. Ma si può fare di più: passare dall'indolore al piacevole aggiungendo a una rudimentale conoscenza le piccole sfumature.

Succede assai spesso di essere attratte oppure corteggiate da un uomo che sembra proprio risparmiato dalla piccola patologia della sua specie. Non è mammone, non è geloso, non è avaro, non è conformista, non è suscettibile, non dà segni di essere innamorato di se stesso eccetera eccetera. Miracolo? No, diagnosi superficiale e incompleta. Nonostante la versatilità con cui mi sposto tra le varie scuole di pensiero, disponibile a ogni ripensamento, su una cosa non ho ancora cambiato idea: l'uomo *normale* non esiste.

«Normale», ci insegna il dizionario, significa «conforme alla regola». Ora, com'è possibile che un uomo lo sia? Nato padrone, le regole se l'è sempre date da solo seguendo via via le proprie inclinazioni e le proprie esigenze.

Andiamo ad esempio a esaminare più da vicino quel trentenne così premuroso, così informato, così esuberante e collaborativo dal quale aspettiamo soltanto una concreta *avance* per buttarci.

Uscire con lui è confortevole perché, graziaddio, ai

localucci di discutibile folclore preferisce quelli che nostra madre chiama «distinti». Veste senza alcun tocco di casualità, rigorosamente classico, con un filo d'indulgenza per quel che la moda proprio impone: e se per caso noi sbagliamo un accessorio o un colore, ce lo fa affettuosamente rimarcare.

Stare con lui è un piacere perché nessun argomento lo trova impreparato e che si parli di *Dallas* o del *Pendolo di Foucault* trova sempre l'annotazione di costume o il piccolo appunto inedito.

È rassicurante constatare con quanta semplicità e noncuranza cambia spesso gusti, idea. Insomma, non è affatto mentalmente rigido. Era un avido lettore delle pagine culturali di *Repubblica*, per esempio, ma spiega che da qualche tempo ha rivalutato il *Corriere*. I film strappalacrime lo avevano sempre fatto ridere, ma ha riscoperto Matarazzo e il duo Sanson-Nazzari in quanto specchio di gusti e di tempi.

È rilassante toccare con mano che è anche capace di slanci ingenui e divertimenti alla mano, tipo soffermarsi sul canale tv in cui Wanna Marchi strilla i miracoli delle sue alghe o ridere alle battute del primo Montesano.

Una sola cosa ci impedisce di lasciarci andare alla beatitudine: perché mai non si decide a dichiararsi, trasformando l'irresistibile amicizia in un idillio? La risposta è semplice: perché è uno snob, e prima di impegnarsi vuole capire se tra noi e lui esiste un autentico *feeling* (rotture, scenate e sofferenze amorose in genere gli sembrano molto *cheap*).

Premesso che vivere con uno snob è stupendo (con l'alibi culturale o il risvolto di costume gli potremmo praticamente far fare, comprare e vedere tutto ciò che piacerà a noi), un piccolo sforzo per catturarlo non è sprecato. È sufficiente convincerlo che siamo entusiaste del suo stile, dei suoi interessi e dei suoi gusti.

Chiaramente non è vero e in tutta franchezza ci potrà qui e là sorgere il sospetto che lui sia un po' cafone e approssimativo. Quel che conta è non farglielo capire. Mai.

Spostiamo l'obiettivo su un altro uomo apparentemente più che normale: quasi perfetto. Frequentandolo, la convinzione che il maschio sia un analfabeta sentimentale vacilla: lui è infatti romantico, ansioso di piacerci, dotato di una sensibilità straordinaria. Ama i luoghi solitari, le atmosfere suggestive, i film in cui «l'eroe» non è mai di intimidatoria bellezza o di romanzesco coraggio.

Si racconta con sincerità e modestia, sottolineando timori, lacune e inadeguatezze che ci mandano in estasi: finalmente abbiamo trovato l'anti-*macho*, il partner paritario che come noi ha voglia di gentilezza e d'amore. E siamo comprensibilmente terrorizzate all'idea di non riuscire a conquistarlo. Peggio ancora, di poterlo perdere.

Tranquille: lui è, se possibile, ancora più terrorizzato di noi. Quel che ci è sfuggito è infatti che questo stupendo uomo è afflitto da un complesso d'inferiorità di gran lunga superiore a quanto i suoi possibili limiti esigerebbero. Ha paura di confrontarsi con gli altri maschi: di qui la propensione a frequentare luoghi solitari e disertare cinema in cui brilla la stella dei fascinosi Uomini Veri. È desideroso di rassicurazioni: di qui la sua volontà di mettersi umilmente a nudo e allo stesso tempo preoccupato di essersi «esposto» troppo.

Una volta scoperto il difetto, guardatevi bene dalla tentazione di assecondarlo: in altre parole di mostrarvi comprensive, di minimizzare i suoi complessi, di tranquillizzarlo. Lui detesta essere compatito e soprattutto di realizzare che avete scoperto il suo complesso d'inferiorità.

Lo rassicura che conosciate i suoi limiti, ma non gli va di farvi capire che ne soffre. La sua logica è un po' tortuosa, e mi conferma in una convinzione che non avevo mai osato esprimere prima d'ora: credo che tutti gli uomini abbiano un'intelligenza di questo tipo e che debbano anche alla loro tortuosità l'essersi avventurati in quelle ricerche e quelle scoperte che tanti geni e inventori hanno prodotto.

La nostra logica può essere contraddittoria, ingenua o emotiva, ma è sempre mirata a fini concreti e, benché compia qualche giro di troppo, colpisce sempre il bersaglio. Non ci saremo immortalate come benemerite del progresso ma, rientrando in tema, siamo da secoli le intelligenti vestali dei sentimenti.

Alla nostra intelligenza solare sfugge ad esempio persino il sospetto che dietro un uomo incapace di meschinità e di calcolo, sempre pronto a battersi in nome dell'amicizia, degli affetti e di una nobile causa, possa nascondersi il problema o il pericolo. È un altro prototipo di pseudonormale di cui siamo entusiaste perché appare oltretutto una persona libera da pregiudizi e convenzioni, un ottimista che di tutto vede l'aspetto positivo (senza però aspettare che le fortune gli arrivino dall'alto, in quanto ritiene che ognuno è artefice del proprio destino). Dove sta il difetto? Presto detto: è uno spericolato. Se non calcola, non esita e si butta è soprattutto perché adora il rischio. Ora, se osi dieci volte, quattro ti va bene: e deve essere nato da una troppo euforica interpretazione del calcolo delle probabilità il detto che «la fortuna aiuta gli audaci».

Avendo toccato con mano la realtà di moltissime donne che debbono periodicamente vivere quelle sei volte in cui statisticamente «l'investimento» o «l'affare» del marito si sono rivelati rovinosi, dovrei suggerirvi di girare alla larga dallo spericolato.

Se però lo siete anche voi, e vivere in una perenne altalena tra sperpero e ristrettezze, euforia e tensioni, splendore e miseria vi sembra il miglior mezzo per rendere meno noiosa l'esistenza, il solo consiglio che posso darvi è di non farlo capire al vostro partner.

Lo spericolato è infatti un avventuriero solitario che vuol battere da solo i sentieri del brivido. Detto più rozzamente, un megalomane che aspira al massimo e rifiuta comprensione, complicità e aiuto perché non vuol dividere con nessuno, neppure con la donna che ama, il merito di ciò che ha conquistato.

Mostrandovi come siete, e cioè sottilmente eccitate all'idea di vivere pericolosamente, lo privereste anche di un'altra grandissima soddisfazione: quella di sfidarvi e di dimostrarvi coi fatti di aver avuto ragione lui.

Agli antipodi dello spericolato è un altro tipo d'uomo che entusiasma per la sua apparente mancanza d'ogni esagerazione e patologia. Di lui colpisce a prima vista un atteggiamento di grande equilibrio. Agli stress del successo preferisce le piccole felicità del privato, all'antagonismo la serenità, all'avere l'essere. Contesta con toni pacati le smanie consumistiche; interpretando liberamente Brecht ritiene sventurata la famiglia che ha bisogno di un eroe; giudica che le grandi passioni abbiano sempre qualche linea di febbre e, miracolo!, ama con affettuoso equilibrio persino sua madre.

Se non l'aveste ancora capito, sto parlando dell'uomo pigro. Di esagerato, in lui, c'è solo una irriducibile vocazione alla tranquillità che porge infiocchettata di cultura e di alibi. Vivere con un pigro è meraviglioso per le donne che ritengono il massimo della felicità ridurre al minimo l'eventualità di brutte sorprese e il massimo del benessere muoversi il meno possibile.

Il pigro non tradisce (anche l'adulterio comporta uno sperpero energetico), è un lavoratore scrupoloso e affidabile (dovrebbe esercitarsi una violenza per rischiare il «posto sicuro») e un compagno di giochi stupendo per i figli (meglio intrattenerli che sentirli correre sfrenati per la casa o far capricci).

La descrizione è scherzosa, ma realistica: e tengo a sottolinearlo perché molti dolorosissimi conflitti coniugali derivano dall'aver sottovalutato (o sopravvalutato) la mancanza di ambizioni e di grinta del partner. Il pigro non rischierà mai, non affronterà mai di petto una persona o un evento, non si lascerà mai persuadere a tentare la libera professione: è bene che diate per scontato tutto questo prima di iniziare un rapporto stabile, pena l'infliggere a lui inutili violenze e a voi rabbiose frustrazioni.

Sedurlo non comporta fatica perché, pigro com'è, il nostro uomo è favorevolmente colpito dalle donne che prendono discretamente l'iniziativa. Senza aggredirlo, senza eccedere, fategli capire che siete attratte da lui: purché sia vero, ribadisco. Non vi resisterà a lungo. La piccola astuzia si impone tuttavia anche qui: evitate di fargli capire quanto siete pigre anche voi. Sotto sotto (le solite tortuosità maschili!) il Nostro è confusamente frustrato per la mancanza di stimoli, aggressività e ambizioni in quanto lo fanno sentire «diverso» rispetto agli altri uomini che conosce.

È la ragione per cui potrebbe avvertire un sottilissimo senso di fastidio realizzando di aver scelto una partner tanto scontata e simile a lui, cioè una pigra.

L'UOMO SPOSATO

Statistiche al proposito non ne esistono, ma credo che poche donne siano arrivate o arriveranno al termine della loro vita affettiva senza essere state attratte da un uomo sposato. Diventarne l'amante può rivelarsi per una donna con vocazione e sensibilità «tradizionali» l'esperienza più umiliante, e mi sembrerebbe perciò immorale suggerire una scorciatoia per buttarvisi.

Se parlando di «tecniche» di conquista dedico un capitoletto all'uomo sposato è perché, purtroppo, la sola persona che molte ragazze e donne vorrebbero conquistare è legata a un'altra. Premetto che d'istinto e per principio sto dalla parte delle mogli e considero mancanza di classe e di cuore disturbare un'unione costruita con grandi compromessi e grande amore.

Sarei però ottusamente e ipocritamente rigida se negassi l'evidenza di matrimoni infernali e di mogli egoiste, castranti e ricattatorie: i difetti non appartengono al ruolo, bensì alla persona; mogli e amanti sono donne che, in quanto tali, possono essere capaci o incapaci d'amore, avere un ottimo o un pessimo carattere. A parità di doti parteggio per la legittima consorte perché l'uomo è suo e il furto è un reato.

In alcuni sciagurati casi, però, sarebbe un'opera altamente morale. Ho a suo tempo votato a favore del divorzio proprio perché ritenevo disumano imporre a un essere umano l'ergastolo di un matrimonio senza speranze né amore. Credo però che l'istituzione non sempre abbia funzionato allo scopo: per l'esperienza indiretta che ho potuto farmi in questi anni, ho l'impressione che a essere lasciate siano soprattutto mogli civili e degne, colpevoli solo di non aver saputo mantenere sentimentalmente coinvolto il marito.

Le cattive mogli conoscono troppo bene l'arte di ricattare, colpevolizzare e costringere il partner a un rapporto rassegnato e succubo. Provo una grande compassione per questo tipo d'uomo, ma le ragazze che se ne innamorano me ne fanno ancora di più perché sono destinate a perdere anni e speranze aggirandosi in un labirinto cieco.

Il ruolo d'amante dovrebbe essere incidentale e provvisorio. Circostanze e caso portano a innamorarsi di un uomo sposato che ricambia questo amore e, vuoi per irresponsabilità, vuoi per fondate ragioni, decide di ricostruirsi un nuovo legame.

Esimendomi da ogni valutazione morale, credo che la decisione di separarsi non dovrebbe comportare tempi lunghi: sia l'egoismo dei cinici, sia i tormenti dei malmaritati sollecitano emotivamente la spinta dell'impazienza. Se però i calcoli o gli scrupoli prendono il sopravvento, imponendo il freno di una riflessione, per l'amante che esige la «legalizzazione» la partita è perduta.

Entro un anno o mai più: dovrebbe essere il motto, o meglio la lucida consapevolezza delle «altre». Una volta superata l'euforia della scoperta e perduta la sensazione d'impunità della grande passione, il legame finisce per cronicizzarsi in una precarietà senza fine. Tranne che non sia lei, l'amante, a prendere l'iniziativa della rottura.

In questo senso la donna cha ama l'uomo meno meritevole è più fortunata perché il temporeggiare di lui è causato da resistenze o calcoli inaccettabili per lei: la paura della disapprovazione sociale, la possibilità di barcamenarsi nel compromesso, il fastidio di affrontare un divorzio che si prospetta difficile, la tracotante sicurezza di essere amato abbastanza da poter tirare avanti nella semiclandestinità...

Prima o poi dignità o amor proprio spingono la schia-

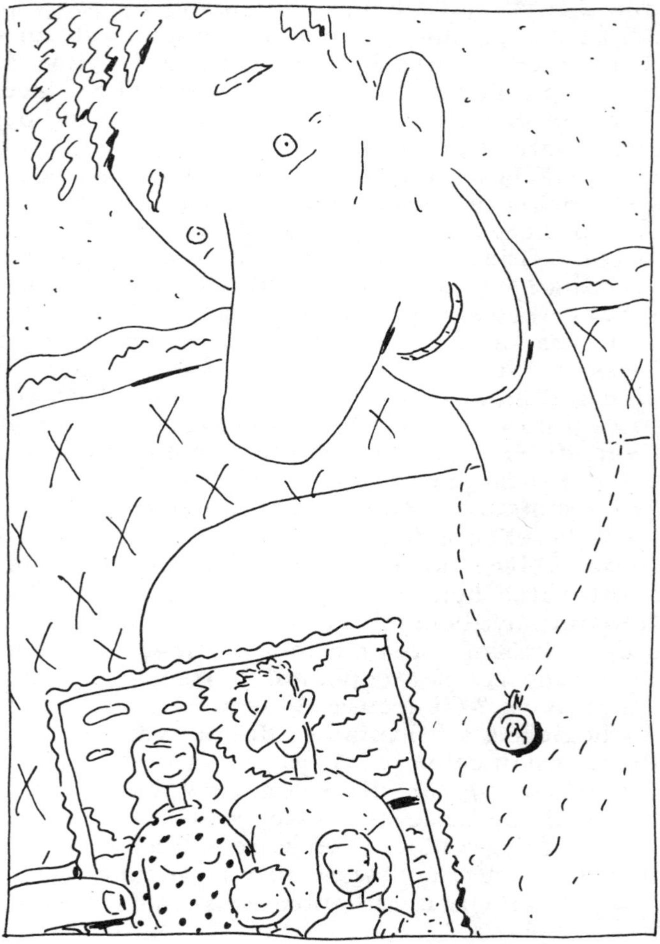

... un uomo normale non può tenere nascosto il suo stato per più di...

va a riprendersi la libertà. Questa autodifesa risulta assai più difficile alle donne che amano l'uomo sposato più di se stesse: soprattutto se le resistenze di lui sono umanamente comprensibili o addirittura degne di rispetto. Come abbandonare un uomo infelice, lacerato dai sensi di colpa e dai ricatti, terrorizzato all'idea di traumatizzare i figli ancora piccoli?

Noi siamo la sua unica fonte di speranza e di gioia. E lui ce lo ripete ogni giorno pregandoci di avere fiducia, di aver pazienza, di aspettare... Che cosa? Un atto di forza che è fisicamente incapace di compiere? Che i figli crescano? Che sua moglie, miracolosamente, s'innamori di un altro e lo lasci libero?

La nostra rabbia cresce proporzionalmente ai compromessi e alle umiliazioni che con il tempo ci rassegniamo a subire. Se agli inizi lui riusciva a dedicarci un sabato o a portarci affannato un mazzetto di fiori il pomeriggio di Natale, adesso è infelicemente rientrato nei ranghi. Ci dice con aria mesta che non può. Telefona con voce sommessa che ha avuto un contrattempo e deve rimandare l'appuntamento.

Prima subiva i nostri bronci e le nostre esortazioni a comportarsi da uomo con aria da cane bastonato. Ora ha imparato a ribellarsi e a volte, pur continuando ad amarci moltissimo, assume toni e atteggiamenti ostili. Possibile che noi non capiamo? Forse che non stiamo bene *anche* così? Ci accusa di essere impazienti, testarde e «illogiche», scaricando su di noi una piccola parte dei suoi sensi di colpa.

E se avesse ragione lui? Se davvero la smania di possederlo o di perderlo ci avesse preso la mano? Ce lo chiediamo torturandoci e, senza rendercene conto, mettiamo sotto accusa noi stesse anziché il confuso, pavido e masochista uomo di cui abbiamo avuto la disavventura di innamorarci.

Ma, quel che è peggio, sempre senza rendercene conto talvolta finiamo davvero per diventare lamentose, ricattatorie, incombenti e «illogiche». A questo punto si registra il solo colpo di fortuna di tutta la storia, del quale purtroppo siamo incapaci di gioire come meriterebbe: disamorato e deluso, il Nostro ci lascia.

Solamente quelle di voi dotate di invidiabile anticonformismo, oppure che non hanno mai avuto una relazione con un uomo sposato, possono ritenere forzati o coloriti i toni con cui ho tentato di descriverne una: buon per voi, e non sono così smaniosa di essere creduta da augurarvi di provarlo sulla vostra pelle. Questo capitoletto ha proprio lo scopo contrario, far desistere le più sensibili.

Ma anche se siete agguerrite, ciniche, prive di censure e interessate, il traguardo di farsi sposare da un uomo sposato può mettere a dura prova i nervi e la sicurezza. La capitolazione esige giochi duri, tempi brevissimi e una connaturata disposizione allo strumento del ricatto: lui va sedotto, acceso, respinto e istigato finché la grande passione lo rende manipolabile.

Se la strategia ha successo, non montatevi la testa: il più delle volte dovete tutto a una moglie dignitosa e perbene che ha preferito rinunciare al marito piuttosto che degradarsi a una lotta ad armi pari.

Se nonostante tutto la strategia fallisce, non scoraggiatevi: vi siete imbattute in una moglie che certe armi le sapeva usare ancor prima e meglio di voi. Se vi accontentate, infine, di una convivenza «spirituale» e senza ufficializzazione tanto meglio per voi.

Qui le romantiche osserveranno che ho parlato troppo di prudenza, autodifesa, strategie e poco o nulla d'amore. Parliamone: ma scusate se sarò breve. Le cronache delle povere amanti hanno un avvio identico, a metà strada tra l'evento soprannaturale e la catastrofe: si parte dalla folgorazione («Come l'ho visto mi sono innamorata e ho capito che era il mio uomo») per precipitare nell'annientamento di tutte le facoltà («È stato più forte di me», «non ho capito più nulla») con una possibile sosta intermedia nella stupidità («Lui non mi aveva detto di essere sposato», «quando me l'ha detto era troppo tardi»).

Ma *quando* ve l'ha detto? Un uomo normale, inteso nel senso di quelli che normalmente incontriamo, *non può* tenere nascosto il suo stato civile per più di una quindicina di giorni. E dico tanto: generalmente una delle prime cose che un uomo e una donna si chiedono, o si dicono, è se sono o no sposati. Il fatto di averlo appreso «troppo tardi» mi sembra un alibi inaccettabile.

Facendo un passo indietro, debbo purtroppo confessare la mia diffidenza per tutti gli eventi prodigiosi: e la «folgorazione» lo è. Passi per il colpo di fulmine, sempre un po' epidermico e provvisorio. Ma tendo a escludere che in due secondi possa miracolosamente nascere un amore irrefrenabile nonché l'incrollabile certezza di aver incontrato l'uomo per noi: con il conseguente crollo d'ogni possibilità di resistenza.

Quel che voglio dire è: per favore, non bariamo, non giustifichiamoci, non mentiamo a noi stesse. Siamo finite in trappola per superficialità, per leggerezza, per civetteria, per sfida. O perché affascinate dalla posizione o dal carisma di lui...

Una mia amica, lasciata dal marito per un'altra, mi faceva osservare con un pizzico di giustificabile cinismo che, chissà perché, ai muratori e ai calzolai raramente capita di suscitare passioni proibite e senza scampo.

Mi guardo bene in ogni caso di condannare: persino il piccolo interesse o il grande calcolo. Come diceva Anatole France, «la passione ha tutti i diritti perché va incontro a tutti i castighi. E non è immorale perché porta con sé la sua terribile punizione». È quanto penso, e ne ho spiegato le ragioni, delle relazioni tra un uomo sposato e una donna che aspira a sposarsi.

CONFESSARGLI O TACERE?

Usciamo dall'incubo (l'uomo sposato) e torniamo ai più costruttivi scontri con il maschio che teme, rilutta e sfugge prima di ammettere, con sé e con noi, di amarci. È la fase più delicata del rapporto perché le vere cause dell'attrazione sono oscure e l'autodifesa è vigile: anche l'uomo più disponibile inconsciamente cerca di scoprire, oltre alle cose che di noi lo affascinano, i possibili lati negativi che più avanti potrebbero disturbarlo.

Un gesto, una frase sbagliata o una disattenzione bastano qualche volta per vederlo improvvisamente raffreddarsi fino a smettere di telefonarci e di cercarci. Quel «perché» che tanto ci affanniamo a cercare è semplice: abbiamo messo a nudo un difetto che gli è insopportabile oppure rivelato di non possedere una qualità che ai suoi occhi è essenziale.

È perciò chiaro che nella fase della reciproca conoscenza qualche piccola reticenza si rivela preziosa come qualche maliziosa finzione. Più avanti, quando il sentimento si sarà rafforzato e lui avrà imparato ad apprezzare i nostri lati positivi, gli sarà assai più facile sorvolare su quelli negativi.

Vuoi per ingenuità, vuoi per principio, vuoi per un rigoroso amore di sincerità e chiarezza, molte donne non riescono a iniziare un rapporto affettivo senza prima confessare tutto del proprio passato. In alcuni casi si tratta di circostanze o episodi che soltanto una natura eccessivamente scrupolosa porta a sopravvalutare, in altri di un «vissuto» o di un fatto obiettivamente rimarchevoli.

Può trattarsi di un aborto, un legame scabroso, un «incidente» legale, un periodo più o meno breve in cui ci si è comportate sfidando il comune senso della morale: è in ogni caso qualcosa che fa parte di noi in quanto ci ha fatto soffrire e ci ha segnato, contribuendo alla nostra crescita emotiva e morale.

Proprio per questa ragione si può avvertire l'urgenza di parlarne: vogliamo essere amate integralmente, anche per gli errori e i «peccati» che abbiamo lasciato alle spalle, ed è giusto che un uomo li conosca prima di decidere se accettarci o respingerci.

La motivazione è formalmente corretta, ma sostanzialmente discutibile: e, all'atto pratico, spesso rovinosa. Prima di dirvi quel che penso io, vorrei analizzare il problema con rigorosa obiettività. Qualsiasi infrazione abbiamo commesso, qualsiasi illusione o ribellione ci abbia portato a decisioni o comportamenti sbagliati ne abbiamo pagato il prezzo in sofferenza, emarginazione, rimorso. Nella vita di affetti l'impunità non esiste e ad ogni «colpa» segue l'espiazione.

Ora, come gli stessi codici stabiliscono, nessuno può essere condannato due volte per lo stesso reato. E se la sincerità deve comportarci una nuova condanna, quella dell'abbandono di lui, tacere è un'autodifesa *morale*. È quello che penso e che ho sempre risposto alle ragazze, alle donne, che lacerate da incertezza e sensi di colpa mi riassumevano la loro lunga storia chiedendomi: devo confessare o no?

Spesso l'interrogativo andava oltre: che cosa succederebbe se lui, un giorno, venisse a saperlo casualmente o da altri? Qui la risposta è diversa. Esistono episodi che è impossibile tacere: non per motivi morali, ma logistici, in quanto è *anche* impossibile nasconderli e inevitabilmente l'uomo che amiamo ne verrebbe prima o poi a conoscenza.

In questi casi possiamo solamente affidarci alla sua intelligenza e al suo cuore. Ed è un rischio che è giocoforza correre. Confessargli invece spontaneamente particolari che può venire a conoscere soltanto da noi significa al contrario esporsi a un rischio evitabile.

Per molte donne la sincerità è una specie di coercizione psicologica e mentale: non riescono a vivere un rapporto di coppia con serenità e abbandono se sono turbate dall'ombra di reticenze e silenzi e, soprattutto, se non hanno avuto l'«assoluzione» dell'uomo che amano.

Io non contesto affatto che un rapporto senza ombre e impostato sulla chiarezza sia più rasserenante e armonioso. Ma meglio turbate che sole, meglio un rapporto con qualche ombra che nessun rapporto se la vita di coppia rientra tra le nostre vocazioni.

Capisco che violentare le propria natura o frenare la smaniosa tentazione di dire tutto non è facile: ma anche qui si può ovviare ricorrendo all'arma adulta del compromesso. Confessiamo pure, ma più avanti. Quando lo conosceremo abbastanza per scegliere le parole giuste e l'atteggiamento giusto; quando potremo capire se l'amore è più forte di convenzioni e paure.

Ho sempre diffidato di quegli uomini che, appresa dopo qualche tempo una verità scomoda, reagiscono celando con plateale nobiltà la loro condanna: «Perché non me l'hai detto prima? *Prima* sì ti avrei capita!».

Io penso che la capacità di comprensione e di perdono non sia subordinata a meschini calcoli di calendario, e quel che lui non riesce a perdonare oggi non l'avrebbe perdonato neppure ieri. Al più, un uomo che davvero ci ama può essere addolorato perché rimandando la confessione abbiamo dato la prova di sottovalutare la sua capacità di comprenderci.

E qui sta il nodo del problema: soltanto dopo aver frequentato per un certo periodo una persona possiamo prevedere le sue reazioni e i suoi comportamenti. Qualcuna potrebbe osservare che non vale la pena tormentarsi e lottare per un partner che sospettiamo *non riesca* ad accettare, con noi, anche il nostro passato: rivelandosi perciò intransigente e ingeneroso.

Qui sono più possibilista. Non necessariamente un uomo intransigente è ingeneroso: dipende dalla scala dei suoi valori e dal fervore con cui difende quello predominante. Per spiegarmi meglio, presumo che uno strenuo paladino della difesa della vita dovrebbe superare molte resitenze per capire una donna che in passato ha vissuto una esperienza d'aborto, così come un convinto assertore della non-violenza faticherebbe molto per calarsi nell'ottica di una ragazza che in un certo periodo della sua vita nella violenza ha invece militato.

Ciò non significa che questi due uomini (ma di esempi se ne potrebbero fare molti altri) siano indegni dei nostri sentimenti. E neppure che siano troppo diversi da noi per poter creare con loro un legame felice. È addirittura possibile, al contrario, che superata una certa fase della vita noi siamo approdate ai loro stessi valori. O che li abbiamo sempre condivisi, pur essendo state costrette ad abdicarvi per una causa di forza maggiore. Sarebbe doloroso precluderci la possibilità di una buona unione in nome d'una dogmatica lealtà. Rispetto i buoni principi, ma esistono casi ed emergenze in cui vanno deposti, pena il trasformarli in disumanità e fanatismo.

Ecco perché, se arriviamo alla certezza che un uomo che abbiamo imparato ad amare e ad apprezzare non potrà mai giustificare scelte o sbagli che abbiamo fatto, è bene non parlargliene. Più avanti, con la convivenza, impareremo del resto che la sincerità assoluta è impraticabile.

Vi sono dubbi, timori, insicurezze che appartengono a *noi*: la coppia non può invadere la sfera più intima di un individuo e spesso «buttar fuori» tutto non è sincerità bensì malafede. Incapaci di spiegare *nostri* scontenti o di risolvere *nostre* crisi, vi coinvolgiamo il partner per attribuirgliene una parte di colpa.

È, questa, una convinzione personale e, come tale, opinabile. Ma ne riparleremo più avanti, perché è uno dei temi fondamentali della vita a due.

LA RISSOSITÀ AMOROSA

«Fiutarsi» in una immobilità stregata e ostile prima del grande slancio è un preliminare amoroso comune a molte specie, compresa quella umana. Solo che per noi i tempi tra la schermaglia e l'abbandono sono notevolmente più allungati: a differenza degli animali abbiamo avuto il dono della parola e ce ne serviamo anche come arma (*«le parole sono pietre...»*) per rendere inoffensivo il partner prima di farlo nostro.

È da qui che deriva quella «rissosità amorosa» tipica degli idilli da poco sbocciati o dei legami non ancora stabilizzati. Lei e lui si raccontano, commentano, discutono, analizzano, ipotizzano... È la fase più dialettica del rapporto: la comunicazione è la massima felicità, la parola un piacere che può sostituire lo stesso atto sessuale.

Parlando, uomo e donna si caricano, si eccitano e si innamorano: di ciò che dicono oltre che del partner. Ma, parlando, scaricano anche le loro perplessità o le loro tensioni: e la rissa diventa un inevitabile incidente di percorso.

Morbosamente e sottilmente concentrati nel significato delle parole, ne captano ogni sottinteso e ne avvertono ogni sfumatura. Ed ecco lei o lui recepire la resistenza, fiutare il dubbio, sospettare un calo dello slancio: l'amor proprio ferito spinge a sferrare il contrattacco, i toni diventano polemici, la comunicazione scontro. Una volta esaurito lo sfogo, l'ondata di ostilità si ritrae e torna la bonaccia. Ma non è mai bello stabile.

Un certo sado-masochismo connaturato nell'animo umano e l'antica letteratura dell'amore-dolore spingono talvolta uomo e donna a creare artificiosamente ostacoli, problemi, fantasmi: la sofferenza impedisce che la tensione emotiva cali ed è vissuta come prova di «soggezione» e attaccamento.

Per quanto possiamo essere generose e sensibili, vedere il nostro innamorato tormentarsi a causa nostra ci dà un intimo senso di sicurezza; pronte ad asciugare con tenerezza e pena ogni lacrima, se vediamo *lui* piangere a causa nostra ci sentiamo felicemente oggetto della massima manifestazione d'amore.

L'uomo non è diverso. Meno abile di noi nella manipolazione della parola, quando è a corto di argomenti sfodera armi più rudimentali: si chiude ostinatamente in se stesso, lancia accuse vaghe, si mostra sospettoso, manifesta l'oscura necessità di «riflettere» scatenando in noi dolore e panico: riflettere su che cosa? Forse non è sicuro di amarci?

Di tanto in tanto oscuramente ci «castiga» smettendo di telefonarci o, addirittura, eclissandosi con il pretesto che ha bisogno di una pausa. Non sempre le separazioni sono artificiose. La rissosità degli inizi contempla anche rotture e «addii» decisi sulla spinta di autentiche ribellioni e sofferenze.

Il più delle volte i due lottatori hanno solamente bisogno di riprendere respiro. Stremati da discussioni interminabili, frustrati da «messe a punto» del rapporto puntigliose e crudeli, la loro emotività è come anestetizzata. Credono di non amarsi più e si lasciano. Salvo cercarsi di nuovo affannosamente dopo due settimane o due mesi: il tempo necessario per ricaricarsi e ritrovare, intatta, la consapevolezza che si amano ancora e non resistono lontani l'uno dall'altra.

In questa fase del rapporto, caratterizzata da giochi e dinamiche sottilissimi, si possono correre grossi rischi. Quello estremo: l'addio senza ritorno. Tutto deriva da eccessi d'offesa e di difesa che trasformano la rissa-schermaglia in un gioco al massacro. Il solito caso limi-

... nessuno ha il coraggio di fare
il famoso "primo passo...

te? Personalmente non credo proprio.

Ferita dalle titubanze dell'uomo amato, lei si propone di ferirlo a sua volta facendolo ingelosire: e civetta e flirta con un altro con una sfacciataggine che può colpire a morte il partner. Il quale, se è invece soltanto agonizzante, si rialza per la rappresaglia estrema: allaccia un concreto rapporto con la prima ragazza che gli capita a tiro.

Può succedere che il nostro uomo scopra miracolosamente di stare *davvero* bene con questa ragazza, e che una storia nata per dispetto si trasformi in una legame d'amore. Ho ricevuto moltissime lettere con il racconto di quesťɔ inatteso colpo di scena. Una non l'ho mai dimenticata. Lei e lui, innamoratissimi, si erano lasciati coinvolgere nella solita schermaglia dell'ingelosimento: e sembrava andata a buon fine, perché dopo tre mesi si erano ritrovati con felicità e sollievo.

Ma ecco il dramma *vero*: la ragazza oggetto, quella presa e usata come strumento di offesa, durante la brevissima relazione era rimasta incinta. Non ho purtroppo mai saputo se e come Nadia di Verona (ricordo anche il nome) sia riuscita a superare la disperazione e i dubbi sull'onda dei quali mi raccontò l'«incidente» occorso all'uomo amato.

Lui avrebbe voluto fare il suo dovere di padre e contemporaneamente restare con lei, Nadia era lacerata tra la tentazione di accettare e la consapevolezza degli infiniti problemi che avrebbero gravato su una loro ipotetica vita a due. Qualunque decisione abbia preso, è certo che la stupidità e l'incoscienza hanno segnato quattro esistenze: o meglio cinque, perché era in gioco anche un innocente bimbo destinato a nascere senza essere stato voluto.

Un'altra fonte di disastri è l'orgoglio. I due partner si lasciano in seguito a una crisi, autentica o masochisticamente provocata, oppure perché hanno scambiato una normale stasi emotiva per disamoramento e logorio dell'abitudine. Lontani l'uno dall'altra si accorgono dell'abbaglio, come sempre capita in questi casi, ma nessuno ha il coraggio di fare il famoso «primo passo».

Hanno paura che nel frattempo lei o lui abbiano trovato un'altra persona e non sopportano l'idea di essere respinti. Temono di essere la sola o il solo dei due a soffrire di nostalgia e non osano scrivere né telefonare né provocare un incontro, sperando nel frattempo spasmodicamente che sia il partner a prendere l'iniziativa.

Sottovalutano la realtà che lui o lei stiano sperando la stessa cosa. La speranza non ha purtroppo tempi uguali per tutti e le nature più concrete la depongono nel momento stesso in cui realizzano che si è trasformata in una specie di area di parcheggio senza alcuno sbocco verso le dinamiche della vita. Aspettato invano «un segno» dall'altra persona, lei o lui si rimettono in moto verso altri incontri e altre *chances* lasciandosi alle spalle rimpianti e ricordi. E quando lei o lui dovessero rifarsi vivi, è *troppo tardi*: come le più strazianti canzonette insegnano.

Anche questa sofferenza (*Piango per tutte le cose che avrebbero potuto essere e non sono state*) deriva da un grande abbaglio: confondere l'orgoglio con la dignità. È un discorso che vado ripetendo da anni, ma evidentemente invano visto che tutti (me compresa!) continuiamo a ritenerli la medesima cosa.

L'orgoglio è amore di sé, la dignità l'irrinunciabile rispetto di alcune norme e valori: e difatti chi vi rinuncia si sente colpevole e umiliato. Salvo che non si soffra di una mostruosa ipertrofia dell'Ego, non penso invece che mortificare l'amor proprio comporti le stesse sofferenze. Anzi, *dopo* ci si sente addirittura felici per essere riusciti a compiere il piccolo gesto d'umiltà e di coraggio.

Fare il primo passo comporta, è vero, una sensazione di mortificazione e di disagio. Diciamo pure una sofferenza fisica: ma sempre inferiore a quella dell'incertezza. Aspettare arrovellandosi nel dubbio, struggersi nei ricordi chiedendoci se anche la persona che amiamo sta vivendo le stesse pene, ricostruire meticolosamente tutte le frasi e i gesti dell'ultimo incontro cercandovi un piccolo appiglio per continuare a sperare: ecco, questa sì è sofferenza.

La più sterile e paralizzante, ma anche la più «curabile»: basta solamente compiere un gesto perché l'incertezza finisca. Una telefonata, due righe sincere e sapremo se lei o lui hanno il nostro stesso desiderio di ricominciare.

È possibile che abbiamo indugiato troppo e sia troppo tardi: anche questa dolorosa certezza è migliore del dubbio. E certamente più utile: se non altro, il primo passo ci ha consentito di deporre subito speranze che avremmo inutilmente coltivato per settimane o per mesi.

La conquista di un amore stabile passa attraverso sentieri impervi pieni di ostacoli e tranelli: conoscerne il tracciato è indispensabile per aggirarli e non andare fuori strada.

UN FANTASMA PER RIVALE

La conquista dell'amore passa talvolta anche attraverso il superamento di un subdolo ostacolo: il rimpianto di una persona perduta che ci si ostini a ritenere insostituibile ed unica. Né uomini né donne sono risparmiati da questa specie di barriera eretta tra passato e futuro, ma noi possediamo un piccone che ci consente di demolirla con minor fatica.

È una familiare arma che ci è rimasta in mano, retaggio dei tempi non remoti in cui i sentimenti erano la nostra ragione di esistere e di vivere: la natura ci voleva madri, la società sposate e l'educazione realizzate solamente in un focolare di cui far le vestali. A trent'anni si era già vecchie e i margini d'azione erano ristrettissimi: nostalgie e pretese rappresentavano uno sperpero proibitivo, e se un uomo malauguratamente ci lasciava ci affrettavamo a renderci ancor più amabili allo scopo d'esser al più presto scelte da un altro.

Cessata la funzione dell'essenzialità, ci è rimasto quel pizzico di cinismo che consente di recuperare rapidamente i tempi, spesso lunghi, perduti a rimpiangere un partner infedele, disamorato o vile. Ne nobilitiamo il ricordo *soltanto* fino a quando un altro uomo non entra nella nostra vita: da questo momento in poi trasferiamo su di lui le nostre aspettative e la nostra ammirazione; ad essere «unico» diventa lui.

Le eccezioni certo non mancano, ma generalmente il ricordo di un «ex» non paralizza una donna normale al punto da impedirle di amarne un altro (se ha avuto la volontà di partirne alla ricerca).

L'atteggiamento maschile è diverso: a lui è sempre stato tacitamente richiesto di privilegiare il lavoro agli affetti, ed è soprattutto nel lavoro che ha affinato le sue doti di intraprendenza, acutezza e fantasia. L'amore rappresentava la comodità o il divertimento: si sposava con la ragione, ottemperando a rigorose norme di affidabilità, ed evadeva per caso, seguendo gli istinti o il capriccio.

Oggi le sue realtà affettive sono cambiate, ma l'uomo porta i segni di una cultura amorosa poco affinata e sapiente. Nonostante tenti di sopperirvi con senso critico e cautela, gli sono rimaste molte ingenuità e sprovvedutezze.

La sua consapevole paura di sbagliare è tale che talvolta, con nostra grande perplessità, subisce dalla partner ogni sorta di angherie pur di non sdradicarsi dal proprio ambiente e dalle proprie abitudini.

Proprio da questa «abitudinarietà» deriva la sua incapacità di staccarsi dal ricordo di una donna che era riuscita a coinvolgerlo profondamente. Spesso si rifugia dietro questo ricordo servendosene come alibi per le sue paure e i suoi egoismi, ma ancora più spesso è *realmente* persuaso che nessun'altra donna potrà mai eguagliare quella perduta.

Innamorarsi del fedele e abitudinario prigioniero d'un sogno è un'altra esperienza che accomuna moltissime donne e che da sempre alimenta le fantasie romantiche. La leggendaria Hollywood ha attinto a piene mani a questo filone, peraltro frequentatissimo anche da grande e piccola letteratura.

Una donna ama un uomo innamorato di un'altra la quale giganteggia, in una immagine di sublime perfezione, nella sua mente e nel suo cuore. Vi sono tutti gli ingredienti del drammone appassionante: il sentimento incorrisposto, lo scontro, la lotta, la malizia, il thrilling, l'intrigo. Non manca neppure il fantasma: quello dell'Indimenticabile, appunto.

Vista dal cinema o letta in un romanzo la storia è

esaltante, anche perché il lieto fine è di rigore. Vissuta invece in prima persona è più che deprimente: infernale. E probabilmente ci guarderemmo bene dal viverla se sapessimo ciò che in seguito ci aspetta.

Il guaio è che il preludio è assolutamente normale e in qualche caso addirittura incoraggiante. L'Inconsolabile ci colpisce per i suoi modi gentili e composti e una vaga espressione di mestizia che, tanto per cambiare, mette in moto il nostro apparato assistenzial-missionario-materno.

Lui, grato, ricambia con occhiate teneramente devote, facendoci sentire una via di mezzo tra la Madonna dei Miracoli e la miracolata: come sempre ci stupiamo che un simile uomo sia capitato proprio a noi (e qui corre obbligo sottolineare che nella fase dell'innamoramento la nostra sapienza amorosa spesso ci abbandona).

L'appuntamento con l'*handicap* si registra dopo un paio di settimane, quando crediamo di sapere tutto della sua perfezione: invece con tono acuto e dolente, fissando il solito punto invisibile davanti a sé, lui ci comunica che non potrà mai amarci come meriteremmo perché il suo cuore appartiene a un'altra.

Il sollievo nell'apprendere che quest'altra si è perduta nel passato è momentaneo: l'entusiasmo con cui il Nostro la descrive è espresso al presente storico. Con frustrazione crescente, apprendiamo che Lei è intelligente, sicura, viva, curiosa, appassionata. E fisicamente *sempre* diversa da noi: se siamo brune con gli occhi neri, lei è bionda con gli occhi azzurri, e viceversa. Particolare curioso: non è *mai* bassina o grassoccia, ma sempre sull'alto e sullo slanciato. L'eterna rivale dall'«ossatura fine».

Quando veniamo ad apprendere da un'amica o da una conoscenza comune che Lei era in realtà assolutamente qualunque, con una certa tendenza alla superficialità e alla pinguedine, sul momento pensiamo che si tratti di un'altra persona. Invece è la stessa: solo che lui l'ha sublimata nel ricordo.

Ma la figura dell'altra è suscettibile di una variante: fermo restando il prepotente fascino fisico, Lei era (pardon, «è») spregiudicata, perfida e infedele. E mentre l'uomo che ormai amiamo ci racconta con voce sofferta le sopraffazioni e le angherie subite, proviamo un desolante senso d'inferiorità per il nostro essere così banalmente affidabili nonché fonte di tenera rassicurazione.

Lui è ormai drogato di emozioni forti e legato al ricordo di un amore-dolore che noi non siamo (grazie al cielo!) psicologicamente attrezzate per fargli rivivere. La nostra sola speranza è riuscire a disintossicarlo e ad aprirgli gli occhi convincendolo che non ha perduto una donna, ma è uscito da un incubo.

E qui comincia la lotta. Un'estenuante altalena tra sintomi incoraggianti e ricadute, impotenza ed euforia, rabbia e compassione. Più che cercare strategie vincenti, qui occorre evitare con cura quelle *sicuramente* perdenti.

Molte donne, in un generoso slancio di annientamento, incorrono nello sbaglio di «ricostruirsi» sul modello dell'Indimenticabile. Cercano di raccogliere su di Lei il maggior numero di informazioni e di particolari possibili, scovando e interrogando tutte le persone che l'hanno conosciuta. Lei amava il color porpora, Sting e il frappé all'amarena? Loro si adeguano. Lei aveva il vezzo di rinchiudersi in improvvisi e misteriosi silenzi? Loro imitano. Lei era adorata dalle sorelle del partner? Loro partono all'espugnazione della loro simpatia.

Senza rendersene conto, diventano delle patetiche replicanti e il solo risultato è di rendere più acuta la nostalgia per l'originale. Lo stesso insuccesso è riservato alla strategia contraria: e cioè prendere le distanze da tutto ciò che Lei faceva e diceva onde esorcizzarne il fantasma e mostrare all'uomo quanto più degne d'amore esse siano. In questo caso ottengono solamente di acutizzare il rimpianto per le meravigliose sofferenze irripetibili e perdute.

Amare l'uomo di un'altra è l'unica situazione in cui maliziose compiacenze e piccole finzioni sono controproducenti. La sola tecnica di seduzione, se tecnica si può chiamare, è essere se stesse, dire esplicitamente cosa si pensa, vestire indossando soltanto i capi che piacciono a noi, non sforzarsi di parlare se abbiamo voglia di star zitte.

È evidente che, se l'Inconsolabile si è interessato a noi, *qualcosa* di noi gli è piaciuto: perciò imponiamo-

...lui è ormai legato al ricordo di un amore dolore...

glielo, enfatizziamoglielo, abituiamolo ad apprezzarlo. Se dire o no esplicitamente anche quello che pensiamo dell'adorato fantasma è controverso: io suggerirei di regolarsi di volta in volta e di caso in caso. Seguendo l'istinto e assecondando, perché no?, anche la voglia di una bella scenata isterica: il nostro masochista potrebbe ritrovarvi qualcosa di gioiosamente familiare.

IL SESSO È UN'ARMA?

Il tabù della verginità è caduto, però sopravvivono le censure della «prima volta». Ho trovato in questo senso esemplare un'indagine fatta alcuni mesi fa da Raidue: ascoltando gli intelligenti, dialettici e aperti ragazzi (maschi e femmine) di un liceo milanese abbiamo appreso non soltanto che le giovanissime debbono ancora superare confusioni e riluttanze prima di vivere un rapporto completo, ma anche che i loro coetanei sono diventati assai più responsabili e scrupolosi di quelli d'un tempo.

Non è il rapporto in sé a incutere timore, bensì la consapevolezza che si tratta di un'esperienza delicata che può essere «molto bella» o «molto brutta» e pertanto va affrontata quando entrambi i partner sentono di poterla vivere con molta spontaneità e molta tenerezza.

Il peccato non è più il sesso, ma il buttarsi via precludendosi le emozioni e il senso di libertà della prima volta. Ed ecco che le ragazzine lucidamente si chiedono: sono davvero pronta per un legame adulto? Il desiderio di viverlo è segno di maturità oppure c'è sotto l'inconscia coercizione della curiosità, della fretta, della paura di rifiutarmi al ragazzo che amo deludendolo e sciupando l'armonia che esiste tra noi?

Spesso gli interrogativi sono assai più diretti e superficiali: qual è l'età giusta per avere il primo rapporto?

C'è il pericolo che *dopo* il mio ragazzo si stanchi di me? Me li sono sentita porre, con sincera ansia, in molte lettere. E ho cercato di rispondere con altrettanta sincerità, senza però dimenticare che dietro a ogni ragazza poteva esistere la madre censoria, l'educazione severa, l'ambiente conformista: *humus* ideale per disarmonie e sensi di colpa.

Non esiste in teoria un'età «ideale» o «giusta». Già a quattordici anni una ragazzina può essere psicofisicamente pronta per vivere un rapporto completo; le statistiche confermano che una buona percentuale lo vive, e sono convinta che in molti di questi casi non vi sia in sé alcuna ragione per allarmarsi. Anzi: è obiettivamente frustrante per una ragazzina «matura» e consapevole trattenere lo slancio che la porta a darsi al ragazzo che ama.

Ma, benché mi sentissi molto conformista e ipocrita, non ho mai incoraggiato questo tipo di esperienza. Non vi è famiglia (né società evoluta) che approvi i rapporti anagraficamente precoci: la ragazzina può essere «pronta», ma *non lo è* il contesto in cui vive, cosicché è costretta a simulare e fingere, oppure a incorrere nel rimprovero censorio e nel ricatto affettivo.

E per affrontare tutto questo, per quanto «matura» sia, la quattordicenne *non può* ancora essere psicologicamente attrezzata: si instaura perciò una situazione di disarmonia e di disagio che fatalmente la ributterà in soggezioni e paure infantili togliendo molta gioia all'esperienza vissuta.

L'età «giusta» è probabilmente quella in cui la ragazza non prova alcuna remora all'idea di confessare o ammettere «ho un rapporto sessuale con il mio partner». Ciò significa che ha superato l'età dei condizionamenti, dei conflitti e dei sensi di colpa. Che non ha più bisogno di nascondere la verità per «adeguarsi» alla morale o alle censure dell'ambiente in cui vive.

Molto più arduo rispondere all'interrogativo: e se *dopo* lui si stancasse di me? Anche il ragazzo è figlio del suo ambiente: se è cresciuto in una famiglia con principi rigidi, suo malgrado condizionato da un padre e da una madre secondo cui le «brave ragazze» sono quelle che non si buttano via, è possibile che una volta instaurato un rapporto sessuale con la coetanea che ama si senta confuso e perplesso. E non è impossibile che malizie precocemente «virili» o censure tardivamente metabolizzate causino in lui un graduale «raffreddamento» fino a spingerlo alla rottura.

Superato il traguardo dei diciotto anni, queste problematiche vengono di solito automaticamente superate. E più avanti non si pongono neppure più: il primo rapporto di un uomo e una donna che si piacciono e via via si scoprono è casuale, cioè affidato al luogo, alle circostanze, all'impulso di quel particolare momento: può essere durante il primo week-end o dopo una romantica cena, sulla spinta emotiva di una riconciliazione o in seguito all'eccitazione euforizzante di due bicchieri di champagne.

C'è la coppia che dopo tre giorni ha già superato la fase della conoscenza platonica e quella che invece arriva al rapporto sessuale dopo alcune settimane o alcuni mesi: qui dipende, oltre che dal caso, anche dal temperamento e dal *feeling*. Eccitare e poi ritrarsi, fingersi disponibili e poi «tenere sulla corda» è una strategia di seduzione datata e ipocrita che dovrebbe avvilire qualunque donna degli anni Ottanta.

È tuttavia comprensibile che questa donna si chieda, come in effetti continua a chiedersi, se nella fase della reciproca conoscenza il sesso sia oppure no un mezzo per meglio verificare possibili affinità o rigetti.

Io ritengo che *nell'ottica dell'uomo* lo sia. Per quanto strumentale e ridicolmente subdola oggi ci appaia, la richiesta della famosa «prova d'amore» partiva da un'istanza psicologica che tuttora è insediata in un angolino delle menti maschili e non è del tutto priva di fondamento. Cedendo all'uomo la donna gli «prova» e conferma a se stessa se non di amarlo, di non temerlo. Si fida di lui e gli si abbandona dimostrando che le piace, lo desidera, non ha censure né resistenze.

Al di là dell'appagamento sessuale, il maschio si sente gratificato (l'antica euforia del «possesso») e soprattutto più sicuro di sé. La fase platonica mantiene la coppia in uno stato superficiale in quanto entrambi i partner recitano, si scrutano, si raccontano allo scopo di sedursi reciprocamente. È solo con il rapporto fisico che si crea un'intimità autentica, spogliata di ogni finzione.

Ed essi, staccandosi dalle braccia e guardandosi negli occhi, per la prima volta davvero risero, scrive la romanziera Barbara Cartland in un libro, descrivendo romanticamente la «prima volta» dei suoi eroi. È un piccolo gioiello di psicologia tra la minutaglia delle emozioni forti. La «prima volta» mette fine alle risate seduttive e compiacenti per scatenare un'allegria liberatoria. È come passare dal *lei* al *tu*: vi sono aggettivi, frasi ed epiteti confidenziali che si è istintivamente incapaci di usare finché si resta all'impersonale. È soltanto l'intimità fisica a liberare il desiderio di confidenze sincere, a sollecitare la voglia di raccontare paure, episodi, sbagli del passato.

Ma, perché ciò avvenga, l'intimità deve presupporre un'attrazione emotiva oltre che di pelle. E in questo senso il sesso può rivelarsi un'arma a doppio taglio che, impugnata in senso sbagliato, ferisce anziché servire. Se lei e lui finiscono a letto cedendo all'impulso del momento (e prima della più piccola verifica di altri motivi per cui possano piacersi e desiderarsi) è possibile che si deludano. Oppure che, appagata la curiosità epidermica, non trovino altro da dirsi: hanno scavalcato troppo superficialmente o troppo in fretta la fase, irripetibile ma necessaria, della seduzione e della recita. E dopo il primo rapporto si trovano come catapultati in un'intimità di cui non sono all'altezza per mancanza di reciproca conoscenza.

Ma, peggio ancora, può al contrario succedere che si scoprano sessualmente così appaganti e affini da non desiderare altro che fare l'amore. L'intimità fisica diventa predominante, la classica passione irrazionale e cieca in nome della quale si può sfidare tutto fuorché l'ineluttabilità della fine per consunzione.

Ma c'è di più. Il talento del sesso è una conquista relativamente recente del mondo femminile: fino a un paio di decenni fa lo abbiamo subito per dovere o vissuto per amore, ignorando perciò le malizie dell'esperienza e le tecniche di una pratica disinibita. Tabù e paure (non ultima quella di una gravidanza indesiderata) hanno fatto il resto.

Finita la favola dell'orgasmo multiplo, resta la realtà

... è solo con il rapporto fisico che
si crea un'intimità autentica ...

che poche donne sono realmente «buone amanti»: sono tornati ad affacciarsi nei talami i piaceri simulati, i mal di testa, la paura del «bambino che sente». La nostra disponibilità al rapporto e al piacere è senz'altro maggiore quando il partner non è ancora nostro marito e viviamo la fase delle novità e delle emozioni: ma, proprio per quel retaggio d'incultura che continuiamo, salvo eccezioni, a trascinarci, è comunque sconsigliabile usare il sesso come arma per legare un uomo.

Meglio muoverci in un campo del quale siamo maestre: i sentimenti. Qui siamo le sole padrone di un gioco di cui conosciamo le parole, i gesti, le generosità, le magie, il potere: il solo tra l'altro che affascina e può mettere in soggezione il maschio in quanto, a differenza che nel sesso, qui ha un ruolo di apprendista.

La madre «segna» il bambino, noi alleviamo il futuro marito. La sua futura capacità di intelligenza sentimentale dipende da *come* noi gli abbiamo saputo insegnare ad *amare l'amore*: non il sesso. E se davvero un uomo ci interessa, le strategie di conquista debbono escludere slealtà, ricatti e malizie che farebbero di lui un compagno di vita «maleducato».

Tra i ricatti più esecrabili c'è quello di una gravidanza annunciata a sorpresa: il sesso viene addirittura usato come una trappola per legare un uomo che esita e resiste a ogni manovra seduttiva, facendo leva su un suo convenzionale senso della responsabilità. Come avevamo sperato, l'uomo accetta il «matrimonio riparatore» che purtroppo non «riparerà» mai i guasti causati dal nostro ricatto.

Per quanto possiamo in futuro comportarci con lealtà e dedizione, il partner costretto al matrimonio senza amore sarà sempre il marito tiepido, egoista, distaccato e convenzionalmente responsabile che *noi* abbiamo prodotto. Diverso è il discorso se la gravidanza indesiderata è un incidente preterintenzionale: ma lo affronteremo in uno dei capitoli della vita a due.

LE BUONE ABITUDINI

Nella fase della conoscenza e della seduzione non si gettano soltanto le basi di un buon marito, ma anche di una *buona* coppia. Lei e lui dialogano, puntualizzano, bisticciano, escono, si distraggono, frequentano amici: fanno insomma gran parte delle cose che faranno anche dopo sposati (sempre che arrivino al matrimonio).

È il solo periodo in cui l'ex «cavaliere» metaforicamente continua a cedere il passo: siccome quel che gli interessa è soprattutto stare con la dama, accetta di buon grado che sia lei a decidere la gita o a scegliere il ristorante e il film. Conversatrice versatile, il più delle volte è ancora lei a sollecitare lo spunto d'un discorso orientandolo maliziosamente su «messe a punto» che le interessano.

Vuoi per minor fantasia, vuoi per quella capacità di adattarsi che gli deriva da una minor «imprenditorialità» sentimentale, con il passare delle settimane l'uomo attratto da una donna finisce per adeguarsi quasi camaleonticamente a lei: impara a reagire, a bisticciare, a ridere, a incupirsi, a fare la pace sintonizzandosi sulla lunghezza d'onda del suo linguaggio e della sua emotività.

È il potere di una breve stagione che la partner può esercitare con due scopi: dare per sempre un'impronta positiva all'uomo che vuole sedurre e rendere inoltre più seduttiva la propria immagine agli occhi di lui (le qualità sono più amabili dei difetti...). Non tutte riusciamo però ad esercitare questo potere in modo corretto e funzionale. L'incapacità di autocritica può impedirci di identificare quei difetti e quelle lacune che via via trasmettiamo al nostro uomo; e la spontanea cortesia con cui egli compiace le nostre scelte e asseconda i nostri desideri può essere fuorviante dandoci un senso esagerato di onnipotenza.

Ed eccoci, giorno dopo giorno, diventare sempre più baldanzose, sempre più esigenti, sempre più possessive. Con connaturata malizia porgiamo la nostra prepotenza subdolamente, facendola metabolizzare al partner come espressione di grande personalità e temperamento appassionato. E la nostra baldanza cresce proporzionalmente alla consapevolezza di «averlo in pugno».

A questo punto le pretese possono diventare, anche inconsapevolmente, ricattatorie: o me o gli amici, o me o la partita, o me o quel week-end. È probabile che lui scelga noi, e senza neppure tante esitazioni: sta vivendo quello stadio della scoperta e dell'incantesimo in cui la donna può sostituire ogni altro hobby o passione.

Ma dentro di lui si annidierà il seme di una ostilità destinata a germogliare. Il ricatto è una coercizione innaturale in quanto l'essere umano non è strutturato per affrontarlo. L'esistenza ci impone spesso, nel lavoro come nei sentimenti, scelte dolorose e difficili: o la rottura di quella relazione oppure la disapprovazione sociale, o il trasferimento oppure la perdita di una promozione, o la fatica e il rischio oppure il mediocre posto tranquillo. Ma non è un aut aut implacabile perché, a qualsiasi delle due alternative decidiamo con sofferenza di rinunciare, corrisponde la consolazione dell'altra che abbiamo preferito.

Rinunciando all'amore «proibito» siamo compensati dalla ritrovata stima; respingendo le lusinghe del promettente lavoro «a rischio» ci rifugiamo nella sicurezza del lavoro sicuro: tutte le scelte della vita comportano una rinuncia, ma tutte le rinunce hanno il lato positivo di una conquista alternativa.

Il ricatto no: è una violenza che la persona più forte impone alla persona più debole e, facendo leva sulla paura o sull'amore, minaccia di toglierle qualcosa che di diritto è suo e di fatto le appartiene.

Temo, e mi mortifica dirlo, che il ricatto sentimentale sia un'arma psicologica inventata dal sesso femminile. Più deboli in quanto assoggettate al maschio-padrone, e meno intimidatorie in quanto escluse dai ruoli di comando, noi donne abbiamo imparato a mirare al cuore dell'uomo approfittando del nostro solo potere, quello amoroso.

Solamente il terrore di perderci (o di perdere il «giocattolo» che in quel particolare momento più l'appassiona) assoggetta il partner alla nostra prepotenza: e, posto di fronte all'aut aut, può preferire noi alla partita, agli amici, alla domenica sugli sci e così via.

Una volta passata la paura perché ha preso coscienza del potere amoroso che *anche lui* esercita su di noi, oppure perché la vampata della passione si è smorzata, l'uomo realizza con mortificazione e con rabbia di essere stato manipolato. Ma, peggio ancora, impara qualcosa che forse prima non sapeva: la violenta efficacia dell'aut aut senza scampo.

Se le circostanze lo porteranno a volerci un giorno sopraffare, se ne servirà con l'abilità dell'allievo che ha superato la maestra: o rinunci al divorzio o ti farò morire di fame, o smetti di lavorare o me ne vado, o mi segui coi figli o rischi di distruggere la famiglia. Non è affatto da escludere che il nostro partner abbia imparato a praticare l'arte dell'aut aut prima di conoscerci: in questo caso dobbiamo fargliela disimparare con severa fermezza, dimostrando e dicendogli a chiare parole che siamo visceralmente contrarie ad ogni violenza, compresa quella affettiva.

E qui, ancora una volta, si torna al punto di partenza: consapevoli del ruolo e del potere che nella fase iniziale del rapporto abbiamo, quello di far assimilare al partner il *nostro* modo di esprimerci e di amare, approfittiamone per «educarlo» ai toni pacati, alla tenerezza, al rispetto. Fin dai primi incontri, deve capire che *questo* è ciò che ci aspettiamo da lui, *questo* ciò che ci aspettiamo da ogni rapporto.

Il cattivo esempio non soltanto è diseducativo, ma rovinoso come un boomerang: quel che faremo contro il partner si rivolterà prima o poi contro di noi in quanto con il tempo egli imparerà le sopraffazioni, gli egoismi e le intolleranze con cui avevamo impostato il rapporto.

La coppia armoniosa è fatta, oltre che dai buoni sentimenti, anche dalle buone abitudini: e qui non esistono maestra e allievo, sia lei sia lui debbono cercare un compromesso che concili le reciproche esigenze. Anche a questo fine le basi si gettano nel periodo iniziale del rapporto. Un uomo e una donna si incontrano, ciascuno con amicizie, rituali, affetti e doveri familiari, hobby e divertimenti propri: trovare una soddisfacente via di mezzo per non imporli né sacrificarli al partner è molto importante anche per i futuri equilibri che è possibile delineare.

Non è un'operazione facile, perché l'eccesso di compiacenza o un pizzico di egoismo rischiano di forzare la mano. Esaminiamo i comportamenti sbagliati in un'ottica femminile, com'è giusto in questa sede. Alcune donne e moltissime ragazze vivono un flirt o il fidanzamento con una concentrazione da eremite, nel senso che come incontrano un uomo e stabiliscono un rapporto amoroso con lui calano il sipario sull'esistenza di prima. Smettono di frequentare le amiche e gli amici, diradano le sedute in palestra, disdicono l'abbonamento al teatro, rifiutano il consueto invito al cinema o in pizzeria: le giornate sono scandite dalle telefonate e dagli incontri con il partner.

Moltre altre, con slancio missionario, allargano l'orizzonte sull'universo di lui, persuase in buona fede che ne sia felice e grato. In altre parole, usano la compiacenza come strumento di seduzione. Per prima cosa partono all'esplorazione della famiglia con la smania di ottenerne l'approvazione e la simpatia. Dopo la suocera è la volta delle zie, delle cugine, della vecchia balia, delle cognate e dei nipotini. Ricolmano tutti di pensierini gentili, abbracci, attenzioni: sempre disponibili, sempre pronte ad accompagnare, scorrazzare, andare a riprendere.

Le poverine non capiscono di essersi create l'anticamera dell'inferno nella felice eventualità che approdino al paradiso del matrimonio: infatti suocera, cognate, zie, triscugine e vecchie balie, estasiate dell'ingresso legalizzato in famiglia, continueranno ad aspettarsi dalla nuova congiunta gli stessi pensierini, la stessa devozione, la stessa disponibilità.

Messa un'allegra opzione su malintesi e astiosità futuri, le nostre riprendono il viaggio verso gli amici del partner. Anche qui con la determinata volontà di sedurre tutti: organizzano cene, accettano inviti, pianificano gite e viaggetti di gruppo mostrandosi efficienti, affidabili, instancabili, di ottimo carattere.

Nulla di male, in teoria. Ma ancora una volta il pericolo e la delusione sono in agguato: se il rapporto amoroso si spezza, l'inarrestabile ragazza o donna si ritrova paralizzata in un deserto di solitudine e di noia: gli amici, infatti, per comprensibili ragioni d'anzianità affettiva tenderanno a privilegiare lui facendo il vuoto attorno a lei. E se anche così non fosse, continuare a muoversi nell'orbita dell'ex partner comporterebbe non poche difficoltà logistiche e imbarazzo. Il tentativo di recuperare i vecchi giri e i trascuratissimi amici non sempre va a buon fine, in quanto anche la suscettibilità altrui ha le sue buone ragioni e i suoi bravi eccessi.

Da tutto questo dovrebbe emergere con chiarezza l'esigenza di strategie e comportamenti equilibrati: una domenica a colazione a casa tua, un sabato a cena a casa mia; ieri sera siamo andati a teatro con i tuoi amici, la settimana prossima andremo a cena coi miei amici; oggi ho un altro impegno, di' a tua madre che l'accompagnerò domani...

Rituali, doveri, disponibilità, amicizie ed esigenze vanno trasferiti dal singolo alla coppia nel rispetto di entrambi i partner: è da una felice commistione che deriveranno sia l'organizzazione privata e sociale della futura famiglia sia il benessere psicologico dei coniugi: nessuno dei due, infatti, avvertirà nella nuova casa (e nella nuova vita) quel senso di disagio e di estraneità che proviene dall'essere stato privato delle proprie abitudini e delle proprie radici.

Una vera arma di seduzione può essere proprio questa: fare avvertire fin dall'inizio al partner che dietro le malizie, gli impeti e le esuberanze della schermaglia amorosa esiste in noi il rassicurante punto fermo di un temperamento equilibrato.

Può capitare che l'esercizio di questo equilibrio debba avvenire «suo malgrado». L'uomo trasferisce nell'idillio il tifo dello sportivo, l'instancabilità del lavoratore, l'entusiasmo del bambino che non riesce a staccarsi dall'ultimo giocattolo. E tenderebbe a formare una «coppia chiusa». Noi e lui soli appassionatamente concentrati in quella specie di battaglia navale che è la reciproca scoperta: colpito, sbagliato, affondato.

La tentazione di assecondarlo è irresistibile perché ci lusinga e perché coincide con la romantica voglia di solitudine di molte donne innamorate. Ma guardiamoci bene dall'assecondarlo: una overdose di intimità, schermaglie, parole e incontri a due potrebbe essere fatale al rapporto da poco iniziato o portandolo all'assuefazione e all'asfissia.

Capitolo diciassette

IL SUO VISSUTO

Amor omnia vincit, l'amore vince tutto: i romantici ne hanno fatto la loro fede, gli irresponsabili la loro giustificazione, gli scrupolosi il loro alibi. È innegabile che un grande amore dà la sicurezza della «verità del cuore», in nome della quale si possono sfidare famiglia, convenzioni, doveri: tutto ci è contro, anche l'evidenza, ma *solo noi* possiamo dare un valore e persino un significato morale al sentimento che ci spinge.

Malauguratamente le sicurezze vacillano e gli ardori si smorzano quando dalla grandiosità della Guerra Santa si passa alla ordinarietà della scaramuccia strategica: in altre parole, al superamento di quegli ostacoli concreti e di quelle fastidiose difficoltà che la realizzazione del grande amore comporta.

Al primo posto senz'altro figura il «vissuto» del partner: anche noi possiamo averlo, ma è un problema suo e qui noi dobbiamo egoisticamente pensare a risolvere i nostri. L'uomo che ci attira e che ci proponiamo di far nostro porta per così dire in dotazione una vecchia madre a carico, e/o un'ex moglie incombente, e/o alcuni marmocchi insopportabilmente viziati, e/o un'ex innamorata che non può moralmente abbandonare perché di solito afflitta da sventure o smanie suicide coinvolgenti, e/o un mite e un po' svampito padre vedovo (convivente) con l'hobby della falegnameria e del bricolage in genere, e/o una vecchia sorella sola di cui pure s'è fatto moralmente carico, e/o la consueta ex governante di casa che ha trovato a casa sua (di lui) l'ultimo approdo e vi spadroneggia con giovanilistica grinta, e/o...

Fermiamoci qui: basta e avanza per trasformare la nostra giovane love story in un'altalena di sogno e bruschi risvegli, romantici silenzi e imperiosi squilli di campanello e telefono, teneri abbandoni e fracassi di bimbi, sega elettrica e battitappeto...

Affannato, impaurito, aggredito e stravolto il nostro partner corre, apre, risponde, rimedia, provvede, si fa carico. E noi ci ritroviamo catapultate in una atmosfera da *Hellzapoppin* la cui regia è equamente affidata all'emergenza e a una banda di disturbatori d'assalto.

A volte lui si scusa, con espressione di mortificata impotenza. Altre volte reagisce alle nostre lagnanze con toni aggressivi e ostili: non lo sapevamo forse dall'inizio che lui *non* era un uomo libero? Quel che non potevamo immaginare era che lui fosse schiavo: dell'ingenuità, dei ricatti, di un senso di responsabilità devastante.

Come dice uno scrittore di cui al momento mi sfugge il nome, «il passato e il carattere sono le sole ineluttabilità dell'esistenza». Il guaio è che, innamorandoci, l'ineluttabilità raddoppia in quanto dobbiamo farci carico anche del *suo* passato e del *suo* carattere: detto a chiari termini, accollarci una parte delle sue schiavitù. Salvo che, è sottinteso, non si preferisca prendere il volo: ma in questo caso sapete arrangiarvi da sole.

Quanto segue è destinato alle eroine che rifutano di arrendersi e che purtroppo, contrariamente all'esaltante destino dei soliti eroi, anziché andare incontro a gloriosa morte certa sono attese da miserevoli scontri di lunghissima vita.

Armiamoci e partiamo: mi metto nel gruppo in quanto un po' per testardaggine e molto per spericolatezza non arretro mai di fronte alle difficoltà. Il nostro connaturato istinto alla sopravvivenza impone una prima operazione: aiutare l'uomo che amiamo a distinguere tra veri e falsi doveri, autentiche o ricattatorie esigenze. Dio ci guardi da ironia, stizza, spiegazioni razionali: non servono a nulla. Il «messaggio» deve essere subdolo e occulto, con i toni tranquilli di chi ha una fede certa e dà per scontato che anche gli altri la condividono senza dover strillare per difenderli.

A questo punto, e forse avrei dovuto farlo più spesso, debbo riaprire una parentesi sul solo strumento di seduzione infallibile: l'ottimismo. La persona ottimista è *sempre* vincente perché di qualunque situazione scorge la via d'uscita o l'aspetto positivo. E in effetti se la cava sempre. Quest'aura di «intoccabilità» la rende rassicurante ed autorevole, e perciò amabile.

Non conosco neppure una donna *realmente ottimista* che sia sola, o sfortunata, o in grave conflitto con sé ed il prossimo. Parlo, è chiaro, della qualità doc, e non dell'incoscienza, dell'ingenuità o del rifiuto di guardare in faccia la realtà che qualcuno spaccia per tale. Non vi è nulla di rassicurante nell'«ottimismo» di quel signore che, scivolato dall'ottantesimo piano di un grattacielo, mentre passa precipitosamente davanti al terzultimo dice a se stesso «fin qui sta andando tutto bene». È una vecchia barzelletta che mi sembra ancor oggi esemplare per distinguere tra cecità ed ottica positiva.

L'affidabilità della persona ottimista sta nel fatto che ha gli stessi dubbi, le stesse paure e le stesse «emergenze» di tutti: solo che riflette e risolve in modo costruttivo, e il fatto che abbia sempre ragione ci spinge a credere a ciò che ci dice e a seguire ciò che ci suggerisce.

Non bastasse, l'ottimista irradia la contentezza di chi gode anche di buona salute: conosco decine di persone che felicemente fumano, dormono poco, lavorano troppo eppure non si ammalano mai. È come se avessero contagiato anche il fisico: sono arrivate a possedere un corpo «di buon carattere» che non si offende, non fa le bizze e accetta filosoficamente anche qualche insulto.

Tornando al nostro partner-schiavo, perché non tentiamo di educare anche lui a un'esistenza meno condizionata? L'arma è, appunto, una serena credibilità che presuppone idee chiare soprattutto da parte nostra. Esistono condizionamenti e ostacoli che sarebbe controproducente illuderci di poter eliminare: l'anziana madre sarà sempre a carico, lo svanito padre bricoleur attenterà sempre ai mobili di casa, i figli viziati vivacizzeranno sempre le feste comandate e i giorni prescritti dal giudice.

Spingere il partner a disattendere responsabilità obiettivamente doverose significherebbe soltanto apparirgli delle irresponsabili. Ma il super affolamento dei doveri consente qualche piccola potatura: e l'umorismo può essere la migliore forbice. Invece di indignarci se l'isterica «ex» gli telefona cupamente che non ha più voglia di vivere, tranquillizziamo il partner che si prepara a correre da lei affannato facendogli notare che purtroppo la morte è masochista e tende a preferire chi non la vuole.

Se l'altra «ex», la moglie, lo avvilisce con accuse, lettere, piccoli ricatti e contestazioni (capita!) aiutiamolo a tirarsi su di morale anziché avvilirci o infuriarci con lui: di piacevolmente inedito c'è che grazie al divorzio può vivere certi difettacci a distanza meno ravvicinata.

La madre incombe, il padre rompe, la governante imperversa? Facciamoci pazientemente carico di qualche piccola corsa, di un intervento di mediazione, di una iniziativa o un piccolo pensiero che plachino gli scontenti di questi anziani guastatori scelti.

Un discorso a sé meritano i vispi e viziati frugoletti. È normale e auspicabile che il padre li ami, così come è comprensibile che i nostri sentimenti siano più tiepidi dei suoi. Ogni volta che li incontriamo non possiamo non pensare che se fossero figli nostri sarebbero più ubbidienti, più simpatici, meno consumisti e meno rumorosamente superficiali. Farlo osservare a lui sarebbe non solamente inutile, in quanto lo sa già, ma anche crudele perché i suoi sensi di colpa lo fanno sentire pesantemente responsabile delle lacune educative e dei disturbi psicologici dei figli.

Il famoso ottimismo può farci scorgere il lato positivo anche in questo: per fortuna non sono figli nostri e ce li dobbiamo sorbire una volta alla settimana. Costa poi molto chiudere un occhio sui loro capricci e un orecchio sul loro fracasso?

Ma qui potremmo andare ancora oltre, ricordando che il divorzio dei genitori è *sempre* un male per i figli, anche quando è il male minore. E se solo riuscissimo, con la sensibilità e il calore umano che non dovrebbero farci difetto, a superare i confusi sentimenti di ostilità nei loro confronti, capiremmo che gli insopportabili marmocchi sono piccoli bimbi spesso spaventati, combattuti tra il desiderio di lasciarsi andare al nostro affetto e il timore che così facendo potrebbero «offendere» la vera madre. In attesa di decidere, si scatenano per richiamare la nostra attenzione: e sa il cielo fino a che punto ci riescono!

Comportandoci con naturalezza, facendo capire al partner che non siamo né disturbate né scandalizzate per certi comportamenti dei suoi figii, gli daremo un grande aiuto a vivere un rapporto meno ansioso con loro. Il massimo sarebbe riuscire ad accettarli come sono

... l'uomo che ci attira porta per così dire in dotazione...

e imparare a volergli sinceramente bene, pur tenendo a mente che una vera madre ce l'hanno e solo ai genitori compete educarli: a noi è concessa, al più, la piccola sfumatura del momento o il lieve rimprovero dell'emergenza. Ma con grande tatto.

Tirando le conclusioni, prima di partire all'assalto di un uomo occorre verificare anche se siamo compatibili con il suo vissuto: gli affetti, i doveri e le scorie di un passato coi quali dovremo spartirlo e convivere. Rendergli il compito più facile significa soprattutto conquistare più tempo e più amore per noi.

IL RIFIUTO DEL MATRIMONIO

«*Ti amo*»: due piccolissime parole che provocano alla donna innamorata il massimo della felicità. Non è, o non è soltanto, un luogo comune dei romantici. Un anno e mezzo fa il Dipartimento di psicologia dell'Università di California effettuò una ricerca sui rapporti tra la sfera emozionale e le sollecitazioni del linguaggio, prendendo tra l'altro in esame le frasi-chiave di una esistenza femminile.

«*Ti amo*» è risultata, appunto, quella che scatena in una donna la più forte delle emozioni positive. Seguono il primo «*mamma*» balbettato dal bambino, «*lei è assunta*» e (narcisismo, narcisismo!) «*sei bellissima*». Ho letto la notizia sul ritaglio di un giornale americano, e mi spiace non saperne di più: il trafiletto si fermava qui.

Trovo in ogni caso significativo che la domanda «*vuoi sposarmi?*» non figuri ai primi posti e che la conferma del proprio fascino e l'annuncio di un'assunzione risultino addirittura più emozionanti di una domanda di matrimonio.

Se ne potrebbe desumere che la nuova donna antepone se stessa e la carriera all'uomo, ma il primeggiare di quel «*ti amo*» indica che è sempre il mondo dei sentimenti a causare le più forti sollecitazioni nella sua sfera emozionale. Semplicemente, il matrimonio non la coinvolge più di tanto: o perché l'esaltante certezza di essere ricambiata dall'uomo che ama dà alla donna tale appagamento da farle ritenere un'emozione superflua la cerimonia nuziale; oppure perché si è disaffezionata all'istituzione.

Benché creare o enfatizzare nuovi costumi sia diventato malvezzo diffuso in un'epoca che ha fatto del costume una moda, il fenomeno dei «*single*» ha una obiettiva rilevanza che anche le statistiche confermano. Il matrimonio, pur in leggera ripresa, ha perduto parte del suo fascino anche per la legge dell'*ubi maior, minor cessat*: tradotto in termini pertinenti, sta a significare che le mode prodominanti cancellano o mettono in crisi quelle minori o risapute.

Vivere da sole (parliamo al femminile) è la fase terminale di tutte le battaglie e le conquiste che hanno rivoluzionato il pianeta donna: l'emancipazione, il crollo delle censure, l'indipendenza economica, l'autonomia mentale, l'affrancamento dal maschio.

Lasciare la casa paterna per trasferirsi in un monolocale graziosamente arredato, e pagato con il proprio stipendio, è un traguardo quasi simbolico per molte ragazze d'oggi: e perciò predominante rispetto al «*vecchio*» matrimonio. Lo stesso mercato, le cui offerte non vanno mai oltre ciò che la società domanda e approva, ha creato servizi e consumi su misura per la persona sola: la solitudine non è più causa di disagio né di disapprovazione né di pena.

E in quanto segno di «*libertà*» non esclude, ma anzi contempla, il legame amoroso: con scadenza aperta e convivenza episodica. Per la «*single*» il problema si affaccia soltanto se, e quando, si innamora di un uomo che ammira il suo spirito d'indipendenza, ma non approva il suo rifiuto del matrimonio. O, peggio ancora, se la ama *nonostante* il suo spirito d'indipendenza.

Qui gli antichi ruoli s'invertono: lei è riluttante e lui incalza, lui seduce e lei sfugge. Nella maggior parte dei casi si arriva al compromesso di una convivenza per prova o senza impegno che, se si annuncia un figlio, può essere perfezionata e stabilizzarsi in un matrimonio indolore.

Le cose si complicano se l'euforia e la sicurezza di sentirsi padrona del gioco spingono la ragazza a tirare troppo la corda. Oppure se ha fatto della libertà un principio e la difende con la rigidità e il fanatismo di chi vede sconfessata la propria religione. Non è infrequente che la nostra arrivi al sacrificio estremo: la rottura.

Ogni fede ha i suoi martiri, e i fedeli ci insegnano che andando al martirio essi conoscono squisite felicità. Non mi permetterei mai di privarne le «*single*» sacrificali: mi auguro soltanto che, dopo, anche loro trovino un paradiso ad attenderle. Al di là degli scherzi, trovo inutile creare problemi a chi non ne ha e invitare alla riflessione chi ha salde certezze: nel caso in questione, quella di *non volersi* sposare.

Il problema esiste, invece, quando si verifica il caso inverso: lei vorrebbe la casa, il matrimonio e i figli, lui vuole la libertà. Ma, andando a indagare, si scopre che in moltissimi casi questo concetto di «libertà» è abbastanza particolare: lui crede infatti nella monogamia, ama l'esistenza tranquilla, non ha amici travolgenti o passioni spericolate, gli piace la sicurezza del posto fisso, rispetta i rituali e le riunioni della famiglia paterna e di quella di lei.

All'atto pratico, è già «sposato»: con la normalità e le abitudini. E qualche volta anche con la perplessa e confusa partner: è assiduo, tenero, appassionato, trascorre tutto il tempo libero con lei. In due parole, è innamorato. E non si capisce proprio che cosa tema di perdere, o di cambiare, legalizzando un'unione che di fatto si è già creata.

La spiegazione è tanto semplice quanto irrazionale: lui è contrario al matrimonio inteso come burocrazia, formalità, cerimonia. È una specie di anarchico anagrafico che di fronte al rituale del «pezzo di carta» prova insofferenza e fastidio, si sente in trappola.

Questo atteggiamento addolora oggi soprattutto la donna che proviene da un ambiente che continua a rispettare le convenzioni e non è ancora mentalmente «liberata» sia dalla necessità di approvazione sia dall'ancestrale condizionamento di una società che le riconosceva come unico *status* di successo quello di moglie.

Ma, a livello emotivo, può sopravvivere anche nelle donne più emancipate un altro condizionamento: il matrimonio identificato con la scelta d'amore e con il segno della massima stima (la donna demonio per l'avventura e per il piacere, la donna angelo per il focolare dei figli).

Se non mi sposa, non mi ama. Se non mi sposa, io non sono all'altezza oppure qualcosa tra noi non funziona: sono le deduzioni che l'eterna romantica trae dal rifiuto del partner e che scatenano crisi di confusione e insicurezza.

In alcuni casi la crisi è meno aulica: siamo di fronte alla donna-demonio che ha conquistato con determinazione l'industriale, il manager, il professionista carismatico e vede nella ufficializzazione del legame il solo mezzo per accedere legalmente al benessere, al prestigio, al testamento.

I motivi delle sue insistenze sono meno nobili, ma la perplessità accomuna sia gli angeli sia i demoni: sfugge infatti alla mentalità femminile, assai meno «illogica» di quanto sembri, un'allergia al matrimonio che lo stesso partner non riesce a razionalizzare; tanto più se propone spontaneamente e con entusiasmo l'alternativa della convivenza.

Andare a vivere insieme senza passare dal prete o dal sindaco è «l'altro matrimonio» di questo decennio, statisticamente in continuo aumento. Sempre per il principio di non sollevare problemi a chi non ne ha, trascuriamo le donne che in sintonia col partner hanno liberamente scelto un rapporto di coppia da gestire, vivere e spezzare al di fuori delle modalità e dei doveri che la legge impone ai coniugi.

Torniamo invece a quelle costrette ad accettare la convivenza come ripiego. Detto in tutta franchezza, non è poi questo inferno; e se lui è realmente innamorato può essere un ottimo surrogato del matrimonio. Si arreda la nuova casa, i parenti fanno il regalo, gli amici vengono in visita, i vicini e i negozianti chiamano la convivente «signora», i conoscenti quasi si scordano che la coppia non è «legale».

E che dire del partner? Libero e felice, si comporta come un vero marito: arriva persino ad allagare il bagno e addormentarsi davanti al televisore. Consegna a lei lo stipendio, le bollette da pagare, i documenti da mettere via. È gentile, appassionato, pieno di pensierini affettuosi. E continuamente le ripete quanto sta bene con lei.

Purtroppo lei continua a pensare che starebbe assai meglio se fossero sposati. Ma quando glielo confessa, lui sembra cadere dalle nuvole: *perché*, non sta bene? Che cosa le manca? Ha proprio bisogno di un inutile pezzo di carta per capire che lui le è legato e la considera sua moglie?

Ebbene sì: e più la convivenza funziona, meno lei capisce le resistenze di lui di fronte a quella piccola formalità che è una scappata in municipio o in chiesa. Molti uomini, insisti oggi e butta lì domani, finiscono per cedere: ma è un errore ritenere che siano più innamorati degli inamovibili, e cioè scambiare la compiacenza per amore. Hanno ceduto soprattutto per stanchezza, per pigrizia, per l'allergia a quel «perché non ci sposiamo?» diventato più insopportabile della cerimonia stessa.

Il fatto è che, *davvero*, per alcuni uomini il matrimonio è un'inutile formalità «che non cambia nulla». Conviventi o sposati, essi avvertono nei confronti della loro donna le medesime responsabilità e i medesimi sentimenti di devozione e rispetto. Argomenti o strategie più persuasivi di quelli che nel corso dei mesi o degli anni le conviventi coatte hanno sfoderato per abbattere la barriera del «no» io non ne conosco. Che dirvi? Mettetevi una fede al dito, se ancora non avete provveduto, e fate conto di essere sposate: esattamente come fa il vostro partner. Oppure continuate a insistere, preferibilmente con un pizzico di humour, sperando nel ripensamento improvviso e quasi miracoloso: si registrano confortanti precedenti in questo senso.

Facendo violenza a me stessa, con grande repulsione e molto malvolentieri, debbo dire che alcune donne sono ricorse con successo all'arma di un figlio per risvegliare istinti legalitari nel partner. A parte che il figlio non è un'arma e il successo non è garantito, credo che i mezzi siano sproporzionati rispetto al fine del «pezzo di carta».

GUARIR D'AMORE

Durante l'idillio, mentre sfoderiamo le armi più sottili e deliziamo il partner con un copione teso a valorizzare il meglio di noi, non dovremmo dimenticare *mai* che stiamo battendoci *non soltanto* per la conquista di un uomo, ma anche della felicità: momentanea o lunghissima che sia.

È lo «stato di vigilanza» che distingue le donne sacrificali da quelle che vogliono bene anche a se stesse, la seduzione servile e disgraziata dalle schermaglie piacevoli e spiritose.

Va da sé che dovremmo adeguarci all'ultimo modello. Non stiamo combattendo per la vita o per la morte e un pizzico di sdrammatizzazione e d'autocontrollo non guasta: è quello stato d'animo che ci verrà in soccorso nell'ipotesi non del tutto remota che l'espugnazione del partner dovesse fallire.

Morto un papa se ne fa un altro, affermavano con cinico buonsenso le nostre romantiche bisnonne. Come dire: nessun uomo è insostituibile. È una elementare verità che la maggior parte delle donne tocca con mano soltanto *a posteriori*, quando, approdata finalmente a un legame felice, ripensa con sbalordimento a tutte le lacrime che ha sparso per quel vile di Piero, o quel sadico di Giovanni, o quell'eterno bambino di Francesco.

Purtroppo, per un certo periodo, sicuramente troppo

lungo, Piero, Giovanni e Francesco erano sembrati unici e irripetibili. *Nessun* uomo lo è. Tantomeno se alla fine ci respinge: sono fermamente convinta che chi non ci vuole non ci merita, o quanto meno non ci è compatibile.

La maggior parte delle volte è proprio la consapevolezza di questa incompatibilità ad allontanare il partner da noi: sordo alle verità del cuore, insensibile alle insidie della fantasia, incapace di appassionati *transfert*, il maschio normalmente dotato si mantiene sempre nel famoso «stato di vigilanza» che lo spinge a essere osservatore e critico. Una piccola parte di lui non si abbandona mai neppure nei momenti dell'estasi.

Spesso apprezza il nostro buon carattere, riconosce che siamo allegre, carine, intelligenti, stimolanti e seduttive, ma non trova quel *qualcosa* che potrebbe travolgerlo. Non sente il feeling, insomma. E se ne va.

Non vi è nulla di umiliante nella rottura in sé: stavamo vivendo un idillio sperimentale e la prova non è riuscita. La crisi esplode se questa rottura ci viene imposta contro i nostri sentimenti e la nostra volontà: possiamo sentirci rifiutate, sottovalutate e cadere nella trappola di trasferire *contro* di noi l'ostilità che giustamente avvertiamo nei confronti di chi ci ha causato, con l'abbandono, amarezza e pena.

Non necessariamente il meccanismo scatta nelle complessate o nelle masochiste: in un certo senso è addirittura segno di una attenta valutazione di sé. Vediamo. La donna che si propone di far innamorare un uomo istintivamente assume gli atteggiamenti più amabili e, se è anche maliziosa, all'amabilità aggiunge la piccola provocazione e il «sapiente» intrigo.

Nella conquista amorosa, insomma, la donna investe il meglio di sé: e per questo il rifiuto del partner la butta nello sconforto oltre che nel dispiacere: più di così non potrà mai fare; armi più raffinate non ne possiede. Di qui l'illogica deduzione: per quanto io sia degna d'amore, e nonostante tutti gli sforzi per essere amata, agli uomini non riesco a piacere.

Ne derivano il pessimismo e la disistima di sé che sfociano nell'autoconvincimento di essere «sfortunata». Non è certamente lo stato d'animo migliore per affron-

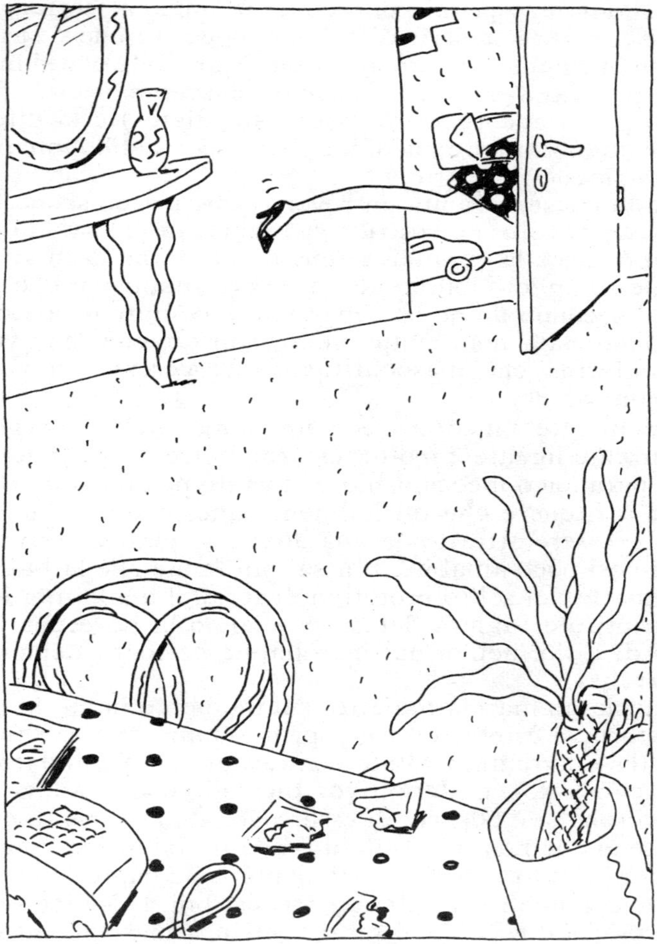

... basta vestirsi e uscire ...

tare un nuovo rapporto. Nel momento stesso in cui un altro uomo fa i primi approcci e dà inizio al corteggiamento, scatta una serie di reazioni negative che si susseguono in tre fasi: lo stupore («com'è possibile che si interessi proprio a me?»), il cinismo («lasciamolo fare, prima o poi si accorgerà di essersi sbagliato») e la difesa («non voglio soffrire ancora, e perciò non debbo innamorarmi di lui»).

Sono tre sentimenti «introversi» che impediscono l'oblazione generosa e costruttiva: chiusa in difesa, la donna impedisce la comunicazione e non dà nulla di sé. In parole semplici, non ha alcun potere seduttivo: che anche il secondo uomo la abbandoni è comprensibile, ma l'abbandonata non comprende e non ragiona: ha avuto la conferma che masochisticamente cercava, nessuno può amarla.

Solamente l'incontro con un uomo molto energico, molto intelligente e molto testardo potrebbe disinnescare il paranoico meccanismo. Un cauto pessimismo m'induce a ritenere che difficilmente questo superman potrebbe essere attratto da una donna sospettosa, disfattista e così poco amabile. È assai più facile che la Nostra si imbatta nel solito prototipo di serie, il quale morderà incuriosito e fuggirà deluso: lasciando la poverina, è il caso di dirlo, nell'ormai incrollabile certezza della sua «sfortuna».

Facciamo marcia indietro, nel momento in cui la prima storia si è interrotta e il primo uomo che con tutte noi stesse avremmo voluto conquistare se n'è andato in modo «brutto» e definitivo: dicendo che credeva di amarci ma si è accorto di essersi sbagliato, oppure confessando che non è riuscito a innamorarsi di noi. Scusate se mi ripeto, ma è un «incidente» che capita anche a donne comunemente ritenute irresistibili. L'onnipotenza amorosa non esiste, coi sentimenti nessuno può tutto e qualche sconfitta è prima o poi in agguato.

Mettervi in discussione in una furia di colpevolizzazione e ipercritica è perciò sbagliato. Non avete commesso alcun errore «tattico» e non avete alcuna ragione per farvi un processo: il vostro cuore rispondeva a un uomo che non era fatto per voi e solo per questo l'avete perduto.

La rassegnazione è difficile in quanto contrasta con la razionalità che d'istinto rifiuta il concetto di «fatalità» e ci spinge a cercare di tutto una spiegazione e una causa. Prima di arrenderci all'evidenza che non ve ne sono dobbiamo arrovellarci e soffrire: è un'altra realtà da accettare.

Ogni evento doloroso (e un abbandono o una sconfitta lo sono) comporta un periodo di «lutto» al quale non possiamo sfuggire né ribellarci. È il nesso causa-effetto che vige anche nei sentimenti. Ma l'effetto non può essere sproporzionato alla causa né il «lutto» andare oltre il periodo che gli compete.

D'amore non si muore, basta sapersi curare: l'ho ripetuto decine di volte ed è una certezza che ho visto confermata puntualmente. Un insuccesso è soltanto una battaglia perduta che diventa catastrofe soltanto se ci si arrende. Guarir d'amore esige una sola arma o cura che preferiate chiamarla: tornare in trincea superando la pigrizia, l'apatia e il disfattismo che vi spingerebbero invece a rinchiudervi in casa e in voi stesse.

Un amore infelice si dimentica soltanto con un amore felice e puntare ogni *chance* sull'idraulico o il signore che viene a leggere i contatori è obiettivamente limitativo. Occorre creare l'occasione, la circostanza, il caso: basta vestirsi e uscire, con qualunque amica o amico telefoni.

Se non ha commesso lo sbaglio di farsi il vuoto intorno, l'«abbandonata» non ha che affidarsi all'iniziativa e alle premure di chi le vuol bene: si crea infatti attorno a lei una catena di complicità che rende gli amici i più sensibili soccorritori. Chi l'invita al cinema, chi organizza una gita, chi si offre di andare a farle compagnia. Non manca, neppure qui, il personaggio «imprenditoriale» che addirittura escogita incontri e presentazioni a scopo maliziosamente consolatorio. L'entusiasmo è un optional: quel che conta è non respingere alcun invito e non precludersi alcuna possibilità, anche se appare ridicola.

Vorrei tanto suggerire tecniche consolatorie più raffinate o inedite, ma purtroppo non ne esistono: i meccanismi della felicità, del dolore e della consolazione rispondono a sollecitazioni connaturate all'animo umano, e perciò immodificabili. Ieri come oggi, dimenticare significa «distrarsi», prendere emotivamente le distanze: di nuovo c'è soltanto che maggior libertà e maggiori occasioni di divertimento rendono più facile distrarsi oggi che non un tempo.

Sconsiglio l'avventura per dispetto o il sesso come gioco, in quanto controproducenti: anziché farci prendere le distanze da chi vorremmo scordare, ci spingerebbero a ricordarlo ancor più intensamente. L'eccesso di cura nuoce alla malattia, e anche la convalescenza ha tempi che vanno rispettati evitando frettolose imprudenze e deprimenti ricadute.

EMERGENZE E SOCCORSO

Che vi sia riuscito al primo colpo o abbiate dovuto fare le replicanti della seduzione con un secondo (o un terzo, o un quarto) uomo, adesso questo uomo è vostro. Siete riuscite a travolgere le sue perplessità e le sue resistenze trasmettendogli la vostra certezza che eravate fatti l'uno per l'altra: l'idillio è diventato un rapporto stabile, l'attrazione un sentimento collaudato.

Lasciarsi andare all'euforia è bello oltreché bene, ma senza disattendere quel minimo di «stato di vigilanza» che può rivelarsi prezioso nelle piccole emergenze: aiuta ad avvertirle e permette di porvi rimedio prima che il rapporto ne sia disturbato. Il capitolo conclusivo di questo primo volume vuol essere un S.O.S. della giovane coppia, ovvero un piccolo e pratico «pronto soccorso» dei disagi, delle crisi, delle incomprensioni e delle perplessità che via via possono gettare un'ombra nella faticatissima armonia. Vediamoli, in ordine cronologico.

La timidezza. Ripetiamo quello che ormai si dovrebbe sapere assai bene: nessuno è perfetto, e dopo qualche settimana d'idillio saltano fuori il tic, la piccola lacuna, il difettuccio (anche nostri: ma è un problema suo e anche qui lasciamo che sia lui a sbrogliarsela). Lei e lui si vedono ogni giorno, parlano molto e, superata la fase della recita narcisistica, tendono a scoprirsi: la parola sbagliata, la reazione troppo vivace, il gesto inatteso sono sempre in agguato e talvolta ci feriscono in quanto segno di una mancanza di sensibilità o di una latitanza che non sospettavamo. Istintivamente vorremmo farglielo rimarcare, ma ci sentiamo come paralizzate dalla timidezza. Non troviamo le parole giuste, temiamo di essere fraintese e annaspiamo tra il sotterraneo rancore che ci spingerebbe a buttar fuori tutto e il pudore di mettere a nudo certe nostre vulnerabilità.

Tutto questo ci rende sfuggenti e tese. Ci irrigidiamo se lui fa un gesto affettuoso, rispondiamo con un poco plausibile «niente» se ci chiede che cosa abbiamo, reagiamo con atteggiamenti neutri se ci propone una gita o una cena. È un ermetismo che all'inizio può incuriosirlo, ma alla lunga annoiarlo e spingerlo a sua volta a chiudersi nel silenzio.

Vincere la timidezza, come tutti coloro che ne soffrono ben sanno, richiede una violenza su se stessi che si può essere incapaci di compiere. Ma qui si tratta di un'incapacità di esprimersi episodica, e non connaturata; e per di più non causata da complessi d'inferiorità, ma al contrario da una più o meno consapevole ipervalutazione di sé. Ci rifugiamo nel silenzio perché abbiamo il timore che le parole non esprimano adeguatamente cioè che proviamo e di conseguenza inducano il partner a sottovalutare la «grandiosità» del nostro risentimento.

Il rimedio è uno solo: deconcentrarci dalla ricerca della frase ad effetto o del termine «sapiente» e imporci di dire con le prime parole che ci vengono in mente che quel tal gesto o quel tale comportamento non ci sono piaciuti. Rotto il silenzio, automaticamente il linguaggio si arricchisce e vengono alle labbra quei concetti e quei termini che tanto ci eravamo sforzate di trovare: anche perché il nostro partner replicherà cavandoci dall'impaccio (e dalla «povertà») del monologo.

Il silenzio. Durante la fase della seduzione abbiamo dato fondo a tutto il repertorio delle battute, dell'aneddotica e dei ricordi. Siamo state via via spiritose, profonde, nostalgiche, maliziose e intriganti. Ora il copione è esaurito e comincia la recita a soggetto. Dobbiamo improvvisare ripiegando sugli spunti del momento, nello sforzo di mantenerci all'altezza dell'immagine che abbiamo costruito agli occhi di lui.

Il timore di essere ormai risapute e la possibile scarsezza di spunti stimolanti possono creare pause di silenzio improvvise quanto imbarazzanti. Tutte abbiamo conosciuto l'esperienza di un lungo viaggio in macchina, o un week-end d'amore, o una romantica gita in cui ci siamo ritrovate di colpo senza argomenti, inutilmente sperando che fosse il nostro uomo a dire qualcosa.

In quei momenti, che possono essere anche ore, ci dibattiamo tra mortificazione, disagio e vaghi sensi di colpa che possono sfociare nel panico: lo stiamo annoiando, non abbiamo più potere seduttivo, certo lui si accorgerà di averci sopravvalutato...

Tranquille, per piacere. Per quanto divino possa apparire, *LUI* non è un dio che ci corre obbligo di venerare con sacrifici e preghiere. Se non abbiamo niente da dire, stiamocene in silenzio. Oppure accendiamo l'autoradio o succhiamo una mentina. Oppure diciamo le prime sciocchezze che ci vengono in mente: perché mai dovremmo essere sempre spiritose e intelligenti? E in nome di quale legge deve toccare sempre a noi rompere il silenzio? Ci provi un po' il nostro uomo: e se non gli riesce, si ponga anche lui il problema di apparirci risaputo, noioso e non all'altezza delle nostre aspettative. Amare significa non dover sempre dire «tocca a me» o «è colpa mia».

Il puntiglio. Come afferma lo psicologo Liebowitz, il rapporto uomo-donna per stabilizzarsi deve attraversare tre fasi: l'approvazione entusiastica e spersonalizzante, l'adesione compiacente ma critica e l'imposizione del sé. Spiegato un po' meno succintamente, all'inizio tutto quello che l'altra persona fa o dice ci attrae: è come una trappola dell'amore, che per farsi strada ha bisogno di renderci un po' ciechi. Una volta che si è rafforzato, ci restituisce la vista: siamo criticamente consapevoli che non tutto quello che l'altra persona dice o fa è giusto, ma per compiacenza evitiamo di polemizzare. Prima o poi, però, la nostra personalità riprende il sopravvento e non siamo più disposti all'amorosa tolleranza: se lui (lei) ci vuole, deve accettare anche i nostri principi e le nostre idee.

L'approdo a questa terza fase costituisce il primo momento obiettivamente «critico» del rapporto, in quanto si rischia di esplodere per eccesso di pressione o per l'eccessiva fretta di imporsi. Il minimo appiglio diventa un alibi per buttare fuori tutto quel che avevamo trattenuto dentro: e il partner, non abituato ad essere contestato o contraddetto, dapprima si stupisce e poi passa all'attacco.

Un piccolo ritardo, una dimenticanza, una parola non detta vengono puntigliosamente ed esageratamente dilatati sino a diventare una messa a punto di problemi esistenziali. Ci si irrigidisce, volano accuse amare, si evocano le solite «questioni di principio».

Se siamo state noi ad avvertire per prime «l'imposizione del sé», e cioè ad uscire dallo stadio della adesione e della tolleranza, ridimensionare lo scontro è più facile. Ci rendiamo conto di aver esagerato, e un'ora o un giorno dopo prendiamo il telefono per chiarire ed eventualmente chiedere scusa.

Ma questo è più difficile se ad «aggredirci» per primo è stato il nostro partner. Il ragazzo, l'uomo che amavamo per i suoi atteggiamenti teneri, la sua intelligenza vivace e il suo ironico autocontrollo, di colpo ci è apparso rigido, meschino e ostile. E se avessimo preso un abbaglio? Se non avessimo capito nulla di lui? In attesa di chiarirlo, tanto per non sbagliare, lo puniamo col silenzio.

Può benissimo darsi che abbiamo preso un abbaglio, ma questa occasione di verifica è la meno adatta: lui ha semplicemente voluto imporre se stesso con un colpo d'autorità e si è irrigidito «per principio». Purtroppo la difesa dei principi ha due sole alternative: o la morte da eroi oppure l'offensiva cieca con qualunque arma: compresa quella della stupidità. Perciò la lezione da trarne è una: sdrammatizziamo!

L'«esame». Mi piace molto quel proverbio arabo secondo cui ciascuno di noi, prendendo marito o moglie, è costretto a sposare altre otto persone. Non vivendo in harem o tribù, noi possiamo dare una sfoltita. Ma qualche sovrappiù resta: la suocera, la cognata, il solito parente «autorevole» che alligna in ogni clan, la vecchia zia zitella. E fermiamoci pure qui. È il mondo affettivo del nostro partner, e un bel giorno vi veniamo introdotte: un tè, una cena, un pranzo domenicale sono l'occasione del primo incontro ma soprattutto dell'esame d'accesso». I membri della famiglia si sono riuniti per vedere da vicino chi è la fortunata che è riuscita a far innamorare quella eccezionale persona che è il loro ragazzo.

Interrogandoci amabilmente e ricolmandoci di premure osservano come vestiamo, come ci muoviamo, come siamo truccate, come ci esprimiamo. Anche le nostre imbarazzate pause hanno un significato in quanto si prestano a un «che cosa sta pensando quiz» e permettono un'alternativa nel caso la caccia all'errore avesse dato esito negativo.

È un'esperienza a cui poche donne sfuggono, e sarei patetica invitandovi a viverla con umorismo. C'è poco da ridere quando ci si sente (tutto insieme!) imbarazzate, impermalosite, un po' ridicole e servilmente ansiose di fare buona impressione. Ma una volta rotto il ghiaccio e subito l'esame, il peggio è passato.

Qualche disturbo può verificarsi nella coppia se l'aspirante nuora viene «rimandata»: qualcosa non è piaciuto o non ha convinto, e lei si sente umiliata e offesa. Poche cose feriscono l'amor proprio come la disapprovazione o l'antipatia, tanto più se ci eravamo prodigati per piacere: in casi come questi c'è la Grande Acrobata che si annienta, si prodiga, corre e blandisce pur di strappare l'applauso. Oppure la Grande Inflessibile che rifiuta il bis preferendo bocciare la famiglia di lui anziché ripresentarsi all'esame.

Siamo in entrambi i casi alla reazione macroscopica che fatalmente crea nella coppia tensioni, deconcentrazione e disagio. E, per di più, non aiuta neppure sul versante familiare. Qui bisogna ricordare che siamo sì costrette a «sposare» anche i parenti di lui, ma si tratta d'un matrimonio di convenienza che non richiede, salvo eccezioni, strette intimità nè profondi coinvolgimenti. È sufficiente stabilire un rapporto formalmente corretto in cui cortesia e buona creanza non vengano mai meno: la maggior parte dei nostri partner ci chiede in fondo soltanto questo: perché dare di più, soprattutto se non è neppure gradito?

La lontananza. Il servizio di leva, una trasferta, uno *stage* di lavoro o di studio possono imporre alla coppia un più o meno breve periodo di separazione. È una pausa di per sé benefica, in quanto ricarica e rilassa i partner che si sono fino ad allora estenuati in un appassionato rapporto di cannibalesca inseparabilità. Può trasformarsi in una trappola nei rari casi in cui la vocazione al melodramma è più forte della necessità di tregua. La persona rimasta a casa si ritrova improvvisamente annoiata e sola. Colpita dalla sindrome di Butterfly, anziché limitarsi ad aspettare il «fil di fumo» si butta nella recita dello strazio. Telefona, scrive, raggiunge, evoca fantasmi e incombe, col rischio di un finale a sorpresa: il suo Pinkerton, al ritorno, si affretta a pugnalarla.

Siamo al penoso caso limite, ma non è infrequente che un distacco forzato e mal vissuto abbia causato qualche grave sofferenza alla coppia.

L'insidia. Sperando che lei e lui non vivano un rapporto talmente chiuso che non riescano a entrarvi né ossigeno né altre persone, prendiamo in esame una coppia esemplare che ama l'intimità e le cene a due, ma non esclude il salto in discoteca o in pizzeria con gli amici. Il gruppo ha tra l'altro una funzione salutare: crea un'occasione di diversivo e aiuta a scaricare le tensioni, anche emotive, dei due innamorati. La passione, è risaputo, spinge a una «drammatizzazione» di sentimenti, gesti, malintesi e sfumature che proprio il rapporto con gli altri aiuta a ridimensionare.

Può tuttavia succedere che gli amici vengano «usati» come strumento d'offesa trasformando il gruppo in una insidia. In un momento di stasi emotiva, per esempio, lei può ostentatamente civettare con un altro sia per risvegliare l'interesse del partner sia per fare una rassicurante verifica del proprio potere seduttivo. Alla stessa rappresaglia, ancora più subdola, può ricorrere l'uomo: se la partner si è mostrata rigida, oppure ipercritica oppure poco compiacente, lui la «castiga» dimostrandole che gli basterebbe volerlo per trovare una ragazza più adorante e «morbida».

Il gioco della gelosia, sempre evocato, praticato e in agguato, può spingersi ancora oltre: separati da un litigio e dal solito orgoglio, lei o lui spingono la «drammatizzazione» ai limiti della rappresaglia estrema: allacciano un flirt punitivo con un'altra persona e un normale bisticcio diventa spesso una frattura che è davvero drammatico risanare.

Sciaguratamente la distruzione scatena quel che di eroico è in noi facendoci diventare esaltati, ciechi e inconsciamente smaniosi di epico annientamento. L'unica via di salvezza è tenersi ancorati alla «normalità». Da che mondo è mondo uomini e donne si incontrano, si piacciono, si accoppiano e perpetuano la specie umana senza che gli sia mai stato richiesto di essere giocolieri o aguzzini o martiri.

Per quanto «unica» la nostra storia possa sembrarci è sostanzialmente uguale a tutte le altre. La fantasia può suggerirci il tocco personale di qualche variante, l'emergenza può imporci qualche malizia, ma il segreto sta nel non esagerare. Dietro ogni conquista fallita, dietro ogni grande amore finito c'è sempre un eccesso di protagonismo e di dosi.

PARTE SECONDA

COME TENERSI STRETTO UN UOMO

INTRODUZIONE

Eccezion fatta per i cacciatori di dote, gli imbecilli e i suicidi, un uomo decide di sposarsi soltanto quando ha raggiunto la certezza di essersi innamorato della donna giusta per lui. Che per dargli una spintina noi ci siamo improvvisate fantasiste, giocoliere, psicologhe o streghe (vedi Parte Prima) non deve causarci alcuno scrupolo: lui ha guardato oltre ogni suggestione, fino a cercare o ipotizzare il peggio di noi. Ci ha spogliato freddamente degli orpelli e ha mirato all'essenziale. Il fatto che ci abbia scelto sta a significare che abbiamo superato l'esame.

Razionalmente ha deciso che valeva la pena investire su di noi responsabilità, sentimenti, lavoro, aspettative: il suo futuro, insomma. È questa, non dovremo dimenticarlo mai, la grande forza della moglie: mai più un uomo avrà la libertà, l'autocontrollo e il tempo per fare una scelta sentimentale altrettanto meditata. Lo scontento e la fatalità potranno spingerlo tra le braccia di un'altra, ma si tratterà di una attrazione passionale o cieca: la compagna che gli è teoricamente più congeniale è la moglie, proprio perché l'ha scelta con la mente oltre che con il cuore.

Il matrimonio entra in crisi solo se la donna, all'atto pratico, viene meno alle prerogative che l'hanno fatta razionalmente prescegliere: e ne consegue che per non perdere l'uomo che amiamo dobbiamo conservare l'immagine che egli si è fatto di noi. Non si aspetta assolutamente, ci mancherebbe! la perfezione: sa bene che siamo disordinate, brontolone, cocciute, impulsive, spendaccione e «illogiche», ma possediamo quel «qualcosa» che nella sua puntigliosa valutazione dei pro e dei contro ha travolto ogni perplessità.

Può essere l'allegria, o la generosità umana, o il fascino d'una autentica classe, o un temperamento appassionato e coraggioso: si tratta comunque del lato predominante di noi, quel «qualcosa» di essenziale e irresistibile che ci ha reso ideali ai suoi occhi e che non dobbiamo perdere.

I veri matrimoni, come dice Shakespeare, si fanno in cielo. Purtroppo però mariti e mogli debbono scendere coi piedi per terra e fare i conti con le fatiche e gli insulti del quotidiano. All'ineluttabilità di un «divino» disegno che fa apparire una coppia quasi predestinata, fatalmente subentra la verifica umana: giorno dopo giorno lei e lui toccano con mano se l'essersi incontrati è stato un dono oppure un brutto scherzo del cielo.

L'obiettività di questa verifica può essere malauguratamente disturbata da malumori, scontenti e abbagli che, come tranelli, attendono strada facendo la coppia. L'arte del vivere a due è essenzialmente questa: imparare a identificarli e ad aggirarli. Noi abbiamo più occhio dell'uomo, e c'è molto di vero nel detto che «è la donna a fare il buon matrimonio».

A dispetto di ogni parità, emotivamente lui è rimasto un sultano. Una volta che ci ha eletto a sue favorite, si siede aspettandosi gratificazioni e piaceri. Vediamo come darglieli senza rinunciare ai nostri. Come tenercelo senza diventare schiave: sono le «strategie di mantenimento» che ho imparato da migliaia di lettere, migliaia di storie che mi sono state raccontate. Mi hanno molto aiutato nei momenti di crisi, e nell'accingermi a illustrarvele ho la speranza (e la presunzione...) che possano aiutare anche noi.

CONVIVENZA: PRO E CONTRO

In senso lato, «i veri matrimoni si fanno in cielo» sta anche a significare che l'amore vero non ha bisogno di avalli, e un uomo e una donna possono sentirsi «sposati» anche senza essere andati in comune o in chiesa. Perché ciò avvenga debbono esistere però due presupposti. Il primo: che lei e lui abbiano concordemente fatto questa scelta.

Nella vita di coppia si è talvolta infelici da soli, a causa di frustrazioni o crisi che l'altro può non conoscere e non aver provocato. Ma per sentirsi felici bisogna, sempre, essere in due. Questa grande verità vale anche per la convivenza: se uno dei partner è stato costretto ad accettarla come compromesso o ripiego, è difficile che la viva con disinvoltura e abbandono. Lo scontento è in agguato, la tentazione di «forzare la mano» imperiosa: con tutte le conseguenze che possono derivarne.

Il secondo presupposto per sentirsi «sposati» è che né lei né lui abbiano scelto la convivenza come forma di matrimonio provvisorio, con porte e finestre tenute aperte per ogni tentazione di fuga: viviamo insieme finché ci amiamo, finché il legame resta stimolante, finché abbiamo voglia di farlo. Siamo alla cieca utopia, in quanto i sentimenti e gli stimoli non cadono dal cielo come la manna: ci vuole la consapevolezza delle inevitabili pause, ed è indispensabile l'impiego di far sopravvivere il rapporto a routine e crisi. In caso contrario, più che a un matrimonio la convivenza somiglia a un'avventura prolungata.

Non si ripeterà mai abbastanza che nelle scelte di cuore non esistono garanzie. E la libera convivenza, anche se questi due presupposti sono rispettati, è comunque più rischiosa del legame legalizzato perché gli attentanti non vengono soltanto dall'interno della coppia, ma anche dall'esterno. Per quanto evoluto sia il contesto sociale a cui lei e lui appartengono, e per quanto mentalmente aperte siano le rispettive famiglie, si registra sempre il caso isolato del collega conformista o della parente arretrata che continuano a discriminare tra convivente e coniugata.

L'uomo, a dispetto del suo connaturato conformismo, in casi come questi mostra una eccezionale indifferenza: per lui il matrimonio non ha mai rappresentato un mezzo per affermare la propria identità o ottenere uno «status» sociale. Non lo rappresenta più neppure per la donna: ma non bisogna dimenticare che la coppia deve fare i conti anche con l'inconscio e le scorie di vecchie culture.

In un rapporto di convivenza lui è comunque privilegiato, sia perché è un modo di vivere che gli è psicologicamente più facile, sia perché agli occhi di certa società perpetua il ruolo di maschio predonesco e furbetto: soprattutto se vive con una donna molto bella o molto prestigiosa, conoscenti e amici saranno sempre portati a pensare «che bravo, è riuscito ad avere il meglio senza pagarne il prezzo».

Purtroppo, in un'ottica al femminile, il discorso si capovolge. Se è lei a convivere con un uomo in qualche modo invidiabile, può esservi il sospetto che non è riuscita a farlo completamente suo; e sta di fatto che le donne spostate hanno sempre un atteggiamento di impercettibile superiorità e inconsapevole compassione per le amiche che hanno un rapporto non legalizzato.

Esistono ovviamente le situazioni eccezionali: se la donna ha una personalità intimidatoria, ossia è talmente emancipata, intelligente e sicura da essere concordemente ritenuta il partner-leader della coppia, potrà addirittura essere invidiata. È la padrona del gioco; quella che «tiene in pugno» l'uomo che ama senza dovergli sacrificare la libertà; quella che trova divertenti, anziché umilianti, le puntualizzazioni o le maliziose gomitatine della parente arretrata che continua a distinguere.

Ma, perché ciò avvenga, deve essere *realmente* superiore: alla parente, alle convenzioni, al timore di essere abbandonata. *Realmente* deve preferire la convivenza al matrimonio. E qui le donne «comuni» potranno chiedersi perché e in nome di quali vantaggi. Giusto interrogativo: un corretto rapporto, anche se libero, comporta identiche fatiche e identici doveri (compreso quello della fedeltà) senza offrire la contropartita di alcuna tutela o garanzia.

Benché da anni si parli di dare un'entità giuridica ai «coniugi di fatto», riconoscendo soprattutto alla donna quei fondamentali diritti che le derivano dall'aver praticamente assolto a tutti i doveri di moglie, nulla di concreto è stato finora fatto. Salvo alcune sentenze che, di caso in caso, hanno riconosciuto all'amante abbandonata il diritto a un assegno alimentare o a quella rimasta di fatto vedova la possibilità di subentrare al contratto d'affitto a lui intestato, il rapporto è affidato alla coppia che lo vive e che può in qualunque momento, senza sottostare ad alcuna formalità o dovere, spezzarlo.

All'apparenza, perciò, una donna che preferisce questo modo di vita a due può apparire una masochista o una irresponsabile. In realtà una «convenienza» esiste, ed è di natura psicologica. E qui torniamo all'esemplare femminile emancipato, mentalmente autonomo e spesso economicamente autosufficiente che è il personaggio-leader della coppia. La tutela della legge non le serve, in quanto può in ogni senso «sopravvivere» alla perdita del partner.

E la scelta di non sposarsi è una affermazione estrema di autonomia a cui non è estranea una inconsapevole sfida: io sono una donna libera e pertanto non avverto il dovere di sottostare alla convenzione di una cerimonia; io mi sono battuta per diventare responsabile di me stessa, e non voglio che codici o tribunali entrino nella quotidianità o nelle emergenze del mio privato; io sono talmente certa di aver scelto il compagno giusto da farmi apparire mortificante l'avallo del «pezzo di carta».

Per quanto tracotante o ingenuo questo comportamento possa apparire, è il solo che si concilia con un esasperato senso di libertà e di indipendenza. Questo tipo di donna non potrebbe tra l'altro mai vivere felicemente un matrimonio «legalizzato» in quanto ogni dovere le apparrebbe una costrizione o una limitazione. Non c'è però da stupirsi se, nel ruolo di convivente, può compiere sacrifici o gesti di abnegazione addirittura esagerati: la consapevolezza che nessuno glieli ha imposti e che, volendo, potrebbe sottrarvisi glieli rendono leggeri. E (particolare importantissimo!) vengono maggiormente apprezzati e riconosciuti dal suo compagno: il quale, a differenza del «solito» marito, non può ritenerli né scontati né dovuti.

Sta di fatto che il senso della libertà facilita l'armonia di queste coppie: stanno insieme con la consapevolezza di rinnovare quotidianamente una scelta felice, e si dedicano l'uno all'altra con l'euforizzante sensazione di non esservi costretti. Ma l'epica della libertà mal si concilia con le miserevoli restrizioni del quotidiano che, ahinoi, non risparmiano alcuna coppia. L'armonia di quelle non legalizzate più difficilmente regge alla cambiale in scadenza, al ridimensionamento del ménage imposto da un'emergenza, al meschino bisticcio per futili motivi, in quanto vanno ad attentare proprio alla peculiarità del rapporto: l'essere due individui «superiori» affrancati da condizionamenti e imposizioni esterne.

La prima insidia della coppia libera sta proprio in un eccesso di individualismo che per un malinteso senso di rispetto o per un esagerato culto dell'autonomia potrebbe spingere lei o lui a prendere decisioni importanti senza avervi sufficientemente coinvolto l'altra persona.

La seconda insidia sta nel sopravvalutare il proprio senso di sicurezza al punto da disattendere o perdere del tutto di vista i problemi pratici: per esempio, l'esigenza di un «libero» ma concreto approccio con l'aspetto finanziario. I conviventi, al pari degli sposati, possono investire i risparmi, acquistare una casa, avere un saldo attivo nel conto corrente: poiché, al pari degli sposati, anche loro potrebbero un giorno non andare più d'accordo e decidere di separarsi, il partner più debole deve premunirsi facendosi cointestare quanto moralmente o

... l'uomo... in casi come questi
mostra una eccezionale indifferenza...

praticamente gli spetta. La legge, non dimentichiamolo, non lo tutelerà in alcun modo dalle conseguenze di un atteggiamento nobilmente disinteressato.

E lo stesso discorso vale per la successione ereditaria: il tremendo dolore per la perdita della persona amata potrebbe essere avvilito dalle meschine manovre che, salvo rare eccezioni, i parenti legittimi avviano per mettere mano su tutto ciò che possono. Un partner responsabile dovrebbe spontaneamente mettere al riparo da questo la propria compagna (e viceversa!) con un testamento che, fatte salve le quote legittime, le riconosca i diritti di vera moglie, qual è stata, nella successione.

Non ritengo né inopportuno né di cattivo gusto che, nei casi di distrazione o latitanza, l'altra persona venga con franchezza invitata a questo gesto di amore e di prudenza. L'olocausto non paga, e alla lunga tutto ciò che uno dei due fa *contro* i propri diritti e le proprie esigenze ricade come un boomerang *contro* la coppia.

Capitolo due

LA CRISI DI ASSESTAMENTO

Sorpresa! Lui mangia tre volte al giorno: colazione pranzo e cena. Sorpresa! Lui depone ogni giorno nella cesta dei panni sporchi calzini, canottiera, mutande e camicia dando per scontato di ritrovarli puliti e in bell'ordine. Per quanto incredibile possa sembrare, proprio toccando con mano la scontatissima realtà del quotidiano la donna avverte la prima, confusa sensazione di scontento della vita a due.

Le cose che più divertivano e più piacevano cambiano dall'oggi al domani significato: il rituale del mangiare insieme (la cenetta a due, la pizza con gli amici, l'avventuroso girovagare alla ricerca della trattoria tipica o del localino speciale) diventa il dovere dei pasti quotidiani; quei pullover, quelle camicie e quei completi che per tanti mesi avevamo ammirato addosso a lui di colpo si trasformano in un corpo a corpo con grinze dispettose, righe ribelli, pelacci inamovibili.

Affermare, come lo scrittore William Somerset Maugham, che la maggior parte delle coppie prende coscienza al ritorno dal viaggio di nozze del madornale errore commesso sposandosi mi sembra francamente esagerato. Però un fondamento di verità c'è: l'assestamento della coppia ha inizio con uno scossone che si registra, appunto, nel momento in cui i neosposi fanno ingresso nella nuova casa.

Finita la stagione delle scomode intimità e degli abbracci rubati, hanno finalmente un nido d'amore arredato secondo i loro gusti: quasi sempre diversi da quelli dei rispettivi genitori. Lui, cresciuto tra i severi velluti e i mobili vecchiotti delle case medioborghesi, ha caldeggiato la scelta di un arredo caldo e funzionale; lei, che ha sempre criticato sua madre per la mania del ninnolo e del reperto di mercatini e robivecchi, ha dato il tocco della raffinata essenzialità.

Finito il viaggio di nozze, i nostri entrano in questo nido. Sollevandola tra le braccia per farle oltrepassare la soglia, il marito simbolicamente trasporta la moglie dal passato al futuro attraverso il varco del grande sogno che si è realizzato. Il momento ha una sua solennità. Una storia più o meno lunga di resistenze, baruffe, ostacoli, puntigli e passione era finalizzata a *questo* lieto fine: l'ingresso in *questa* casa.

Come lei e lui vi sono entrati, avvertono il classico calo di tensione di chi è arrivato al traguardo. Al relax psicologico si aggiungono le fatiche del viaggio e degli exploit sessuali: insomma, non sono all'altezza della solennità del momento. E al vago disagio si aggiunge l'impatto con l'estraneità, che può durare per parecchi giorni. Non vi è nulla di familiare e «vissuto» nel nido sognato e la giovane coppia vi si aggira con la sensazione di viverci da ospite, vagamente intimidita.

L'adattabilità di lui è provvidenziale: due settimane dopo si è liberato della suggestione e ha cominciato a allagare, spargere, buttare all'aria, allungare i piedi, arrotolare, schiacciare esattamente come faceva nella casa paterna. Solo che lì c'era Mammà ad asciugare, sprimacciare, riordinare e raccogliere mentre qui tocca a noi: e non sempre la scoperta del buon selvaggio che si celava nell'uomo amato è fonte di piacevolezza e allegria. Anzi: in alcuni momenti ci par quasi di odiarlo.

L'astiosità è addirittura irrefrenabile se si verifica il caso inverso: le disordinate siamo noi. Fu, a suo tempo, il caso mio. Inseguita e continuamente ripresa da una madre di grande ordine ed efficienza («spegni le luci», «hai rifatto il letto?», «la tua stanza è una bolgia», «metti via subito i libri», «pulisciti le scarpe» eccetera eccetera), consideravo l'aspetto tra i più positivi del matrimonio il diventare padrone di una casa nella quale poter lasciare le luci accese, i giornali sparsi, i cuscini per terra, e perché no?, anche due capelli nel lavabo.

Prima scoperta: forse nostra madre aveva ragione. Nel caos si sta male e ti impegni, agli inizi con scarsissimi risultati, per far violenza alla tua natura eseguendo tutte le cose che non ti era mai piaciuto fare.

Seconda scoperta: in nostro marito convivono Jekyll e Hyde, l'implacabile predicatore dell'ordine e il grande allagatore, colui che meschinamente ispeziona angoli e servizi alla ricerca della macchietta e del filino di polvere e colui che macchia, impolvera e sovverte. Jekyll esige il nido impeccabile, Hyde lo mette a soqquadro costringendoci a lottare contro il disordine su due fronti: il nostro e il suo.

Vivo da venticinque anni con un meraviglioso signore che ogni sera, rientrando, mette automaticamente al suo posto quel che gli sembra spostato. E dopo aver sollevato le acque per lavarsi le mani, riempito di briciole la cucina per farsi uno spuntino, buttato all'aria il cestone dei giornali per cercare il suo quotidiano, lanciato per aria un paio di cuscini, si sfila le scarpe per lo più fangose (fa il geologo) sul tappeto, e stremato si appisola sul divano in attesa dell'ora di cena.

Ho impiegato una ventina d'anni per rassegnarmi, e ancor oggi provo un raptus omicida quando con pazienza lui tenta di convincermi che io non riesco a distinguere tra *apparente* disordine (il suo) e *finto* ordine (il mio). Finto o no, mi costa a tutt'oggi una fatica enorme. E ripercorrendo il mio calvario, sull'onda di rabbiosi ricordi, sapete che vi dico? Forse Maugham non aveva del tutto torto affermando che la vita a due comincia con la sensazione di aver commesso l'errore di sposarsi.

Prima di realizzare che, a dispetto di tutto, è stata la scelta più felice della nostra vita bisogna superare la crisi d'impatto (con la nuova casa) e di assestamento (nella nuova dimensione di convivenza). È un percorso lastricato di insidie, perché giorno dopo giorno lei e lui aggiungono ai difetti originali quelli del ruolo di moglie e marito, che interpretano ancora da dilettanti.

L'adattamento comporta una serie di piccole lotte sotterranee: per difendere la propria individualità, per mantenere qualche spazio proprio, per far rispettare le proprie abitudini e per crearne di nuove in armonia con le esigenze e le aspettative di entrambi. Non vi è nulla di romantico, in questo processo, perché fatalmente emergono gli egoismi, le sottili provocazioni, le più o meno volontarie prevaricazioni.

Noi donne, dobbiamo ricordarlo, entriamo nel nido d'amore con qualche lunghezza di vantaggio. Per cominciare, lo organizziamo secondo modelli *nostri*: gli orari, i rituali, la cucina, la disposizione della biancheria sono quelli che abbiamo imparato a casa nostra e che trasferiamo pari pari nel nuovo ménage. A parte l'inedita fatica di dover provvedere in proprio, non abbiamo il trauma dell'adattamento. È nostro marito, cresciuto in un'altra famiglia e con abitudini diverse, che deve adattarsi al nostro modo di cucinare, di ordinare, di riporre, di far la spesa, di scegliere.

Che talvolta egli contesti o si spinga oltraggiosamente a farci osservare che sua madre faceva così o cosà non deve turbarci più di tanto: il poverino è semplicemente un po' confuso e sta tentando di difendere qualche posizione. Ma con esiti disperati: non esiste uomo normale (sempre da intendersi come uomo che normalmente s'incontra) che dopo cinque o dieci anni di matrimonio viva ancora nel rimpianto delle abitudini perdute. Al più ricorderà nostalgicamente quel tal piattino che non siamo mai riuscite a fargli bene come Mammà, e due volte all'anno correrà da lei a gustarselo. Oppure ce lo vedremo puntualmente comparire in tavola ogni volta che andremo a pranzo dalla suocera (il fatto che a noi possa non piacere è per lei del tutto irrilevante...).

Indubbiamente meno facile è sopportare che lui dia per scontato tutto quanto facciamo per svolgere al meglio, e molte volte compatibilmente con un lavoro extradomestico, il ruolo di padrone di casa. Il tenero partner che ci ripeteva ogni giorno quanto eravamo spiritose e irresistibili, sempre pronto a complimentarsi per la camicetta nuova o un nuovo taglio di capelli, sembra aver all'improvviso chiuso il rubinetto delle gratificazioni.

Quando approva, tace. Quando qualcosa non va, dolorosamente lo sottolinea: per il piccolo principe che «qualcosa non vada» è un'esperienza sbalorditiva, avendo avuto un'amorosa genitrice votata ai suoi *comfort* psicologici e materiali. Per di più, senza esigere contropartite o rinfacciare (privilegiata valvola di sfogo di frustrazioni o lagnanze era suo marito, ovvero il nostro povero suocero).

Vi è molto da arrabbiarsi, ma poco da stupirsi, che nostro marito sia disavvezzo a scorgere il sacrificio o l'atto d'amore in «servigi» che gli sono stati sempre resi come fossero diritti. Coraggio, amiche: posso dirvi per

...in alcuni momenti ci par quasi di odiarlo...

esperienza personale e di migliaia di vecchie mogli che con un pizzico di humour e di tolleranza ci si rassegna presto alla mancanza di applausi. E col tempo, addirittura, impareremo a gioire del complimento silenzioso: ogni volta che lui ci rimprovererà qualcosa, avremo l'esaltante conferma che quando tace intende esprimere il suo compiacimento per tutte le altre cose che gli vanno benissimo.

Il senno di poi non aiuta però a lenire le pene del presente, e l'inizio della convivenza è in questo senso un inesauribile vaso di Pandora. Le crisi di rigetto si alternano a quelle, assai meno razionalizzabili, di insoddisfazione e di timore. Vogliamo dire addirittura panico?

Catapultati nella routine, uomo e donna sono sopraffatti da incombenze e problemi che deconcentrano dai sentimenti e rarefanno la familiare atmosfera di magia. Persino il linguaggio si banalizza: quanto hai speso? Che cosa mangiamo? Ha telefonato il tuo collega. Ricordati la bolletta del telefono: la coppia parla più spesso per comunicare informazioni e richieste che non per esprimere emozioni e stati d'animo.

Angosciate alla sola idea che lo slancio amoroso possa essersi attenuato, noi donne sollecitiamo il famoso dialogo: dimenticando che la voglia di confidenza e abbandono non si può risvegliare artificiosamente e per l'astratto principio che «parlare fa bene». Occorrono lo stimolo emotivo, lo spunto concreto, l'atmosfera giusta: tutto ciò che esisteva fino a pochi giorni prima del matrimonio e che nei mesi successivi ci sembra sparito.

Si tratta in realtà di una semplice pausa. Le sensazioni sono un lusso dell'anima, e se l'anima è in lotta per la sopravvivenza oppure ridotta allo stremo da tensioni e stress (quelli, appunto, dell'adattamento) non è in grado di badare al superfluo. Il recupero avverrà in tempi tanto più brevi quanto meno avremo drammatizzato l'inevitabile crisi. Imparare l'amore soprattutto in questo caso significa conoscere l'insidia per non cascarvi.

Capitolo tre

IL FIGLIO «SBAGLIATO»

La gioia più grande, i mesi più dolci, il momento più bello, il cemento della coppia, le radici nel futuro... Non soltanto la Chiesa e la natura, ma anche il romantico collettivo finalizza il matrimonio alla procreazione esaltando la felicità e il potere di un figlio: gravidanza e parto compresi.

Il fatto che nell'ultimo decennio il calo demografico sia sceso fino a toccare la crescita zero non sta necessariamente a significare che il messaggio sia diventato meno suggestivo né che si sia corretto un approccio sbagliato con la maternità. Nel rifiuto temporaneo o definitivo di un figlio hanno via via giocato l'ideologia femminista, l'edonismo della coppia e la presa di coscienza di inadeguatezza al ruolo, spingendo a privilegiare altri valori ed altre suggestioni quali la libertà, il benessere, la carriera di lei, l'unione risparmiata da responsabilità e problemi ritenuti troppo gravosi.

Ma sino a che punto i condizionamenti del romantico collettivo sopravvivano, o siano in agguato, lo dimostrano sia i tardivi ripensamenti delle sempre più numerose primipare attempate, sia il business dell'«adozione selvaggia» e delle terapie antisterilitiche arrivate a sconfinare nella manipolazione e nella violenza alla natura.

Sono le conseguenze estreme di un dramma più o meno sommerso, ma comunque vissuto con esagerata frustrazione e rabbia: l'attesa di un figlio che non arriva. Una proiezione superficiale o distorta nel ruolo di genitori può causare i disturbi più gravi alla coppia: anche a quella che fin dall'inizio aveva concordemente deciso di non procreare. In molti più casi di quanto si creda è teoricamente una decisione di grande lucidità e buonsenso. Esistono unioni «narcisistiche» basate sulla complicità assoluta: lei e lui amano il matrimonio, ma non la famiglia; la lora creatività e i loro programmi sono stimolati dal «fare insieme»; hanno molte amicizie, molti interessi e non sopportano alcuna forma di costrizione. Assai spesso, all'origine di questa impostazione di vita, stanno una madre-chioccia, una famiglia severa, l'essere stati figli unici: più o meno repressi ed iperprotetti, lui e lei si sono sposati scegliendo inconsciamente un/una «partner d'evasione», e cioè la persona con cui fare, in modo armonioso e complice, tutto ciò che nella prima giovinezza non hanno potuto.

Il figlio è rifiutato da queste coppie in quanto vissuto come ritorno alle costrizioni e ai doveri. Una decisione teoricamente giusta, come si diceva. E tale può rivelarsi per sempre. Ma se il rifiuto non è stato sufficientemente meditato, e se i condizionamenti della famiglia d'origine hanno avuto un peso eccessivo, la crisi è inevitabile. E puntuale: si verifica infatti quando la donna entra in menopausa e la coppia, realizzando che la natura ha reso irrevocabile la volontaria infecondità, riscopre l'odiato stato di costrizione: non sono più «liberi», in quanto la libera scelta è diventata un'imposizione.

Può così instaurarsi il meccanismo perverso della ribellione, aggravato per la donna dai sensi di colpa: la «responsabile» è lei che non ha più l'età per riparare. E la mistica della maternità le sferra il colpo basso con quelle stesse suggestioni a suo tempo fermamente respinte. La difesa è una sola: rifiutarle con la ragione. Se una coppia è vissuta felicemente senza figli per dieci anni ed oltre, significa che non era votata al ruolo di padre e di madre e che a suo tempo (quando tutti i giochi erano aperti e si era perciò nelle condizioni migliori per valutare) è stata presa la decisione più giusta: senz'altro più razionale delle frustrazioni confuse e dei ripensamenti capziosi dell'ultima ora.

Il ripensamento può anche essere meditato: la coppia realizza prima della scadenza irrevocabile di non avvertire più il rifiuto del figlio ma, anzi, di essersi anno dopo anno avvicinata al desiderio di trasformare il rapporto a due in una famiglia. Uomo e donna hanno esaurito la loro voglia di libertà, gli interessi si sono fatti meno stimolanti e si sentono pronti per assumersi la loro parte di doveri dando a un figlio tutto l'amore di cui ha bisogno e diritto. Problemi non ve ne sono (a parte le doverose precauzioni di natura genetica e ginecologica) né risulta che una coppia «anziana» sia entrata in crisi per la rivoluzione che il piccolo despota ha portato nella loro esistenza: le gratificazioni sono tali da far subire senza eccessive fatiche i mutamenti di una lunga e collaudata routine.

I problemi sono invece gravi se la donna strumentalizza, intenzionalmente o inconsapevolmente, la maternità. Mi spiace dover imputare soltanto lei, ma l'obiettività lo esige: eccezion fatta per il megalomane che vuole perpetuare se stesso ed il ramo familiare nell'eternità, il maschio desidera diventare padre soltanto se ha un soddisfacente legame con la donna di cui è innamorato. Noi invece attribuiamo al figlio poteri ed oneri che non gli competono affatto. Possiamo volerlo per prolungare o ritrovare la giovinezza. Oppure per colmare le frustrazioni e la solitudine causate da un marito troppo concentrato sul lavoro. Oppure per tenere il partner legato a noi.

E qui le variazioni sul tema sono molte: c'è la donna che usa la maternità come arma contro la rivale che sta tentando di esautorarla, la donna convinta che un bambino sia la miglior terapia per un matrimonio disturbato da incomprensioni e crisi e quella, infine, che lo considera una specie di ricostituente contro il logorio della routine. Sono strumentalizzazioni rovinose perché il figlio gratifica soltanto le nature generose, e cioè quelle che traggono gioia nel dare: amore, dedizione, sicurezza, calore.

Diventare padri e madri significa aprire un conto corrente debitore a vita: esaurita l'età dei piccoli sorrisi e delle divertenti esibizioni a comando (fai ciao con la manina, da' un bacetto a papà, fammi vedere con le dita quanti anni hai) i nostri figli non faranno più nulla per noi, salvo ricambiare il nostro amore e darci una mano se ne avremo bisogno. Buon genitore è colui che, messo al mondo un essere umano, lo aiuta a recidere il cordone ombelicale e ad andare liberamente incontro alle proprie scelte, alle proprie aspirazioni e al proprio destino.

Occorre essere padri e madri ricchi d'amore per poterne dare senza sentirsi impoveriti: ecco perché i figli sono il cemento delle buone coppie e il colpo di grazia per quelle disarmoniche o in crisi. La fede nel «lieto evento» crolla dolorosamente non appena si registra che il neonato non è il messia e non compie miracoli: e se marito e moglie non sono realmente uniti, comincia fin dalle prime settimane la meschina contabilità della dedizione («tocca a te», «io ho già fatto»), l'aspro confronto della reciproche stanchezze («stasera sono a pezzi», «forse che io sono stata con le mani in mano tutto il giorno?»), il velenoso serpeggiare del ricatto («chi l'ha voluto questo figlio?», «mi ci hai costretta tu»).

E qui mi fermo. Scusate se mi sono dilungata, ma il primo segreto per tenere saldo un matrimonio è non imporgli una paternità che non gli è congeniale; e la sola speranza di superare una crisi è non infierirle il colpo mortale di una gravidanza usata come arma.

Accanto ai «figli sbagliati» può esistere anche un feticcio iniquo: quello del neonato inutilmente evocato, voluto, atteso. Torniamo all'antica suggestione del figlio che rinsalda e arricchisce, vissuta in modo tanto esasperato da far ritenere un matrimonio «sterile» soltanto perché l'amore non dà frutti.

Anche qui il discorso s'impone al femminile: siamo soprattutto noi donne a sentirci immalinconite e in colpa se una autentica vocazione alla maternità resta irrealizzata. L'urgenza del bambino è tale che molte giovanissime mogli entrano in crisi se il suo arrivo non si è annunciato entro il primo anno di nozze. La vista di una carrozzella provoca fitte di struggimento, la notizia che un'amica è incinta riempie d'invidia, la carezza che il partner fa a un nipotino crea giganteschi complessi d'inadeguatezza.

Aspettano il ciclo in un alternarsi di speranza e delusione, e vivono ogni mese il trauma di un «piccolo aborto». Lo stesso rapporto sessuale diventa teso e mortificante: l'infecondità è in qualche caso l'impotenza al femminile, in quanto causa alle donne le stesse sofferenze che l'uomo prova per la sua scarsa virilità.

Ho visto bellissimi matrimoni naufragare per le tensioni e i complessi che una moglie, frustrata nel suo istinto materno, ha riversato nella coppia finendo col perdere ogni amabilità. È un dramma inutile che mi ha sempre causato un profondo senso di angoscia e di rabbia. Due anni fa uno dei miei più cari amici, sposato da otto anni e sempre innamoratissimo, si lasciò coinvolgere in un'avventura. Era stremato dal corpo a corpo contro il muro di tristezza e di silenzio che la moglie aveva eretto, sorda a tutte le rassicurazioni di lui: non m'importa niente di un figlio, ho sposato te e mi basti.

A un certo punto il mio amico mi aveva pregato di intervenire con la moglie: partita con buoni propositi di sensibilità e delicatezza, ricordo che al termine di un pomeriggio di discussioni mi ero lasciata travolgere dal mio solito temperamento fervidamente inarrestabile, arrivando a insultarla.

Contemporaneamente, in toni più pacati, era intervenuto uno zio sacerdote di lui. E sembrava che qualcosa si fosse sbloccato quando, per un allucinante scherzo del destino, la ragazza con cui il mio amico aveva avuto, leggermente, un'avventura, gli annunciò di essere rimasta incinta e di non avere alcuna intenzione di abortire. Marito e moglie si separarono con infinita sofferenza, e fui coinvolta con tale violenza dalla violenza estrema che la stupidità aveva fatto al loro amore che, di getto, ne trassi lo spunto per un libro.

È *La storia spezzata*, il mio ultimo romanzo uscito in queste settimane e a cui ho voluto appassionatamente dare un lieto fine. Devo tanto alle donne e se una sola, leggendolo, capirà quale abbaglio sia rovinare un matrimonio per costruire un monumento d'infelicità al figlio mai nato avrò reso tutto l'amore di cui sono in debito.

Non è retorica, ma l'incapacità quasi fisica di rimanere neutrale di fronte a comportamenti folli. L'infecondità non rende sterile un amore, soprattutto perché l'attaccamento che l'uomo ha per la propria compagna è superiore alla vocazione paterna. Non escludo che la mancanza di un figlio possa amareggiare chi si è sposato con il proponimento di creare una famiglia, ma la psicologia maschile si arrende all'ineluttabilità perché rifugge dai drammi inutili ed è assai più adattabile della nostra. Col tempo tra le coppie sole si creano un affiatamento e una tenerezza che sublimano il sentimento paterno e materno e spingono a scorgere e a vivere gli aspetti positivi del rapporto a due: una maggior libertà, una concentrazione meno distratta sulla coppia, la mancanza di problemi legati alla crescita di un figlio. Chi non ha buttato nell'esistenza un essere umano può persino assistere, senza il cuore stretto, alla tragedia della Terra che sta morendo di violenza e di veleno: doversi preoccupare solamente di sé non è poco, credetemi, e a volte egoisticamente penso quanto meglio starei se non avessi due figlie e non dovessi pormi il problema di cosa accadrà dopo il 2036, anno entro cui sicuramente potrei godermi una meritata pace eterna!

IL FIGLIO «GIUSTO»

Bando alle tristezze: lasciamo la patologia e tuffiamoci allegramente nell'evento programmato, riuscito e lieto, l'attesa di un figlio. Nausee permettendo, durante la gravidanza viviamo i nostri momenti di gloria: i parenti ci coccolano, nostro marito ci adora, nostra madre telefona dieci volte al giorno per sapere se abbiamo bisogno di qualcosa e persino l'arcigna suocera dà impercettibili segni di avere un volto umano.

Benché nel pleistocene medio la mamma di Neanderthal già avesse vissuto la nostra avventura, in seguito ripercorsa da miliardi di donne, ci sentiamo come se la gravidanza l'avessimo inventata noi, in bilico tra le eroine ardimentose e le fragili malatine bisognose di attenzioni e cure. Mentre il pancione cresce amorosamente palpato dall'orgoglioso papà che vuol sentire «il movimento», e sapientemente valutato dalla vecchia zia che sa «leggere» nell'arrotondamento (pancia a punta: maschio, pancia distesa: femmina) aspettiamo con ansia ugualmente crescente la data del parto. Nonostante ecografie e visite ginecologiche non autorizzino timori, ci capita di svegliarci nel cuore della notte e di rivoltarci nel letto in preda agli incubi: e se la creatura nascesse con una malformazione? Se avesse subito bisogno di un ricambio del sangue o di un ardito intervento al cuore?

Inutilmente tentiamo di coinvolgere il serafico papà:

a occhi chiusi, con voce impastata dal sonno, borbotta qualcosa di incomprensibile tra cui distinguiamo un «dormi, non dire sciocchezze». E non è che quando è sveglio vada meglio: i nostri timori sono «illogici» (tanto per cambiare) e si rifiuta di ascoltarci. Tre giorni prima del parto il timore è diventato panico, grazie anche alla sensibile amica o all'immancabile parente esperta che ci ha raccontato storie di straordinari travagli e di spaventose complicazioni: forse per ridimensionare un protagonismo che inconsapevolmente ci invidiano?

Ci sembra *impossibile* che tutto vada bene e che riusciamo a partorire, e ci appare sempre più offensivo il distacco che il partner mostra per le nostre angosce. Alle quali, non bastassero, si aggiunge il dilemma: farlo o no entrare in sala parto? Lui, generosamente si rimette a noi, desideroso di compiacerci e consapevole, come il ginecologo gli ha spiegato, che ogni donna ha al proposito una sensibilità e delle aspettative proprie.

Ben ricordando che alla vigilia del parto si hanno poche idee, e tutte affannate e confuse, permettetemi di darvi una mano: tenetene fuori vostro marito. So bene che una scuola di pensiero fervidamente sostiene la teoria che l'uomo ha il diritto e il dovere di essere coinvolto nella nascita del figlio, soffrendo con la propria donna e confortandola. Ma sento il dovere di dissuadervi. Non per evitare al poverino una sofferenza inutile (tanta delicatezza lasciamola a poche partorienti elette) ma per evitare a voi la sofferenza supplementare di un «assistente» del tutto pleonastico. Per quando possiamo amare nostro marito, in certi momenti abbiamo bisogno soltanto di concentrazione e libertà. La sola presenza che ci tranquillizza è quella dell'ostetrico, la sola voce che desideriamo ascoltare è la sua.

Ma anche se così non fosse, e l'idea di essere tenute per mano dal vostro compagno vi desse grande conforto, vi pregherei ugualmente di riflettere. Con buona pace delle naturiste, non vi è nulla di «naturale» o di bello nello spettacolo del parto. Il dolore è affannoso, i movimenti scomposti, la posizione sgraziata. Ho spesso pensato che la vera maledizione biblica sia questa: far coincidere l'evento più dolce e grandioso dell'esistenza femminile con l'esibizione più mortificante che il corpo è costretto a subire.

Un uomo sensibile e innamorato non nota certamente questo aspetto, ma gli si imprime nella mente una visione di sofferenza talvolta più raccapricciante di quanto sia in realtà. E tanto più è sensibile quanto più si sente, magari a livello inconscio, colpevole di averla arrecata alla donna che ama. In una coppia adulta il sesso è distensione, è conforto, è allegria: e mi ostino a pensare che possa essere a lungo disturbato da una esperienza di parto convissuta in nome di principi «politici» o di complicità romantica. Quel che è importante è che lui si dichiari disposto a conviverla: una volta tanto, è il pensiero che conta!

Ma usciamo dalla sala parto (spero da sole, e chiudiamo la parentesi) per ritornare in tre nel nido d'amore che avevamo lasciato con pancione e valigetta. L'adorato bambino, naturalmente sanissimo come papà aveva previsto, viene deposto nella sua culla addobbata a festa come un albero di Natale: sembra miracoloso, piccolo com'è, che riesca a succhiare, a respirare, a sopravvivere. La sua fragilità ci intenerisce e ci spaventa, e difatti corriamo ogni minuto a controllare che respiri, viva ancora e stia bene.

Bastano però due notti per farci capire che la creatura ha una struttura di ferro e polmoni d'acciaio: passa le pochissime ore tra una poppata e l'altra in un corpo a corpo contro il sonno esibendosi in tutte le gradazioni del pianto. «Forse non ha mangiato abbastanza», sentenzia nostro marito quando l'urlo aquilino lo strappa dal profondo riposo. (Altre varianti: «Sei sicura di averlo cambiato?». «Non è che ti sei dimenticata di fargli fare il ruttino?»).

Ovviamente ha mangiato. È stato cambiato. Ha fatto i regolamentari ruttini, compreso quello finale, eufemisticamente definito «buono». Nella incessante spola tra lettone e lettino abbiamo provato a cambiarlo di nuovo, a dargli un rinforzino di latte, a sollecitare un supplemento di ruttino e persino (orrore! orrore!) a cacciargli in bocca il succhiotto: siamo talmente abbruttite dalla stanchezza da farci apparire cosa da poco la possibilità che egli perda i futuri dentini o gli si malformi la mandibola, come sta scritto nel manualino pediatrico.

Alle sette e mezzo, quando il principe padre si alza, la creatura è crollata. «Mettiti a dormire anche tu, che cosa devi fare?», ci invita generosamente infilandosi il soprabito per andare in ufficio. Siamo fortunatamente troppo stanche per ucciderlo. Il raptus omicida si risveglia nel corso della giornata, mentre facciamo avanti e indietro dalla porta al lettino per ricevere e congedare il corteo di parenti e amici che vengono a rendere omaggio all'erede. Il piccolo criminale, che ha scambiato il giorno per la notte, dorme profondamente tra pizzi e lane. «È un angelo, sei proprio fortunata», sussurrano, rapiti, i visitatori.

È generalmente attorno al primo mese che troviamo la forza di fare un primo inventario dei danni. Il nido d'amore confortevole e lindo sembra diventato l'ostello di Attila: il colpo d'occhio è di totale caos, e passando al particolare si nota che ogni mobile e ogni scaffale è diventato punto d'appoggio per biberon, golfini impilati, pappe, panni, scatole di suppostine ecc. ecc.

La nostra faccia fa paura, almeno a noi che ricordiamo com'era quando avevamo tempo di dormire, truccarci, fare la maschera idratante, andare dal parrucchiere. E dove sono finite la nostra vivacità e la nostra intelligenza? Leggiamo soltanto libri di puericultura e non riusciamo a concentrarci altro che su orari, pesate, cambi: il massimo dell'esaltazione è appurare che il principino si è scaricato puntualmente lasciando nel pannolone reperti dal colore e dalla consistenza desiderati.

Ma il danno più doloroso, anche se meno appariscente, è quello che ha accusato l'intimità di coppia. Il dialogo sembra avviato a un inesorabile degrado: dalla funzionalità è passato alla sciatteria («Com'è andata oggi?», «Ti vedo un po' stanca», «È venuto qualcuno a trovarti?»). Salvo animarsi se la creaturina ha accusato durante la giornata qualche strappo alla routine fisiologica, tipo un rigurgito, un cambio senza reperti, una crisi di singhiozzo.

I rapporti sessuali, intiepiditi da stanchezza e mancanza di stimoli mentali, sono vivacizzati da un giochino cui il Kamasutra non fa cenno: la caccia al succhiotto. Superato l'iniziale rigetto il bebè se l'è come incor-

... "com'è andata oggi?
ti vedo un po' stanca...

porato, e lancia urli disperati se si sveglia a labbra vuote. Ed eccoci scivolare giù dal letto per iniziare la ricerca: una notte il ciuccio è finito sotto il cuscino, un'altra si è infilato tra i lenzuolini, un'altra ancora è volato ai piedi della culla: il piccolo Houdini non esegue mai lanci identici e prevedibili.

Può darsi che io esageri, ed è possibile. Ma cercate di capirmi: ho avuto due gemelle, vale a dire doppie poppate, doppi ciucci, doppi cambi, doppio tutto. Per di più, le due si facevano in quattro per affermare il loro diritto a strillare, star sveglie, monopolizzare. Assai prima di Piero Angela scoprii che il neonato è un adulto con una personalità già formata, ben consapevole di ciò che vuole: e l'unione di due volontà può distruggerti.

Certamente, e qui non esagero, anche il migliore dei neonati arreca il peggiore dei disturbi alla coppia: dal ruolo di coniugi uomo e donna passano a quello di genitori, e per un certo periodo sentimenti e quotidianità sono rivoluzionati dal figlio. Una forte vocazione paterna e materna (meglio se unita a una buona resistenza fisica...) può rendere le gratificazioni superiori al sacrificio, ed è indubbio che a dispetto di tutto l'esperienza di crescere un bambino è tra le più tenere e felici della vita.

Ma all'inizio uomo e donna sono comunque deconcentrati da loro stessi e disturbati nella loro intimità, in quanto tutta l'emotività è rivolta al piccolo. Si avverta o meno, la piccola crisi c'è: e non è un caso che molti matrimoni logorati da incomprensioni e abitudine si spezzino proprio dopo l'arrivo del secondo o terzo figlio, quando non esistono risorse sentimentali sufficienti per riannodare l'esile filo che prima teneva uniti.

Per le buone coppie, invece, si tratta solo di un periodo critico, facilmente e rapidamente superabile. Se è vero che un figlio non ha mai salvato un matrimonio in crisi, è altrettanto vero che non ha mai messo in crisi un felice matrimonio: non appena il bebè avrà raggiunto un suo equilibrio (nel sonno, nei pasti e nell'adattamento alla routine) marito e moglie riscopriranno l'attrazione, il dialogo, la gelosia, la gioia dei futili litigi e delle appassionate riconciliazioni.

Nel frattempo l'arma di difesa è una sola: accettare

tutto l'aiuto che ci viene offerto, e da chiunque, facendo violenza a quel misto di protagonismo, gelosia e angoscia che ci fa ritenere indispensabili alla sopravvivenza del nostro piccolo.

Capitolo cinque

L'ARTE DEL LITIGIO

L'amore non è bello se non è litigarello. Amor senza baruffa fa la muffa. Chi non bisticcia presto s'impiccia: canzonette e proverbi da sempre esaltano il potere terapeutico del litigio, ed è incontestabile che rimarcare, contestare e condannare aiuta la coppia a conoscersi meglio e a correggere quei comportamenti che andrebbero a urtare suscettibilità particolari.

Ma noi donne andiamo oltre: provochiamo l'occasione di scontro, con motivi pretestuosi, anche quando non vi sarebbe nulla da stigmatizzare. A differenza del maschio, la bonaccia ci provoca una vaga inquietudine perché secondo un'antica cultura sentimentale gli uomini amano soprattutto le femmine che li fanno soffrire: e vedere il nostro sposo tranquillo e sicuro di noi ci deprime e ci allarma.

Così ci attacchiamo a una parola, a un gesto per stimolare in lui la sofferenza artificiosa. E il poverino, anima semplice, subito abbocca: vederlo annaspare con aria mortificata, a intuire dalle sue ansiose richieste di essere più esplicite quanto grande è la sua paura di perderci, ci dà un esaltante senso di sicurezza.

La riconciliazione è l'acme della felicità: restituisce al rapporto sessuale l'originario ardore e a quello di coppia una nuova carica di stimoli. Mi guardo bene dall'invitarvi a usare il bisticcio con cautela: litigate pure quando vi serve e quando vi sentite ispirate. Con una sola avvertenza: imparate fin dall'inizio a distinguere tra i falsi ed i veri litigi.

I primi, proprio perché artificiosi, possono essere controllati e strumentalizzati al fine che ci si propone: sono perciò *comunque* costruttivi. Spesso lo sono anche quelli che esplodono per nervosismo, per un malinteso, per una reale «provocazione»: passata la tempesta si chiarisce e ci si riconcilia con passione.

I litigi *brutti*, che deprimono e lasciano un segno, sono quelli che avvengono per rissosità, per dar sfogo a un sotterraneo e inspiegabile senso di rancore (succede di avvertirlo!) per «mettere a punto» con spropositato fervore banali controversie o futili incidenti del quotidiano. Si parte dal particolare, con i toni pacati della stizza repressa, e ci si ritrova a percorrere coi toni alti della furia i Temi Universali della vita di coppia: volano le parole cattive, le accuse incontrollate, le insinuazioni maligne e si abbattono le censure del pudore e dello stile.

I litigi più pericolosi, e purtroppo più frequenti, sono quelli che esplodono per problemi di denaro. Inesperienza nella gestione del budget domestico, spese fatte con allegra leggerezza per arredare e abbellire la casa, l'eventuale acquisto della casa stessa possono creare alla giovane coppia una situazione di obiettiva difficoltà. Non vi è nulla di più avvilente di una cambiale che scade, una rata che incombe, una emergenza a cui non si è in grado di far fronte. La preoccupazione di procurare il denaro necessario diventa incombente e toglie la voglia di parlare, di fare l'amore, di stare insieme. Marito e moglie, perduta la forza delle intime complicità, debbono fare i conti con i primi problemi concreti della vita a due: quelli economici, appunto.

Dalla grandiosità dei sentimenti si trovano catapultati alla meschinità del quotidiano: e si sentono spiazzati e avviliti. Ciascuno tende a incolpare l'altro di questo «degrado», ed emergono le riserve e gli scontenti. Lei accusa lui di non essere abbastanza ambizioso e intraprendente per far carriera, lui rimprovera lei di essere megalomane, consumista e priva di autentici valori.

Sono scontri assolutamente inutili, in quanto non è bisticciando che si trova la somma necessaria per risolvere il problema. Ma proprio la consapevolezza di non poter fare concretamente nulla (se non ricorrere a un parente o alla banca per un prestito) spinge uomo e donna ad avventurarsi là dove gli spunti concreti non mancano: e cioè sul terreno dei comportamenti, dei valori, della vita a due. Si scaricano le frustrazioni e l'impotenza sparando all'impazzata sul bersaglio sbagliato, e ne deriva un litigio sbagliato che lascerà il seme dell'astiosità e del rancore.

Far pace è, poi, difficile: le belle e appassionate riconciliazioni esigono il presupposto di litigi stimolanti e costruttivi. E nulla è invece rovinoso come andare a colpire, con cieca furia, i lati deboli e le fragilità del partner. Esistono riserve che non si debbono rivelare mai, accuse che non bisogna mai fare anche se rispondono a verità: l'eccesso di franchezza è il peggior killer dei sentimenti in quanto colpisce a morte la sicurezza, il narcisismo, l'amor proprio dell'altra persona.

Smascherato dalla esagerata o lucida analisi, il partner non solo si sente umiliato, ma capisce di aver perduto ai nostri occhi ogni potere seduttivo: c'è quello che reagisce partendo alla caccia di altre rassicurazioni (i mariti infedeli sono spesso dei narcisisti frustrati) e c'è quello che col tempo si rassegna a essere stato «ridimensionato»: ma, perso per perso, rinuncerà a ogni sforzo per continuare a sedurci e a piacerci.

Non appartengo a quella scuola di creativi secondo i quali il matrimonio va «reinventato» ogni giorno. Il rapporto di coppia è fatto di quotidianità, sentimenti stabili e malintesi incidentali, tutti elementi che lasciano poco spazio a fantasie imprenditoriali: meglio applicarsi nella salvaguardia dell'armonia che non nel rimpasto.

E qui vorrei aprire una parentesi che piacerà molto alle romantiche. Sono fermamente persuasa che i grandi amori non finiscono mai. A ciascuno di noi, uomo o donna che sia, corrisponde una persona ideale, quella che le nostre nonne definivano «la mezza mela»: a qualche privilegiato capita di incontrarla. E metà delle sofferenze e dei fallimenti sentimentali sarebbero evitati se avessimo il coraggio di lasciarci andare alla «verità del cuore» e capire che solamente con quella persona potremmo realizzare tutte le nostre aspettative. Capita invece che la «mezza mela» sia a portata di mano e per viltà o paura non riusciamo a coglierla.

Non sempre, per fortuna, è così: a più uomini e donne di quanto si creda capita il doppio privilegio di incontrare la persona giusta e di volerla a ogni costo. Il grande amore è questo. Nella coppia si crea un'atmosfera di affiatamento, benessere e abbandono che la racchiude in una specie di magico alone: nessuno scontento e nessuna tentazione può penetrarlo, e neppure la più irresistibile delle donne potrebbe sedurre un uomo che vive accanto a un'altra in uno stato di grazia.

In teoria, i sentimenti profondi non soltanto dovrebbero durare per sempre, ma conservare nel tempo questo alone di impenetrabilità. Se in pratica ciò non sempre avviene è perché abbiamo mancato noi. L'amore vero ha una salute di ferro, e può sopravvivere ad abitudini, problemi, fatiche, insidie e attentati: ma se gli sferriamo il colpo micidiale, muore. E a volte si spegne lentamente perché all'arma assassina abbiamo preferito lo stillicidio delle piccole dosi di veleno.

I brutti litigi sono, di tutti i veleni, il più micidiale perché non vengono mai seguiti dalla gioia liberatoria di una autentica riconciliazione: vi sono accuse ed esplosioni d'ira che non possono essere giustificate né chiarite; qualche volta neppure perdonate. Più che alla pace, dopo qualche giorno di silenziosa tensione si arriva a un cortese disgelo: si torna a parlare e a comportarsi come se nulla fosse accaduto, ma rimane la scalfittura.

E se i brutti litigi si ripetono, non soltanto la scalfittura diventa una crepa, ma la coppia *si abitua* all'aggressività e *si adatta* alla mancanza di chiarificazioni liberatorie. Vera o artificiosa che sia, la baruffa esige sempre il ritorno all'armonia: anche la riconciliazione è un'arte e una volta avvenuta nella coppia non deve rimanere alcun dubbio inespresso, alcuna zona d'ombra.

A una rappacificazione frettolosa e formale è senz'altro preferibile qualche ora (o giorno) di ostentato mutismo e di palesi comportamenti di distacco: marito e moglie sono consapevoli di vivere un'emergenza, ne avvertono tutto il disagio e non aspettano altro che il momento opportuno per uscirne. Ma se per quieto vivere o per un malinteso pudore si limitano a rompere il ghiaccio

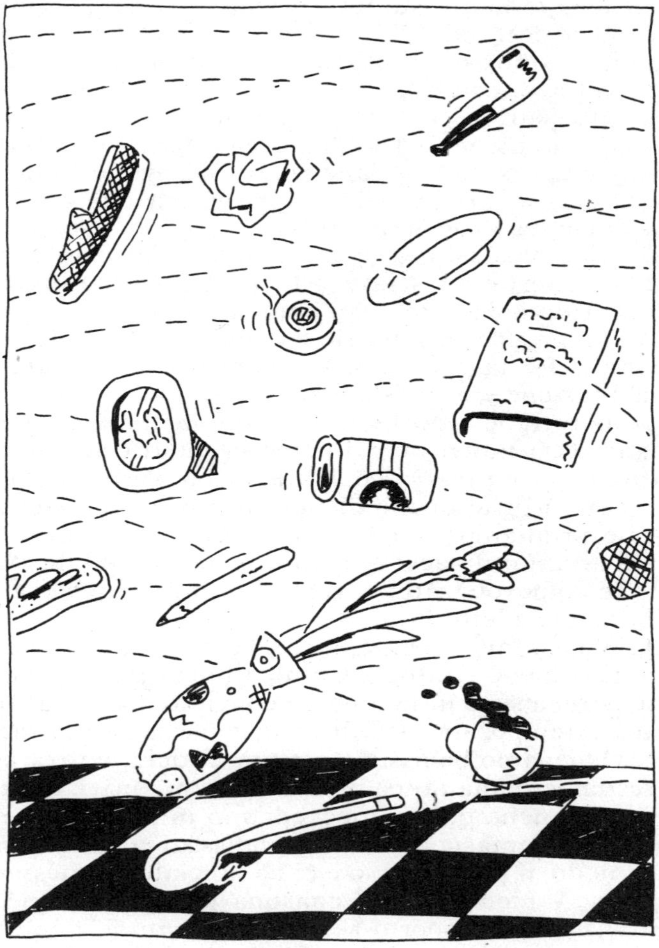

... litigate pure quando vi serve
e quando vi sentite ispirate...

solo formalmente, il disagio diventerà cronico e la qualità del loro rapporto subirà lite dopo lite un inesorabile degrado. Adattarsi all'emergenza è grave perché si diventa insensibili ai pericoli e ai trabocchetti di cui la vita di coppia è costellata.

Però l'accurata chiarificazione non deve essere tardata troppo: qualche giorno di sostenutezza è accettabile, e in alcuni casi anche funzionale (il partner colpevole trae la giusta lezione dal «castigo»), ma qualche settimana diventa un eccesso di offesa-difesa. Noi donne, ammettiamolo, siamo generalmente più suscettibili e perciò più restie a lasciarci andare. Tendiamo insomma a tirare troppo la corda, col risultato che il nostro uomo smette di prenderci sul serio e quando finalmente ci decidiamo a far la pace la tensione emotiva è caduta e la riconciliazione è senza slancio.

Come tutte le «vecchie» mogli sanno, nulla inquieta e infastidisce i nostri mariti come la guerra del silenzio. Abituato a sentirci raccontare, brontolare, parlare e buttar fuori tutto quello che pensiamo, nel momento in cui ci esprimiamo a monosillabi o stiamo del tutto zitte gli appariamo minacciosamente incomprensibili. Allarmato (e colpevolizzato) vorrebbe subito far pace: e preferibilmente a letto.

Quello è, atavicamente, il campo di battaglia in cui si sente padrone e stratega. Come allunga un braccio per avvicinarci a sé, è intimamente convinto d'aver fatto, allo stesso tempo, un atto di contrizione e la mossa vincente. Facciamo benissimo a ritirarci dalla nostra parte e a respingere una rappacificazione tanto priva di fantasia: però, anche qui, non eccediamo in scorbutichezza. Lui (che di fantasia amorosa ne ha assai poca!) ha fatto, a suo modo, il primo passo e ci ha lanciato un messaggio di pace. A modo nostro, con una spiegazione più costruttiva di un rapporto sessuale riparatore, dobbiamo accelerare i tempi. Non facendolo, e cioè continuando a respingere le sue *avance*, lo feriremo molto più profondamente di quanto pensiamo. Il maschio due cose non accetta proprio: essere contestato dai capi come lavoratore e dalla partner come amante. (Il che equivale a dire che non accetta contestazioni!).

Capitolo sei

L'ABITUDINE

In molte parrocchie è fatto obbligo ai fidanzati di seguire un corso preparatorio per potersi sposare religiosamente. Il sacerdote illustra loro l'importanza sacramentale del matrimonio, i doveri che si assumono reciprocamente e nei confronti della prole, la funzione del sesso, il significato della fedeltà, l'impegno a restare uniti nella buona e nella cattiva sorte «finché morte non separi».

Per le coppie che si sposano civilmente manca la solennità sacramentale ma vi è il medesimo richiamo ai doveri, fatto attraverso la lettura dei passi fondamentali del codice. Tuttavia, nel momento in cui lei e lui pronunciano il commosso «sì», nessun impegno appare gravoso; e i sacrifici, le fatiche, le tentazioni, le malattie, i problemi legati alla crescita dei figli sono vissuti in un'ottica di remota eventualità: pur sapendo bene che poche unioni ne sono del tutto risparmiate.

L'uomo, concretamente, si pone il solo problema di poter provvedere al mantenimento della famiglia che ha appena creato, e perciò di far carriera e guadagnare sempre di più. La donna, che comunque fa nel matrimonio l'investimento più coinvolgente della sua vita, proiettandosi avanti nel tempo di tutte le possibili insidie ne scorge solo una: la fine dello slancio amoroso.

Il suo timore è che lo stato di grazia svanisca e che all'allegria, alla tenerezza, al desiderio subentrino i silenzi di un rapporto ripetitivo e risaputo.

Nulla impietosisce e terrorizza una ragazza innamorata come la vista di una coppia che, al ristorante o al bar o a una festa, si guarda intorno e tace con l'aria di chi si è detto tutto e ha provato tutto: e se capitasse anche a me?, la nostra ragazza si chiede; se anche il mio matrimonio si trasformasse in una stanca abitudine?

Ecco la terribile parola e la grande imputata: abitudine. Provo una sensazione tra la mortificazione e il ridicolo nel dover affrontare per l'ennesima volta questo tema, ma coraggio: non è che quello del capitolo successivo sia un inedito! La verità è che barricate e crolli non hanno neppure scalfito il mondo dei sentimenti; sono mutati i comportamenti, le reazioni e le difese, ma ciò che «sentiamo» è sempre uguale e i nostri cuori rispondono a un abbiccì amoroso che non vuol saperne di cambiare.

Nell'87 uscirono in Usa ben duemilacento manuali che partendo da spunti diversi e con diverse analisi andavano a sfociare nei rapporti di sesso e di coppia: la sbalorditiva notizia è incoraggiante. A quanto pare, come diceva Victor Hugo, il cuore umano è più grande del cielo e in tale immensità continuiamo a smarrirci.

Prendiamo l'abitudine: sono certa, per tornare al pleistocene medio, che la moglie di Neanderthal già si poneva rozzamente il problema, tremando all'idea che la routine grotta-sopravvivenza potesse smorzare gli scimmieschi slanci del suo padrone. In un raptus di pazzesca presunzione vorrei darvi una mano a seppellire una volta per tutte lo spauracchio, ripetendo e spiegando per l'ennesima volta come esorcizzarlo.

«Abitudine», come il dizionario ci insegna, è un sinonimo di familiarizzazione e adattamento. In altre parole, una serie di esperienze acquisite e assimilate che ci portano col tempo a comportamenti ripetitivi. L'abitudinario altri non è se non un replicante che si muove entro i rassicuranti confini di ciò che gli è diventato familiare.

Se facciamo un passo indietro, ai giorni del primo incontro con il nostro uomo, tocchiamo con mano una curiosa ma disattesa realtà: le nostre tecniche per farlo capitolare stringi stringi avevano il solo fine di «avvezzarlo» alla nostra persona sollecitando in lui la consuetudine di telefonarci, incontrarci, stare con noi. L'attrazione diventa legame quando ci siamo reciprocamente «abituati» l'uno all'altra a tal punto da desiderare di ripetere il più spesso possibile il rituale del fare insieme e dello stare insieme.

Matrimonio o convivenza rappresentano l'esaltante apoteosi dell'abitudine: uomo e donna decidono, addirittura di volerla ripetere per sempre. Se questa ripetitività diventa col tempo deludente o noiosa significa che i partner non sono stati ai patti e hanno compiuto «variazioni sul tema» che l'altra persona non ha apprezzato. Voglio dire: smettiamola di imputare l'abitudine. Un'unione non naufragherebbe mai se la coppia replicasse all'infinito i comportamenti irresistibilmente familiari e seduttivi degli inizi.

È innegabile che la ripetitività è, in piccola parte, correa in quanto produce assuefazione e diminuisce l'impatto emotivo con una felice realtà che diventa scontata, e perciò priva dell'elemento sorpresa. È come se un fedelissimo del Totocalcio azzeccasse un tredici da duecento milioni ogni settimana: dopo la trecentesima volta non proverebbe certamente più l'esplosiva e incontenibile gioia delle prime, ma questo non significa affatto che smetta di apprezzare l'eccezionalità del suo destino.

Non credo che un miliardario provi brividi di emozione ogni volta che sale sulla sua barca o fa un salto nel suo chalet di Gstaad o esamina il bilancio di fine anno con i soliti numeri a molti zeri in attivo. L'essere umano è strutturato per adattarsi al peggio e abituarsi al meglio. Però provate a togliere al miliardario di cui sopra la sua barca, le sue case, le sue industrie fabbricasoldi: immediatamente piomberà nell'angoscia, e gli occorrerà molto tempo per adeguarsi alle traumatizzanti perdite.

È quanto avviene in una coppia felice. Le buone abitudini (alla complicità, al dialogo, al sesso, allo star bene) non sono più fonte di emozionante sorpresa: per ritrovare la stracitata tensione emotiva lei e lui dovrebbero provare la paura di una separazione o di una perdita.

Si suol affermare che con il passare degli anni l'amore diventa affetto: io direi, più precisamente, che diventa *anche* affetto, trasformandosi perciò in un sentimento assai più ricco e profondo. Due amanti che si lasciano, dopo un mese o un anno di furibonda passione, in breve tempo finiscono per dimenticarsi. Dopo essere stati l'uno per l'altra la persona più amata, quella a cui avrebbero sacrificato tutto e dato tutto, una volta che l'attrazione è finita diventano come due estranei: una cugina o una vecchia zia contano affettivamente assai di più della ex a suo tempo follemente amata.

L'affetto è l'optional che distingue i sentimenti di classe da quelli di serie, nonché il vero cemento della coppia. Il rispetto, la dedizione e la fedeltà nascono dal bene, e non dalla passione. Ma, come tutti gli optional, anche l'affetto ha un suo costo: sforzarci di creare all'interno della coppia *soltanto* abitudini felici. Lui ci vorrà bene se starà bene con noi: in caso contrario proverà scontento, rancore, voglia sotterranea di fuga. Il povero si sforza di star meglio, il travet di far carriera, il malato di guarire: una brutta condizione è sempre vissuta con la provvisorietà delle emergenze; e non è mai un marito felicemente «abituato» quello che si lascia tentare da un'altra donna o da un'esperienza a rischio.

Certamente l'affetto ha manifestazioni più sommesse e meno esaltanti della passione: e proprio per questo noi donne, che nell'essere appassionatamente amate abbiamo per secoli identificato il nostro solo potere, proviamo una certa frustrazione all'idea che il gesto folle diventi pensiero gentile, l'intrigante paura una tranquilla certezza, il brivido sconvolgente una tenera assuefazione.

Dimentichiamo ciò che il nostro partner sa invece benissimo: l'abitudine non spegne, bensì custodisce le grandi emozioni. Che sono come le braci sotto la cenere: basta una lontananza, un bisticcio, il fantasma di una persona «rivale» per ritrovare, intatti, il brivido e la voglia di far follie.

Provocarli artificiosamente è rischioso, soprattutto se si abusa dell'arma. Il maschio, non dimentichiamolo, ha la sindrome del risparmiatore: nulla lo tranquillizza come il capitale oculatamente investito, e nulla lo disturba come dovervi attingere per far fronte all'imprevisto. Ciò vale anche per i sentimenti: sposandosi ha come messo in banca la passione. È un deposito di cui è sempre consapevole, e questa consapevolezza lo fa star bene. Se lo costringiamo a uno sperpero emotivo per far fronte alle nostre provocazioni si sentirà spiazzato e irritato.

Fuor di metafora, a lui le belle abitudini piacciono, eccome. Dando per scontato di non poter vivere senza di noi e di esserci appassionatamente legato (il suo capitale) ama l'ordine, i rituali, i soliti piattini, la sua poltrona, la pennichella. Psicologicamente un po' handicappato, ama allungare la mano e trovare a colpo sicuro, *sempre* al solito posto, le camicie, i fazzoletti, il dopobarba, il quotidiano, le ciabatte. Un cambio di cassetto o un minimo spostamento gli appaiono segni di inaccettabile disordine (nostro).

La lezione da trarne? Fin dal ritorno dal viaggio di nozze tendiamogli il laccio dell'abitudine: creandogli spazi e comfort, ripetendo senza noia i comportamenti che più apprezza, avvezzandolo ai piccoli e grandi riti della quotidianità.

L'ho sempre sostenuto e lo ripeto: compiacere e (fingere di) servire un uomo è il mezzo più infallibile per renderlo schiavo.

LA DIFFERENZA D'ETÀ

In tempi non remoti, quando le affinità elettive e di *status* erano irrinunciabili per contrarre un matrimonio approvato da società e famiglia, alla sposa si richiedeva di avere *almeno* cinque anni meno dello sposo. Se erano dieci o quindici, tanto di guadagnato: non soltanto si perpetuava la soggezione della donna, che passava da un padre all'altro, ma tra le tante «superiorità» che il maschio poteva vantare vi era anche quella anagrafica, che gli consentiva di esercitare con maggior facilità il ruolo di padrone da obbedire e rispettare.

La più giovane età di lui era inoltre funzionale al suo ruolo, che era anche quello di riproduttrice: serviva infatti a garantire la produzione d'una famiglia numerosa prima che la natura ponesse termine alla stagione feconda. Non mancava, per finire, l'elemento voluttuario: poiché l'uomo godeva praticamente di eterna gioventù (al fascino del vigore subentrava quello delle tempie grige), gli si voleva dare una moglie che lo appagasse sessualmente il più a lungo possibile prima di imboccare, ahilei, il tunnel di una decrepitezza senza alcuna attrattiva.

Che le cose siano cambiate è superfluo sottolinearlo. Quel che l'industria della bellezza e la guerra femminista non sono riuscite a fare l'han fatto stress, ulcere e malattie cardiovascolari: il maschio oggi invecchia peggio della donna, muore prima e la prospettiva di una famiglia numerosa è per lui più un incubo che un sogno.

Un'analisi meno superficiale, peraltro doverosa, deve prendere atto che l'analfabeta uomo ha compiuto notevoli passi nell'acculturazione sentimentale. Qualità che prima gli sfuggivano e non chiedeva oggi possono apparirgli irresistibili: per esempio l'intelligenza, lo stile, la capacità di tenerezza oltre che di sacrificio. Benché i consensi non siano ancora plebiscitari, un buon manipolo di intrepidi mostra di apprezzare anche comportamenti e doti che solo da poco ci è concesso praticare: come l'autonomia mentale, la creatività, l'impegno, lo spirito d'indipendenza.

Insomma, questo maschio di fine millennio ha con l'universo femminile un approccio più colto, più rispettoso, più onesto d'un tempo: e la violenza, sessuale e non, può essere anche spiegata come il patologico soprassalto di una fauna mostruosa che si ribella a questo approccio di nuova «normalità». Eccezion fatta per i pedofili e i bifolchi mentali, non esiste oggi uomo che trovi nei documenti anagrafici il massimo motivo di attrazione e di stimolo sessuale.

Entro certi limiti (vogliamo dire una decina d'anni?) la valutazione dell'età è estremamente elastica e la differenza a sfavore della donna accettabile. Io ho tre anni più di mio marito, ma debbo fare mente locale per ricordarmelo. E credo che altri tre in più non farebbero gran differenza. I problemi si cominciano a porre quando si è molto vicine o parecchio oltre il limite dei dieci anni.

Parità vorrebbe che la donna di sessanta potesse sposare il trentenne con la stessa sicurezza e la stessa impunità di quando, assai più frequentemente, si verifica il caso inverso, e cioè è l'uomo ad avere trent'anni più della partner. Prima di entrare nel merito, vorrei fare una piccola premessa: personalmente disapprovo *tutte* le unioni anagraficamente troppo sperequate.

Essendo venuti a cadere sia la cultura maschilista sia quei presupposti che esigevano la sposa giovane, penso che giusta «parità» sarebbe contestare il vecchio che sposa la ragazzina, e non battersi perché anche a noi sia concessa la facoltà di commettere impunemente lo stesso sbaglio: che è, sostanzialmente, una scelta di sopraffazione e di egoismo.

Ripeto: è una mia opinione personale. Credo di essere invece obiettiva registrando una verità incontestabile: siamo soprattutto noi donne a porci il problema della differenza d'età, e perciò a rifiutare praticamente l'impunità e la sicurezza che in teoria potremmo avere. Talvolta con una scrupolosità esagerata e ridicola: ho ricevuto nel corso degli anni, anche recentissimi, lettere che descrivevano con autentica sofferenza l'amore «impossibile» per un partner di due o tre anni minore d'età.

Sono sempre stata, ovviamente, incoraggiante. E devo ammettere che ho cercato di rassicurare anche donne con una diversità più rimarchevole e incertezze assai più giustificate. Rifiutarsi alla gioia di un grande amore per il timore di infelicità future mi sembra, esistenzialmente, una scelta di malinconica saggezza e grande tracotanza. E qui, scusatemi, sono ricaduta nell'opinione personale: io sono per la filosofia del *carpe diem*, acchiappa tutto oggi perché il domani non ti appartiene. L'incertezza dei tempi in cui viviamo non autorizza purtroppo baldanzose certezze e grandiosi programmi futuri, e qui sono tornata all'obiettività.

Tuttavia nei casi limite titubare e ritrarsi non è paura da scacciare, ma autodifesa da incoraggiare. Se una donna di quarant'anni sposa un uomo di venti è *certo* che andrà incontro a gravi problemi con scadenza relativamente vicina. La felicità, brevissima, del presente, già arriva con il conto di delusioni e sofferenze che è saggio rifiutarsi di accettare. Temperamento masochistico o natura eroica possono mettere le ali ai piedi, ma mi guardo bene dal dare consigli a chi adora sbagliare e vivere rischiosamente.

Credo sia invece utile dare una mano a quelle di voi che non amano né gli eccessi di rischio né lo sconfinamento nel caso limite. Diciamo che avete sposato o convivete con un uomo che ha otto anni meno di voi: la classica disparità non abbastanza elevata per essere vissuta drammaticamente ma apprezzabile quanto basta per creare qualche giusto timore.

Inutilmente, durante il corteggiamento, lui vi ha ripetuto che la vostra età non gli importava nulla, che non è mai stato attratto dalle ragazzine, che le vostre titubanze gli sembravano ridicole. Vi ha rassicurata, presa in giro, contestata, travolta con tale appassionata sincerità che avete finito col cedere. Ma il disagio e i timori sono tutt'altro che spariti: più state bene col vostro partner e più volte vi trovate a chiedervi cosa accadrebbe il giorno che dovesse stancarsi di voi; più lui vi desidera e vi ripete quanto vi apprezza e vi ammira, più voi vi arrovellate nel dubbio che possa smettere di trovarvi amabile quando il tempo avrà appannato il vostro fascino.

Io quaranta lui trentadue, io cinquantacinque lui quarantasette, io sessantacinque lui cinquantasette... Vi ritrovate spesso a proiettarvi nel futuro, perdute nel puntiglioso gioco dei numeri e delle possibilità. E più avanti vi spingete, più le prospettive vi appaiono scoraggianti. Ciò è spiegabile.

Troppo spesso dimentichiamo che le rivoluzioni sovvertono regimi, consumi, costumi e persino valori, ma che occorrono decenni perché modifichino condizionamenti e culture. La rivoluzione femminista non fa eccezione: ha prodotto una donna dai comportamenti nuovi ma dalla struttura ibrida, ideologicamente avanzata ma in pratica frenata da secolari soggezioni.

Le barricate non creano retroterra, e a noi manca quello della superiorità e della sicurezza. Ci siamo date le certezze quasi coatte di una esaltante autocoscienza, ma nell'impatto con i sentimenti affiorano pregiudizi antichi: noi invecchiamo prima, la perdita della bellezza ci toglie potere, qualsiasi cretina, solo perché giovane, può rivelarsi una insidiosa rivale.

E qui sta il duplice sbaglio: non soltanto sottovalutiamo noi stesse, ma ci rifiutiamo di compiere un atto di fede in quel maschio che tanto ci siamo battute per cambiare. Ribadisco che sostanzialmente è rimasto il solito sultano legatissimo a sé e ai propri privilegi, però gli orizzonti del suo edonismo si sono fatti più sofisticati e vasti. Non è più il cavernicolo a caccia di carne fresca: come dicevo sopra, ha capito che una donna di grande personalità può dargli maggiori gratificazioni di una ragazza di grande giovinezza.

Non crediate che vi abbia voluta ciecamente, senza considerare i vostri anni in più: i suoi calcoli li ha fatti, eccome, e se ha deciso di vivere con voi è proprio perché è arrivato alla conclusione che gli convenivate. Che i pro erano di gran lunga superiori ai contro. Nessun uomo (e nessuna donna) è al riparo da tentazioni, e non è certo da escludere che tra cinque o dieci o quindici anni vostro marito possa essere attratto da un'altra: ma non per la sua giovinezza (qualità che ha dimostrato di non privilegiare) bensì perché ha riscontrato in lei «qualcosa» che non trova più in voi.

In questo senso, se posso osare, io credo che le donne di qualche anno maggiori del marito abbiano minori difficoltà nel mantenersi all'altezza delle sue aspettative. È evidente che sono state scelte per una «eccezionalità» che va oltre la bellezza (posso ripetermi? Mi riferisco alla determinazione, all'intelligenza, alla personalità, al carisma). Ora, è certamente più facile mantenersi determinate, intelligenti eccetera eccetera che non giovani, belle e graziosamente amabili. Il tempo attacca la facciata, non l'interno: e se non permetterete alla paura e ai complessi d'inferiorità di trasformarvi in tremebonde e stupide donnette, è assai probabile che vostro marito, abbia trentadue o cinquantadue anni, si ritenga appagato nella stessa misura dalla vostra «eccezionalità».

Salvo che a rimbambire non sia lui... Ma in questo caso, essere abbandonate sarebbe una gran fortuna!

Capitolo otto

LAVORO «RIVALE»

Cominciamo, per ragioni di cortesia e di anzianità storica, dal lavoro di lui. Come afferma Freud, l'uomo deve saper contemporaneamente lavorare e amare: il romantico pocofacente e il carrierista integrale sono due immaturi, o se preferite due squilibrati, in quanto non sono riusciti a conciliare il mondo dei doveri con quello dei sentimenti.

Sembra facile, e invece non lo è affatto: oggi meno che mai. La società industriale ha penalizzato i sentimenti: l'amore non dà carisma e Casanova sarebbe ritenuto ai giorni nostri un cretino. La religione del successo ha dato una mano alle esigenze produttive offrendo agli uomini (e da qualche tempo anche alle donne) un alibi per deconcentrarsi dagli affetti.

Quel che dapprima ci stupisce e in seguito ci fa inferocire è che questa deconcentrazione inizi subito dopo le nozze: il fidanzato premuroso e sempre disponibile dall'oggi al domani sembra travolto da una valanga di impegni. Forse che non lavorava anche prima? Eppure trovava sempre il tempo per un cinema, una cena, una passeggiata, un giro di spese. Il fatto che non riesca a trovarlo più ci sembra segno di trascuratezza. Come se lui affermasse: ti ho sposata, che cosa altro vuoi?

Orribile a dirsi, ma (sia pure in termini più cortesi e con concetti più mediati) è esattamente ciò che egli pensa. Il maschio non è un eclettico: si crea una scala di traguardi e, uno alla volta, si applica a tempo pieno per il loro raggiungimento. Bontà sua, ci ha messe al primo posto: e una volta che ci ha fatto sue, passa alla meta successiva. Il lavoro, appunto. Al quale desidera applicarsi con identico slancio.

Ecco perché vive le nostre lagnanze come una operazione di disturbo. Sa di volerci bene, è convinto in buona fede di darci il massimo che può, ritiene una parentesi chiusa la stagione del corteggiamento: che cosa ci manca per essere contente come lo è lui?

Più avanti negli anni, quando il nucleo si sarà ingrandito e gli faremo notare che i figli avrebbero bisogno di una figura paterna più incisiva e presente, ugualmente egli si stupirà. Se il guaio degli aerei è che vanno sempre su, quello della famiglia è che *comunque* va avanti: i figli crescono, tutti i giorni si va a tavola, ogni scadenza viene rispettata. Si è creata così, nel carrierista meno sensibile, una concezione quasi «spontaneistica» del nucleo familiare, che basta a se stesso, a differenza della professione bisognosa invece di presenza e cure per progredire.

Si sta per contro profilando, in numero sempre esiguo e con connotazioni psicologiche più complesse di un tempo, l'uomo che ha posto al vertice il mondo degli affetti con tutti i valori, le incombenze, gli interessi che vi ruotano attorno. Vive il lavoro come il doveroso prezzo da pagare per coltivare più autentiche passioni e pertanto non ha ambizioni né frustrazioni: il suo posto preferito è la casa, e agli inizi della vita a due è molto gratificante scoprire quanto collaborativo ed efficiente è l'uomo che abbiamo sposato.

Lo avevamo intuito anche prima, ma certo non immaginavamo fino a qual punto. Ci sveglia premurosamente con un caffè e prima di andare in ufficio ha già lavato la caffettiera e le stoviglie nonché annotato con gentilezza sulla lavagnina che mancano l'ammorbidente e l'aceto di mele. Non ha mai straordinari o trasferte che lo allontanino da noi: è felice di accompagnarci dal parrucchiere, a far visita a nostra madre, in palestra o al cinema, ma il massimo è per lui il supermercato. Lista alla mano, si aggira tra scaffali e offerte speciali con gesti sicuri e scelte esperte. Ama cucinare, riparare, creare spazi sempre più funzionali perché ogni cosa abbia il suo posto.

Se ci vede fare qualcosa di sbagliato, anziché rimproverare ci mette gentilmente da parte e si sostituisce a noi. È vigile, scrupoloso e non gli sfugge nulla: come spostiamo una sedia, immediatamente se ne accorge. Bisogna dargli atto che registra anche il nostro più piccolo malumore, la nota di impercettibile polemica in una risposta, l'attimo di stanchezza: è infatti un partner sensibile, pieno di piccoli e grandi pensieri.

Quando restiamo incinte del primo figlio corre a comprare libri e manuali con le... istruzioni per l'uso, osservando con dolorosa sorpresa che non esiste alcuna guida per iniziare l'uomo al mestiere di padre. Esegue con noi la ginnastica preparatoria e gli esercizi di respirazione, si preoccupa della nostra alimentazione e del nostro riposo, e va da sé che arrivata l'ora del lieto evento vuole assolutamente «esserci»: mascherina sul viso e regolamentare camice, segue il travaglio minuto per minuto tenendoci per mano e suggerendoci tutti gli esercizi respiratori che nell'affanno dimentichiamo.

Una volta a casa, si rivela anche un padre meraviglioso: è lui a correre quando il bebè piange, a controllare che si sia puntualmente scaricato, a misurare l'acqua del biberon. Più avanti, sarà per suo figlio il più divertente compagno di giochi. A questo punto le mogli del carrierista integrale spasimeranno d'invidia. Un attimo, prego: per quanto incomprensibile e meschino ciò possa apparire, le insofferenze non mancano neppure nel nido del «casalingo-mammo».

Questo marito organizzato, collaborativo e onnipresente può creare alla lunga una crisi di rigetto e d'asfissia, aggravata dalla constatazione che, per contro, è un lavoratore del tutto latitante sul fronte della carriera e dell'impegno. La grinta gli è estranea come l'invidia, e riferisce con la dovuta soddisfazione del collega che ha avuto un aumento o del compagno di stanza che è passato a più prestigiosi ruoli. Alle offensive dell'inflazione e del carovita replica non cercando di guadagnare di più, ma sforzandosi di spendere di meno: per inciso, contesta appassionatamente il consumismo.

Le battaglie ideologiche sono come le lotte sindacali per alcuni rinnovi di contratto: si avanzano richieste obiettivamente esagerate affinché vi sia un buon margine per le erosioni delle trattative. Battendoci contro il *macho* per la nascita di un uomo capace di collaborazione e di tenerezza, evidentemente non pensavamo di poter produrre qualche perfetto prototipo di partner femminilizzato: sta di fatto che ci disturba. Forse perché non siamo ancora realmente liberate dalla masochistica soggezione ai prototipi tradizionali?

Al di là di ogni ipotesi, la confusione dei ruoli è il tranello più insidioso per la coppia d'oggi. E l'uomo vi scarica anche confusioni proprie: il culto del successo lo spinge a concentrarsi sempre più nel lavoro, il richiamo ai doveri di marito e di padre lo ha sensibilizzato al mondo dei sentimenti. Ne derivano squilibri e sensi di colpa che non facilitano certamente l'armonia della vita a due.

Il disturbo può raddoppiarsi se anche la donna ha un'attività extradomestica e volontà di affermazione professionale. Va detto che i giovani si sposano prevedendo, in partenza, che entrambi lavorino: si tratta anche di una esigenza di natura economica; in qualche caso lo stipendio della donna è addirittura un presupposto irrinunciabile per potersi sposare e pianificare una famiglia.

I problemi non si pongono, o sono comunque irrilevanti, se marito e moglie mirano concordemente al traguardo del benessere pianificando l'acquisto di una casa propria, l'arredamento confortevole, l'automobile che piace a entrambi, la vacanza d'inverno, il viaggio esotico. Il fine giustifica qualche sacrificio e rende il giovane marito collaborativo e tollerante. Soprattutto se non ci sono figli (questo tipo di coppia li programma solitamente più avanti nel tempo), lei e lui sono liberi di lavorare e di muoversi in un regime di autosufficienza: alle piccole incombenze provvede chi può, e ciascuno organizza la quotidianità, pasti compresi, a seconda delle proprie esigenze.

Se svolgono un'attività che li gratifica e ha concrete prospettive di sbocchi futuri, adattarsi è più facile e subire qualche trascuratezza affettiva meno frustrante.

Le disarmonie si insinuano se strada facendo il ritmo si inceppa e viene a cessare l'autosufficienza emotiva. Per esempio, può venirsi a creare una disparità di gratificazioni: lei, o lui, ha avuto un avanzamento o un nuovo ruolo che esige maggior impegno e totale coinvolgimento: ecco che l'altra persona, rimasta al palo, esige il «risarcimento» in attenzioni e tenerezze di cui prima non avvertiva il bisogno.

Se «l'altra persona» è l'uomo, diciamolo pure, alla necessità di imporsi si aggiungono l'oscura mortificazione e il disagio di una «inferiorità» cui non è culturalmente preparato. Piaccia o no, lei deve farsi perdonare il successo: come ben sanno le donne manager che, se sono sposate, godono fama di essere anche ottime mogli. Con manageriale malizia esse riescono a far sentire il consorte un adorato e riverito principe: il ménage domestico e le incombenze della colf sono pianificati in modo che le sue esigenze abbiano la precedenza su tutto.

Il tempo libero è interamente dedicato a lui: con grande fantasia recitativa, la nostra riesce a fare apparire gli scampoli di libertà assai più consistenti di quanto siano in realtà, applicandosi alla preparazione di ghiotti pranzetti, organizzando una partita a carte tra amici, creando l'atmosfera più propizia per confidenze e tenerezza.

Curiosamente, dentro le mura domestiche la donna di successo è rimasta la sola a praticare felicemente antiche compiacenze e incombenze tradizionali. Ma ciò è spiegabile: essendo realizzata appieno, e non avendo le rivendicazioni insoddisfatte o le esasperate suscettibilità di chi si sente ancora sperequata, può concedersi impunemente i vantaggi di una formale soggezione.

In sostanza, la vera schiava del focolare è la colf a tutto servizio il cui stipendio la donna manager può tranquillamente pagare. Invece le comuni lavoratrici spesso non hanno i mezzi per delegare, e quasi mai il tempo per recite maliziose. La situazione si complica se il «bambino rimandato» si preannuncia a sorpresa mandando all'aria tutti i programmi. Esauriti i mesi che le spettano come congedo di maternità, la donna deve sobbarcarsi un doppio lavoro, in casa e fuori: e lo spirito di collaborazione del marito si rivela del tutto inadeguato.

Tutte sappiamo che un cambio al bebè, la tavola apparecchiata, due piatti gentilmente lavati e una bella aspirata alla moquette (ed è già buona grazia!) sono piccole cose rispetto alla mole di fatiche che la gestione domestica esige.

L'aiuto del marito, anche quello più volonteroso, è sempre casuale e saltuario e per quanta parità esista nella coppia lui ogni mattino alle otto e mezzo esce per andare in ufficio; se serve fa gli straordinari, se le mansioni lo esigono va in trasferta, se l'orario lo impone mangia alla mensa aziendale o nella trattoria convenzionata.

La lavoratrice madre invece non può fare gli straordinari se non eccezionalmente; per un certo periodo è costretta a dire no alla trasferta, no allo stage che l'aiuterebbe ad avanzare: anche se ha una persona di fiducia a cui affidare il piccolo, almeno per i primi mesi desidera non staccarsi da lui. Però in alcune donne l'istinto materno può risvegliarsi con tale forza da diventare la vocazione primaria: non sono poche quelle che decidono di abbandonare il lavoro dopo la prima maternità.

Si tratta di una scelta di grande generosità, ma è indispensabile la comprensione di un marito innamorato e intelligente per evitare l'insorgere di frustrazioni e ripensamenti. Se il partner non riesce a dare alla «carrierista pentita» delle gratificazioni alternative, la crisi coniugale è prima o poi destinata a esplodere.

Occorre la comprensione del partner anche quando una donna, pur amando il figlio e il ruolo di madre, non se la sente di sacrificargli ogni ambizione. Soprattutto se ha un lavoro che le piace e le dà prestigio, si organizzerà in modo da conciliare carriera e famiglia. Il che, detto in termini molto franchi, sta a significare che la famiglia verrà penalizzata: non soltanto è maggiore la quantità, ma è migliore anche la qualità del tempo che una professione impegnativa richiede.

Non condanno affatto, sia ben chiaro, questa scelta: io stessa a suo tempo l'ho fatta, consapevole di dare grande spazio alle mie esigenze e al mio diritto di costruirmi una carriera gratificante. Ma rendendomi conto, allo stesso tempo, che si trattava di una scelta egoistica, o quanto meno tale dal sacrificare il meno possibi-

...ugualmente egli si stupirà...

le di me alla famiglia. Oggi non ne sono pentita, ma ho perduto molte cose della crescita delle mie figlie e, soprattutto, loro hanno perduto molte cose di quelle che si aspettavano dalla madre. E credo che, tornando indietro, sceglierei il compromesso di un lavoro meno coinvolgente e invasivo.

Ma il rapporto più vistosamente conflittuale è quello che può venirsi a creare con il partner se, come dicevo, non capisce le esigenze della moglie e, soprattutto, non accetta di essere penalizzato. Il conflitto non si crea se anche il marito ha una professione di uguale impegno: essendo come lei concentrato nella carriera, dà scarso peso a latitanze o disorganizzazioni domestiche, non avverte alcun tipo di frustrazione ed è addirittura lieto dei successi della compagna.

Il quadretto sarebbe idilliaco, e la coppia perfetta, se non esistessero i figli: con un padre e una madre talmente assenti, i soli ad avere dei grossi problemi sono loro.

I DUBBI DEL SESSO

Tre anni fa, in America, nell'elenco delle dieci trasmissioni televisive più seguite, comparve un programmimo di tutta economia, senza luci e senza strass: *Ditelo alla dottoressa Ruth*. La dottoressa in questione, una sessuologa ebrea dal bonario aspetto di una casalinga di mezza età, si limitava a rispondere a interrogativi che nessuna donna aveva mai osato porre sull'intimità della coppia: e alla scabrosità dei temi corrispondeva una esplicita franchezza che nessun esperto prima di lei aveva osato esibire davanti alle telecamere.

Dalla trasmissione fu tratta una serie di servizi giornalistici, mai pubblicati in Italia, dei quali ebbi modo di leggere le bozze. Ciascuno di essi, traendo spunto dalla domanda di una telespettatrice, approfondiva un argomento a luce rossa, e mi fu subito chiaro il motivo del grande successo della dottoressa Ruth: tutti i malintesi, le insicurezze, i soprusi della vita di coppia avevano i loro «sì» e i loro «no».

Credo che le mogli italiane non siano granché diverse da quelle americane, e che anche loro possano avere parecchie titubanze e molte spiacevoli sorprese nell'approccio con la sessualità coniugale. I rapporti prematrimoniali, caldeggiati da non pochi esperti al fine di verificare irrinunciabili affinità o catastrofiche incompatibilità, in realtà non chiariscono nulla.

Il feticista, il piccolo sadico, il volgare, l'aggressivo e il pretenzioso (tanto per limitarci alla «piccola patologia») sono di norma, durante il fidanzamento, amanti irreprensibili o, al limite, un poco più appassionati di quanto vorremmo. Non penso che simulino: il coinvolgimento emotivo è tale da rendere appaganti anche rapporti tranquilli. Manca inoltre quella lunga fisicità che spinge a osare e a chiedere. E l'amore rende teneramente indulgenti verso le reticenze e i pudori di lei.

È soltanto dopo il matrimonio che crollano le censure e il maschio ci sente *sua*. Se è una persona onesta, si è sposato con il proponimento di non avere altre amanti all'infuori di noi, e pertanto si aspetta di trovare nel rapporto coniugale la soddisfazione di tutte le curiosità e di tutti gli stimoli. Molti uomini hanno in questo senso esigenze contenute: pur essendo partner appassionati, non sono stati condizionati da un vissuto eroticamente intenso e pertanto non sconfinano mai nell'audacia che turba o nella richiesta che inquieta.

Ben diverso è il marito che, del sesso, conosce tutti i giochi e i piaceri. Nel chiedere alla moglie «certe cose», ricordiamolo bene, non intende affatto mancarle di rispetto, ma semplicemente fare con la donna che ama ciò che ha fatto con tutte le partner del passato. Un'altra cosa da ricordare è che il maschio medio non ha censure e pertanto considera legittimo e lecito tutto ciò che rende più gradevole il fare l'amore. Il problema è che l'ottica delle mogli è diversa, e non tutte riescono a aderire con abbandono e slancio a certe intimità: soprattutto se per i condizionamenti di una educazione severa, si sono create un rigido confine tra sessualità «perbene» e sessualità «mercenaria».

L'interrogativo che le angoscia è: cedere o ritrarsi? Credo che la risposta sia una sola: nessuna persona può far violenza al proprio temperamento e ai propri principi, e se l'aderire a intimità che non piacciono affatto deve comportare una violenza a se stesse, è senz'altro bene che la moglie le rifiuti. Con gentilezza, con tatto, e spiegando con chiarezza i motivi della sua resistenza.

Mi sembra francamente un falso problema quello dele mogli che non ritengono né sgradevole né difficile partecipare a una sessualità più «esuberante» e tuttavia sono frenate dal dubbio se questa sia o no lecita. Anche qui la risposta è una sola: *nessuna* forma di intimità è inaccettabile o immorale se un marito e una moglie che si amano ne traggono identica gioia.

Fonte di sicuro malessere è un altro comportamento maschile purtoppo abbastanza diffuso: durante il rapporto il nostro partner si lascia andare a esuberanze verbali di insospettata volgarità. L'uomo educato, sensibile e gentile che tanto amiamo si trasforma in un inquietante Hyde dal quale ci sentiamo offese e raggelate. Che ci raggeli è comprensibile, ma, ancora una volta, va detto che egli non intende offenderci affatto.

È uno di quegli uomini che col sesso scaricano le frustrazioni e l'aggressività ma, soprattutto, abbattono ogni barriera censoria liberando anche un erotismo impercettibilmente disturbato. Il loro feticcio è la parola sfrontata, l'epiteto osé.

Si tratta di una piccola patologia teoricamente inoffensiva e accettabile. Ma che in pratica è sacrosanto che le mogli rifiutino. L'arma di difesa è, ancora una volta, la franchezza. Con una avvertenza da seguire come regola generale: i problemi di sesso *non si debbono mai discutere né tentare di risolvere a letto*. Anche in questo caso, perciò, parlatene al vostro partner durante la giornata, nel momento che vi pare più opportuno, e quando lo vedete più disponibile e affettuoso.

Occorreranno molta pazienza e probabilmente più di una spiegazione perché egli prenda coscienza di quanto certe sue esuberanze vi feriscano. La strategia è sicuramente vincente solo nei casi in cui l'amore per la compagna è di gran lunga superiore della piccola patologia.

Un tema assai controverso, soprattutto in questo ultimo decennio, è: fino a che punto è conciliabile con la nostra dignità far l'amore con il nostro partner se in quel momento non condividiamo il suo trasporto? È un problema più «politico» che intimo, in quanto è derivato dal nostro rifiuto ideologico di essere usate come oggetto. E qui vorrei distinguere. In molti sciagurati matrimoni l'uomo pratica il sesso come mezzo per sopraffare la volontà, l'autonomia, gli scontenti della compagna. Il rapporto coniugale è una affermazione di possesso: sei mia e ti uso, sono il tuo padrone e non accetto di essere contestato o rifiutato.

Senza andare nel solito caso limite, può episodicamente succedere che il marito reso insicuro (da una crisi, da una lite, da un raffreddamento della moglie) scarichi l'aggressività accumulata o cerchi la rassicurazione con l'imposizione di una sessualità che, proprio in quanto non desiderata dalla partner, si identifica con una violenza.

Va da sé che, episodica o istituzionale che sia, questa violenza va rifiutata: per dignità e autodifesa. Perché siamo esseri umani e non oggetti.

Ma se si passa dalla guerra santa alla quotidianità, penso che scomodare l'ideologia sia esagerato. L'uomo è più portato al sesso della donna e, normalmente, desidera far l'amore più spesso di noi. Non ha bisogno di stimoli emotivi, atmosfere tranquille, o lunghi discorsi: salvo che non abbia tensioni o problemi, si eccita più facilmente di noi e si aspetta che noi rispondiamo.

Può capitare che non ne abbiamo voglia: perché siamo stanche, perché abbiamo sonno, perché non ci sentiamo in forma. Respingere gentilmente l'*avance* è un nostro diritto. Ma non mi sembra così esecrabile se facciamo un piccolo sforzo per compiacerlo. Le nostre giornate sono un continuo susseguirsi di piccole compiacenze: verso i figli, la suocera, la madre, lo stesso marito. Perché ci irrigidiamo soltanto di fronte a quella sessuale? La spiegazione è lampante: avendo un retroterra di secolari servitù, ci è rimasta la coda di paglia e la suscettibilità ideologica.

Credo che un pizzico di buonsenso dovrebbe venirci in soccorso facendoci considerare il sacrificio del «sì» per quello che realmente è: una delle infinite generosità e gentilezze con cui esprimiamo l'attaccamento al compagno della nostra vita.

Una microscopica postilla su un altro dubbio che resta nel tema: la compiacenza può spingerci a simulare una compartecipazione che non sentiamo? In altre parole a fingere un orgasmo? Direi proprio di no: ricordando però che tra incontenibile trasporto e immobilità da statua (o vittima sacrificale) esiste una dignitosissima via di mezzo.

Per finire, brevi cenni su un altro interrogativo che

molte mogli si pongono con esagerata preoccupazione; ho scoperto in bagno una rivista pornografica, devo pensare che mio marito è un maniaco? Nossignore, è un giocherellone che di tanto in tanto sacrifica il buongusto a qualche intrigante curiosità. Non vorrei inorridirvi, ma tre anni fa, quando ho comprato il videoregistratore, ho noleggiato una cassetta pornografica proprio per curiosità.

Insomma, capisco che per un bravo marito dare una sbirciatina nei paradisi del *Kamasutra* possa essere una divertente evasione. Ben diverso è l'appassionato collezionista che si fa giungere via aerea, e con pacco anonimo, le novità da tutto il mondo. Penso che tutto il mondo sia paese, e dopo aver visto una pornocassetta mi sono fatta la convinzione che sbagliare è umano, ma perseverare è segno di malattia o di indecente immaturità.

DESIDERIO E AMORE

Dal sesso a tutto interrogativo passiamo a quello di tutto riposo, e cioè ai rapporti senza problemi né ombre. Lui e lei si amano e facendo l'amore soddisfano le più intime esigenze della coppia: desiderio fisico, voglia di abbandono, bisogno di rassicurazione, necessità di riconciliazione, urgenza di riconfermare il reciproco star bene a appartenersi.

Le statistiche ci informano che nel primo anno di matrimonio lo fanno una volta al giorno, dopo cinque anni due volte alla settimana, dopo dieci tre volte al mese, dopo quindici una volta ogni cinque settimane. Dopo venticinque, tre coppie su dieci non hanno più alcun rapporto. Come ben si sa nelle statistiche gli estremi vengono sacrificati all'esigenza del numero medio e si tratta pertanto di dati indicativi che non escludono la realtà di rapporti più ravvicinati o più rarefatti.

È comunque incontestabile che con il passare degli anni lo stimolo sessuale tende ad attenuarsi, cosa che crea una certa amarezza e molto allarme soprattutto a noi donne. Benché non abbiamo mai apprezzato complimenti grossolani o proposte esplicite, ci siamo abituate all'associazione «sesso uguale interessamento», «*avance* maschile uguale potere seduttivo femminile». E come il nostro partner inizia a desiderarci di meno, insorge in noi la paura di aver perduto ai suoi occhi ogni attrattiva. Insomma: se il desiderio si attenua o si spegne, lui non ci ama più?

Ecco l'eterno interrogativo che, poveretta me, mi vede ancora una volta replicante. Ma questo problema è come quello della gravidanza: benché sviscerato fino alla noia ha un frenetico ricambio, e alle donne che l'hanno già risolto si susseguono quelle che lo toccano con mano per la prima volta, e pertanto lo considerano un inedito. È ovviamente a queste ultime che mi rivolgo, tranquillizzandole subito: è del tutto normale che il vostro uomo vi desideri, col passare degli anni, con minore intensità e frequenza, ma ciò non significa affatto che vi sia meno legato. Semplicemente, vi ama in modo diverso.

E vediamo come e perché. Il sesso è per il maschio soprattutto volontà di possesso: desidera la donna per «farla sua», e al piacere del rapporto non è estranea l'euforizzante consapevolezza che è lui a dominarla, a travolgere le sue resistenze, a darle piacere (non a caso l'orgasmo femminile è il più potente afrodisiaco dell'amante). Con il matrimonio viene a cadere questo stimolo primario, in quanto il possesso è stato istituzionalizzato e il marito ha «fatto sua» per sempre la donna amata.

Con la nascita del primo figlio viene invece a cadere anche lo stimolo biologico della sessualità, che è quello della procreazione. La stessa convivenza, soprattutto se si rivela felice, spoglia il rapporto dalla necessità di rassicurazione, dall'«urgenza» di confermare attraverso il sesso le complicità faticosamente acquisite. Fare l'amore diventa una piacevolissima abitudine fine a se stessa, che peraltro esclude la masochistica eccitazione della ricerca del luogo adatto, del timore di essere visti, del disagio di entrare in un albergo.

Ma col tempo il matrimonio fa scoprire altre abitudini altrettanto piacevoli che diventano alternative al rapporto intimo: guardare la televisione insieme, star seduti a chiacchierare con un bicchiere di whisky in mano, ricevere gli amici, commentare l'articolo di un giornale o il best-seller di moda, giocare coi propri bambini. Alle ore di relax possono alternarsi i giorni di stanchezza, di preoccupazione o di stress: sono i «periodi no» che si condividono soltanto dopo il matrimonio.

... col tempo il matrimonio fa scoprire
altre abitudini altrettanto piacevoli...

Durante il fidanzamento ci si presentava agli incontri al meglio della forma e lasciandosi alle spalle malumori e problemi: se proprio non era possibile, si rimandava l'appuntamento. La buona convivenza non consente invece né recite né fughe, e può capitare che lei o lui non siano nello stato d'animo più adatto per desiderarsi fisicamente: lo stimolo sessuale, non dimentichiamolo, deve essere sempre prioritario, e non si risveglia mai se è sopraffatto da tensioni emotive di natura diversa.

Tra le conquiste più felici della coppia vi è quella della «fisicità». Con il passare del tempo uomo e donna si abituano anche ai rispettivi corpi e scoprono l'intimità di un gesto, di una tenera carezza, di un «lessico fisico» che li fa sentire uniti anche al di là del rapporto sessuale. Addormentarsi tenendosi per mano, o con un braccio allacciato alla vita della persona che amiamo dà un piacere che può essere più dolce, e altrettanto intimo, del fare l'amore.

L'uomo lo sa meglio di noi. Salvo che non venga troppo spesso respinto quando ci cerca, non si lascia minimamente allarmare dal calo della tensione sessuale e, men che meno, dice a se stesso «la desidero di meno, dunque la amo di meno». Se siamo oneste, dobbiamo ammettere che con la convivenza *anche noi* avvertiamo con minor intensità la voglia del rapporto: eppure non mettiamo per questo in discussione il profondo amore che ci lega a nostro marito. Pur desiderandolo di meno, siamo certe di essergli legate allo stesso modo.

Perché dunque gli attribuiamo latitanze affettive che, se fosse lui a esprimerci, respingeremmo fermamente? È un *transfert* assurdo, oltreché un problema che non esiste. Tanto per proseguire con una onesta autocoscienza, talvolta dipende anche da noi se il ménage coniugale si stabilizza in una sessualità dai ritmi non esaltanti. Infatti, salvo intraprendenze eccezionali, diamo per scontato che tocchi esclusivamente a lui prendere l'iniziativa dell'approccio. Talvolta vorremmo essere strette tra le sue braccia e desidereremmo fare l'amore, ma anziché avvicinarci con intenzioni esplicite ce ne stiamo dalla nostra parte del letto sperando nel miracolo dell'unanimità di feeling.

Magari lui sta prendendo sonno, oppure sta riflettendo su qualcosa da fare all'indomani. Ma gli basterebbe un nostro piccolo gesto per risvegliarsi e concentrarsi su di noi: l'uomo è un narcisita anche nel sesso, e nulla lo eccita come sentirsi desiderato dalla donna che ama.

Qualcuna replicherà: già fatto, ma lui non si è minimamente scosso. È possibile, ma quante volte è capitato *a noi* di sottrarci e di dire «stasera no» con voce impastata di sonno? Eppure lui ha continuato a desiderarci. Un episodico rifiuto non può essere un alibi per non prenderci la parte che ci tocca, anche in responsabilità, nella gestione della vita sessuale.

LA SCAPPATELLA

Vostro marito si lava i capelli tutte le mattine sotto la doccia? Peccato. Ciò vi priva del fondamentale indizio di quella che è la prima reale emergenza della coppia: lui è attratto da un'altra donna. Può essere la nuova collega, una «ex» rivisitata, una ragazza che fa il suo stesso percorso in treno o in metrò... Niente di serio, sia chiaro, però dall'oggi al domani ha riscoperto l'euforia dell'occhiata assassina, la vanità di sentirsi ammirato, la malizia del piccolo intrigo. Ed è ricaduto nella sindrome di Narciso.

Ogni mattina mette la sveglia venti minuti prima e li dedica a un'amorosa toilette personale: si lava appunto i capelli, si rade con cura, si nebulizza generosamente di fragranza pour homme, indugia nella scelta della giacca, studia con sapienza l'accostamento con camicia e cravatta, coordina con la scarpa giusta. Poi vi raggiunge in cucina per il solito caffè esibendo l'umore dei giorni migliori.

Vi chiede cosa farete durante la giornata, si informa sulla salute di vostra madre, nota con affettuoso buffetto che siete in ottima forma e si offre di passare lui a ritirare il pacco in tintoria al ritorno dall'ufficio. Salvo, sul far delle diciotto, telefonarvi con voce tetra che quel rompiscatole del suo capo ha convocato una riunione che potrà protrarsi sino a ora indeterminata. Tre sere dopo potrà essere una delegazione di stranieri che tocca proprio a lui portare a cena.

A questo punto, per piacere, non aspettate l'arrivo del sabato in cui vostro marito vi comunicherà con mestizia che la sua azienda ha organizzato un corso d'aggiornamento nella sede centrale e pertanto dovrà trascorrere il fine settimana lontano da voi. Se non siete cieche e sorde, dovreste aver gia capito che «qualcosa» non va.

E qui vorrei ricordarvi una grande regola della vita a due: è severamente vietato sottovalutare le emergenze. Se si avverte aria di crisi, non bisogna mai escludere l'ipotesi che possa verificarsi il peggio e ci si deve comportare come se il peggio fosse già accaduto.

Dunque, vostro marito si è lasciato coinvolgere da una scappatella, termine che sta a indicare «infedeltà non grave e momentanea». Nulla a che vedere con il tradimento o la passione, però è bene mettersi immediatamente in assetto di difesa approntando armi sofisticate che tuttavia non sopravvalutino l'entità del bersaglio: non commettete l'errore di sparare a una mosca con il cannone, dovete mirare al piccolo infedele e non al grande peccatore.

So benissimo che è una distinzione troppo sottile per lo stato d'animo in cui vi trovate. Avete (era ora) capito o saputo che vostro marito ha tralignato e siete affannosamente passate attraverso le quattro reazioni classiche di questa scoperta: lo sbalordimento, la furia cieca, l'umiliazione e la sofferenza. Adesso siete nella fase terminale: il disfattismo. Non c'è più nulla da salvare, il vostro matrimonio non sarà mai più come prima, vostro marito ha distrutto la vostra fiducia e offeso un sentimento prezioso, eccetera eccetera.

Pensatelo pure, se vi aiuta a sentirvi meglio, ma, vi supplico, guardatevi bene dal buttarglielo in faccia: lui, assolutamente, non capirebbe e otterreste il solo risultato di apparirgli la solita donnetta esagitata e isterica. Per la ventesima volta occorre ripetere che il maschio non dà alcun peso all'evasione e può vivere l'avventura sessuale senza alcun coinvolgimento dei sentimenti: cedendo al capriccio, all'istinto o al caso non intende assolutamente fare un torto alla donna che ama. Compie,

... studia con sapienza l'accostamento con camicia e cravatta ...

semplicemente, un atto di debolezza di cui si sente vagamente colpevole soltanto perché sa l'importanza che gli attribuiamo *noi*.

Queste considerazioni non tolgono vigore al nostro slancio omicida né leniscono l'autentica sofferenza che proviamo: l'impenetrabilità della coppia si è incrinata, il magico stato di grazia è finito, dall'olimpo della perfezione siamo stati catapultati nell'avvilente realtà dei «comuni» innamorati. Non posso contestare la giustezza di queste considerazioni, ma a questo punto il fattaccio è avvenuto ed è più saggio correre ai ripari che non girare a vuoto in un disfattistico inventario dei danni.

Dato per scontato che sarebbe folle mandare a monte un matrimonio per una scappatella, vediamo di prendere in mano la situazione e ritrovare il controllo dei nervi. Per prima cosa, guardiamoci da quel masochistico «protagonismo involontario» che, a crisi sbollita, potrebbe spingerci a mettere in discussione noi stesse con dubbi tipo: in che cosa l'ho deluso? Che cosa ha trovato, in un'altra, che io non riuscissi a dargli?

La risposta è una sola: ha mancato lui, non noi. Per vanità, per leggerezza e per circostanze galeotte a un certo punto è ricaduto nelle tentazioni del virile cavernicolo: l'atavico istinto del cacciatore per un week-end o per due mesi è stato più forte dell'amore per noi. Il rimedio, unico, è una presa di distanza di grande stile, tale da fargli arrivare un messaggio di composta commiserazione.

L'uomo respinge i sensi di colpa, ma è estremamente suscettibile se si sente preso poco sul serio o, peggio ancora, in giro. Più che dirgli quanto la scappatella ha offeso noi, dobbiamo fargli capire quanto ha sminuito lui nella nostra considerazione.

Non è facile perché occorrono un grande autocontrollo e una buona dose di senso dell'umorismo, qualità che non sono certamente stimolate nella situazione in cui ci troviamo. Ci riuscirebbe assai meglio una scenata liberatoria. O la classica rappresaglia dell'occhio per occhio dente per dente: mi hai tradito? Bene, da questo momento mi sento autorizzata a farlo anch'io.

Non è escluso che l'arma della gelosia miri dritto al cuore di lui, ma è certo che approfondisce, anziché aggiustare, la frattura. Non si risolve mai un problema creandone un altro: l'avventura di nostro marito ha messo in crisi noi, rendendogli la pariglia metteremmo in crisi anche lui, rendendo doppiamente difficile recuperare l'armonia di coppia.

L'esperienza di legioni di mogli insegna che l'incidente di una piccola infedeltà, se affrontato con nervi saldi e intelligenza, è una specie di vaccinazione che immunizza da future ricadute. Colpevolizzato quel tanto che basta, consapevole del grosso rischio che ha corso, grato del nostro perdono ma soprattutto mortificato dalla «superiorità» di cui abbiamo dato prova, è assai improbabile che nostro marito si lasci nuovamente tentare con altrettanta superficialità e leggerezza.

I PERICOLI SPARSI

È solamente con il trascorrere del tempo che afferiamo in pieno il significato dell'espressione «cattiva sorte» così entusiasticamente disattesa il giorno delle nozze. I pericoli più insidiosi e buona parte dei dispiaceri che affliggono la coppia provengono dall'esterno. C'è la moglie che deve fare i conti con la malasorte di una suocera pestifera e la moglie che è costretta a subire in solitudine il luminoso destino professionale cui il partner sembra votato.

Nel frattempo imperversano i piccoli fastidi e i noiosi attentatori del quotidiano: la dirimpettaia che incombe, il figlio che si ammala, la colf che si dimette, i costi che aumentano, la collega che intriga, l'impianto elettrico che salta, la vecchia zia che arriva inaspettata, la banca che chiede l'immediato rientro del fido... E fermiamoci qui. Buona parte delle risorse, emotive e mentali, vengono sperperate per soppravvivere al quotidiano; e non c'è da stupirsi se alla sera marito e moglie cercano riposo davanti alla tivù, talmente esausti che si sono addormentati senza accorgersi che il film è finito ed è iniziata la diretta di gioielli da Valenza Po.

Lo scoraggiamento, posto che si trovino dieci minuti per i bilanci e le riflessioni velleitarie, è inevitabile: dove sono andati a finire le magie e gli slanci del fidanzamento? E le tenere confidenze, il dialogo intelligente, l'humour irresistibile? Animo, sorelle: non per deprimervi, ma c'è molto di peggio. E giorno potrebbe venire in cui rimpiangere questi estenuanti ma inoffensivi fastidi.

Lo straordinario, infatti, è sempre in agguato con colpi di scena e problematiche che esigono ben altra attenzione. Posso illustrarvene alcuni? Dall'oggi al domani vostro marito cambia posto o ottiene una promozione: stupendo. Solo che il nuovo ruolo comporta frequenti spostamenti e lunghe trasferte. O, addirittura, uno *stage* all'estero di parecchi mesi.

Le lontananze forzate infieriscono un brutto colpo alla vita di coppia in quanto rivoluzionano la routine e impongono nuovi ritmi: anche a livello di sentimenti. Non vi è nulla di positivo nello stare divisi: la lontananza è addirittura innaturale per due persone che hanno deciso di sposarsi proprio per vivere unite.

Non condivido l'ottimismo dei romantici, secondo i quali dei brevi periodi di distacco daranno nuovi stimoli e nuovo vigore al rapporto: si tratta di una vivacità artificiosa che alla lunga si rivela come una droga. Marito e moglie si *assuefanno* alle emozioni forti e, allo stesso tempo, si disabituano alla quotidianità. Quando, tra un distacco e l'altro, lui torna a casa o lei lo raggiunge si guardano bene dall'avvilire la felicità dell'incontro con lamentele, resoconti e confidenze di ordinaria banalità.

Una volta che l'emergenza della lontananza verrà a cessare, la coppia dovrà praticamente ripartire da zero per disintossicarsi dall'acme e riadattarsi ai mezzi toni. Ma non finisce qui: l'uomo sposato, ossia avvezzo a vivere in coppia, avverte assai più dello scapolo il peso della solitudine, anche fisica: e il pericolo della scappatella o della «distrazione» aumenta. La moglie ne è consapevole al punto che, per tenerlo in stato d'allarme, può tentare di ingelosirlo inventandosi corteggiatori, inviti, mondanità tentacolare. Ancora una volta, metterà in crisi il partner oltre che esserlo lei stessa, col risultato che i disagi e i tormenti diventano doppi.

La paura che lui sbandi potrebbe spingere lei a farsi sospettosa, querula, incombente: ed ecco la telefonata a mezzanotte per controllare se il marito è in albergo, il quotidiano tourbillon di lettere e telegrammi dai toni strazianti, la visita a sorpresa, i toni di rigido sospetto se lui fa sapere che per sopraggiunti impegni deve rimandare il programmato incontro o week end.

Insomma, per quanto mi sforzi, non riesco a vedere alcun lato positivo nella decantata lontananza. E proprio perché la vivo come un insidioso incidente di percorso mi permetto di suggerirvi al volo le terapie di pronto soccorso. Primo: non incombere. Secondo: non appassionarsi alla recita degli spensierati fidanzatini. Vostro marito deve essere tenuto al corrente, condividendoli, di tutti i fastidi e le miserie di una routine da cui latita solo per cause di forza maggiore. Terzo: non crearsi fantasmi (di colleghe irresistibili, incontri travolgenti, compagni di lavoro viveurs e tentatori). Vostro marito, non dimenticatelo, è via da casa per lavoro ed è particolarmente impegnato nello sforzo di mostrarsi all'altezza del nuovo ruolo. Quel che vi chiede è solamente di condividere questi sforzi e non creargli tensioni supplementari.

E dai problemi della lontananza passiamo a quelli che possono provenire dalle famiglie d'origine: la sua e la nostra. È umano che ci sentiamo più disponibili con i genitori e le sorelle che non con i suoceri e le cognate, ma in pratica ci è imposto di mostrare la medesima disponibilità, pena il ferire l'uomo che amiamo. Il personaggio obiettivamente più coinvolgente è la madre di lui, soprattutto se è anziana, vedova e non ha altri figli (o ha figli che abitano in un'altra città). Tocca a nostro marito farsene affettivamente carico, e ne consegue che parte del peso ricade, doverosamente, anche sulle nostre spalle.

In parecchi casi la convivenza con la suocera s'impone sin dall'inizio: perché la sola possibilità per sposarsi è approfittare dell'abitazione di lei, grande abbastanza per ospitare una seconda famiglia; oppure perché il senso del dovere (o un eccesso di scrupolo...) vieta al figlio di abbandonare una madre che è (o ritiene...) incapace di adattarsi a vivere da sola. È un «gravame» che abbiamo accettato in partenza, e se non si ha la fortuna di imbattersi in una donna di buonsenso e buon carattere non resta che sopravvivere imparando l'arte di inghiottire, minimizzare, tollerare.

L'impatto è assai più drammatico e destabilizzante se a un certo momento la suocera che viveva per conto proprio, e con la relativa autosufficienza, si ammala e non è obiettivamente più in condizione di essere lasciata sola o parzialmente accudita. Se ve n'è la possibilità economica, un confortevole pensionato per anziani, attrezzato anche per l'assistenza, è una soluzione praticabile.

Diventa però impraticabile se non si è in grado di affrontare l'onerosa retta e se la madre di lui respinge il ricovero con tale avversione da far vivere il forzarvela come una violenza. Mettiamoci nei panni di una donna abituata a essere autonoma, legata alla sua casa da abitudini e ricordi: è comprensibile che l'ospitalità prezzolata sia per lei una traumatizzante perdita di libertà e di radici. Ed è umano che un figlio sensibile ed affezionato cerchi con ogni mezzo di risparmiargliela.

Stringi stringi, la soluzione possibile è una sola: portarla a vivere nella nostra casa. Non è improbabile che ricattandolo, supplicandolo e minacciandolo riusciremmo a farlo desistere, ma creeremmo in nostro marito tali lacerazioni e sensi di colpa da rendere la vita infernale a lui e a noi. E così accettiamo, come è saggio fare: esistono fatalità e situazioni chiuse contro cui battersi sarebbe una guerra perduta in partenza.

L'anziana non autosufficiente diventa il «corpo estraneo» che la famiglia deve assimilare e, soprattutto, inserire. Occorrono gentilezza, buona volontà e molta comprensione: nostra suocera si sente comunque sradicata dal proprio ambiente e la crisi di adattamento è difficile per lei come per noi. Potrà apparirci spesso chiusa, triste, vittimistica: o, per contro, petulante, esigente e ipercritica. Sono due diversi modi per richiamare l'attenzione su di sé e due diversi modi per reagire al trauma che ha subito.

Lo sbaglio da evitare, sin dai primi giorni, è dar eccessivo peso alle sue tristezze come alle sue «esuberanze». Nostra suocera deve ritrovare la propria autosufficienza emotiva prima di imparare a trarre l'unica forza dall'arma del ricatto. Per contro, dobbiamo crearle uno spazio *suo* in cui si senta libera di sistemare gli oggetti che ama, di ricevere le vecchie amiche, di stare sola quando non ha voglia di compagnia.

Se fisicamente è del tutto dipendente, si pone il problema di accudirla, spostarla, curare la sua igiene. E siamo al solito discorso: i soldi non daranno la felicità, però senz'altro aiutano a essere meno infelici. La possibilità di pagare una persona che si prenda cura delle più elementari esigenze di nostra suocera renderebbe senz'altro meno disgraziata la nuova quotidianità. Se questa possibilità non esiste, ci sono ben pochi suggerimenti da dare: siete di fronte a una di quelle situazioni senza scampo a cui non resta che rassegnarsi. Minori danni deriveranno al vostro matrimonio quanto maggiore sarà la vostra capacità di tener duro senza trasformare la intimità di coppia in un bollettino di guerra o in una valle di lacrime.

A proposito di lacrimevoli sfoghi, non occorre un autocontrollo altrettanto sovrumano per evitare grandi casse di risonanza alla fastidiosa emicrania, al bruciorino di stomaco, al doloretto cervicale, alla notte insonne, al piccolo taglio, al dente che duole: malesseri personali che possono far «star male» anche la coppia. Non è richiesto lo stoico silenzio, ma semplicemente un minimo di sopportazione. Nella quotidianità anche gli acciacchetti sferrano di tanto in tanto il loro attacco, ed è giusto che marito, figli e parenti vari sappiano che non stiamo bene e non possono pertanto contare sulla nostra abituale disponibilità ed efficienza.

Però risparmiamogli l'afflizione di bollettini sanitari diligentemente aggiornati: ora ho male qui, il mal di testa è passato però ho la nausea, neppure stanotte ho chiuso occhio, mi si sta gonfiando la guancia. E così via. Non vi è nulla di galvanizzante in una moglie malaticcia, come ben constatiamo quando il malaticcio è lui e gli bastano due linee di febbre per gettare la famiglia nella prostrazione e nel panico.

VIETATO FRUSTRARE

Questo capitolo è dedicato alle mogli che si sentono molto amate. Soltanto una donna gratificata, appagata e sicura può vivere nell'ottica di doverosa «restituzione» il votarsi interamente e per tempo indeterminato al proprio compagno se si verifica l'incidente per lui più frustrante: la carriera interrotta.

Sia un licenziamento, una promozione mancata, un ridimensionamento del ruolo o il sorpasso di un collega maneggione, si tratta comunque di una sconfitta che per il maschio equivale a una castrazione. Il suo diretto superiore gli ha psicologicamente asportato gli organi della virilità: sicurezza, intraprendenza, orgoglio, potere economico e carisma.

Le sue idee non sono state capite, il suo lavoro non è stato apprezzato: l'umiliazione è talmente devastante da travolgere persino la rabbia. Se è stato licenziato, si pone con urgenza il problema di trovare un nuovo posto, se non può concedersi il grandioso sollievo di dimettersi è costretto ogni mattina a far violenza a se stesso per andare al lavoro.

E alla sera ritorna a casa stressato, stanco, teso. Se la coppia stava vivendo una crisi latente, è in questo momento che esplode. Lei non sopporta di sentirsi trascurata o, peggio ancora, trattata nervosamente e basta un nonnulla per farle perdere le staffe. Grazie a un'antica sapienza purtroppo tipicamente femminile, sa bene quali sono le vulnerabilità da mirare. E in questo caso il bersaglio è macroscopico: così che, in preda all'ira, lo accusa di essere fallito, incapace, ingenuo; con l'effetto che si può immaginare.

Lui, dal canto suo, può assumere l'atteggiamento tipico di chi si sente confusamente colpevole: aggredire prima di essere aggredito. Di fatto, scarica inconsapevolmente sulla moglie le frustrazioni e lo scontento in cui si sta macerando: ed ecco l'accusa di spendere troppo, di avergli dato pessimi suggerimenti, di essere costretto per amor suo e dei figli a subire un compromesso umiliante, mentre se fosse stato solo... (fine della frase: si sarebbe dimesso sui due piedi o si sarebbe trasferito all'estero).

Il momento è obiettivamente assai critico anche per le coppie più affiatate, ma la moglie felice cui accennavo all'inizio può prendere in mano la situazione e trasformarsi nella regista del rapporto rinunciando in partenza a qualunque collaborazione da parte del marito.

Ma è una regia che non prevede alcun copione né la scoperta recita di rassicurazioni scontate, elogi esaltanti, incoraggiamenti di infondato ottimismo. La moglie felice e appagata presuppone un marito intelligente e sensibile al quale comunicare autentica fiducia ma anche obiettiva preoccupazione per il futuro professionale.

In questa situazione, l'uomo si aspetta da lei consigli sensati, valutazioni serene, suggerimenti concreti. E soprattutto, l'esplicita approvazione e il totale appoggio nel caso decida di adottare una strategia a rischio che potrebbe comportare l'atto di forza, le dimissioni, un trasferimento. Se esistono delle risorse economiche che consentono di fronteggiare possibili emergenze è certamente più facile dare la prova di fiducia.

Ma io suggerirei di compiere *comunque* un atto di fede: salvo che la strategia non presupponga il miracolo certo, e non sia perciò destinata a prevedibile fallimento. È praticamente impossibile che un lavoratore scontento e frustrato si trasformi, una volta a casa, in un marito amabile e rasserenante. L'aggressività quotidianamente accumulata può esplodere in qualunque momento, e la riserva di pazienza della (non più felice) moglie non è inesauribile.

Ho ricevuto nel corso degli anni lettere da parte di donne che, con storie e situazioni diverse, raccontavano lo stesso dramma: l'insopportabile prolungarsi di una situazione di fallimento o di stallo. Anche qui sono sempre stata *sinceramente* ottimista, invitandole a tener duro, a ridimensionare il più possibile il bilancio domestico e a non perdere la certezza nello sbocco positivo.

Tra le mie convinzioni c'è quella che i veri sucessi, come i veri amori, non finiscono mai. Se una persona riesce a raggiungere una posizione carismatica o un buon posto, significa che è dotata di volontà, spirito decisionale, intelligenza, capacità di osare. È possibile che per eccesso di audacia o per strategie sbagliate, per circostanze avverse o semplicemente per stupidità del capo perda la posizione o il posto. Ma non potrà mai perdere le connaturate qualità che l'avevano mandata avanti. È soltanto questione di pazienza: prima o poi arriverà il momento della risalita.

Non è facile avere questa fede quando si annaspa nella sfiducia e nel disfattismo. Tocca perciò a noi mogli trasmettere giorno dopo giorno all'uomo che amiamo la sicurezza di cui ha bisogno. Certo bisogna amare molto e avere ricevuto molto per continuare a dare a una persona da cui all'improvviso non riceviamo più nulla. Mi sono sempre battuta contro il masochismo e la vocazione sacrificale, ma esistono situazioni in cui il sacrificio è anche un dovere morale: e questa lo è. Siamo nei giorni della «cattiva sorte» che ci siamo impegnate a condividere e a confortare.

LO ABBIAMO TRADITO

Sembrava che il sorpasso, per la verità non rallegrante, si fosse verificato: dai primi dati di una recentissima indagine sulla coppia risultava che il numero delle mogli infedeli fosse aumentato al punto da superare quello dei mariti. A sondaggio terminato, invece, la proporzione si è ridimensionata: il primato resta al maschio, ma la donna d'oggi tradisce più di quella di un tempo.

È una nuova realtà che deriva da un approccio più familiare e meno terrorizzante col sesso. Fino a ieri eravamo condizionate ad associarlo soltanto a soggezioni e a situazioni negative: la perdita dell'onore, la gravidanza indesiderata, il cedimento che «stancava» l'uomo, il debito coniugale, il dovere della procreazione («non lo fo per amor mio, ma per far piacere a Dio») e così via.

Dopo aver superato la fase dell'autogestione e del «maschio è brutto» siamo finalmente approdate all'oblazione libera e, talvolta, felice. Per molte donne sesso è bello, e negli strati sociali più evoluti è loro concesso di praticarlo impunemente in quanto la stessa evoluzione ha portato a una modificazione del concetto di moralità. E, anche, a metri di giudizio più profondi. «Immorale» è il disimpegno, il plagio, la crudeltà, l'ignoranza che rende meschini e aggressivi, l'insensibilità civile: e non più, o non più solamente, la trasgressione sessuale.

Ciò ha portato a ridimensionare anche l'infedeltà, e a

capire che non è la peggiore delle violenze che la coppia possa subire. Il tradimento ha perduto le connotazioni del tabù per diventare un più o meno grave incidente di percorso. Tuttavia vale anche qui la realtà che emozioni e sentimenti hanno bisogno di tempo per portarsi al passo con ideologie rivoluzionarie e progressiste. La scoperta che il nostro compagno ci ha tradite continua ad essere per noi la fonte della più traumatizzante umiliazione, e nell'ottica maschile il caso inverso è peggio ancora.

La nostra infedeltà, per cominciare, lo trova culturalmente impreparato. All'epiteto di «cornuto» c'è ancora l'uomo che tira fuori il coltello; non scacciare l'adultera ha significato per secoli perdere ogni credibilità sociale e l'affronto era tale che la stessa legge fino a poco tempo fa assolveva chi arrivava a uccidere per difendere il proprio onore. In alcuni paesi arabi le adultere continuano ad essere lapidate nella pubblica piazza.

Va detto, per correttezza, che una volta tanto la società non ha inteso soltanto erigere un monumento ai privilegi e ai poteri del maschio padrone, ma anche e soprattutto offrirgli un'arma per colpire a morte chi lo feriva a morte. L'eccesso di difesa è incivile, ma resta il fatto che l'attentato è destabilizzante per la psicologia maschile. La donna che dopo tante riflessioni lui aveva ritenuto l'ideale compagna di vita, e sulla quale aveva investito fiducia, affetti e futuro, buttandosi tra le braccia di un altro ha tradito le sue aspettative e gli ha tolto tutte le sicurezze.

Il marito tradito è costretto a mettere in discussione le proprie capacità critiche, il proprio potere amoroso, i sentimenti mal investiti. È così anche per noi, direte. Sì, ma in maniera meno sconvolgente perché abbiamo una secolare convivenza con la figura del maschio infedele e predatore, mentre la nostra libertà sessuale ha poco più di un ventennio.

Ecco perché, da tempo, vado predicando quella che a molte di voi è sembrata e sembra una disonestà: resistere, salvo casi eccezionali, alla tentazione di confessare se non si è state capaci di resistere a quella di tradire. Può succedere: in vacanza, durante un distacco, nel corso di una crisi, dopo un litigio. Le circostanze o lo scontento ci predispongono a una teorica «disponibilità» o addirittura a un reale desiderio di compagnia, di tenerezza, di consolazione.

La donna media (cioè quella non eccezionalmente libera o spregiudicata) non va mai con un altro uomo se non è almento un poco sentimentalmente coinvolta e non ha delle ragioni che la spingano ad assolvere se stessa. È anche questa consapevolezza che rende l'affronto più doloroso al marito. Finita la vacanza o l'attrazione per il compagno d'avventura, viene a cadere l'alibi morale e scatta il meccanismo della colpevolizzazione: tanto più angosciosa se il marito, superata la crisi o il periodo di scarsa amabilità, è tornato ad essere tenero e gentile.

Il desiderio di confessargli quanto è accaduto ha l'irrefrenabile urgenza della catarsi. O è dettato, ma non sempre consciamente, da una masochistica volontà di espiazione: dicendogli tutto, lui mi castigherà e io, pagando per ciò che ho fatto, ritroverò la pace.

Non ho mai capito fino a che punto questa furia di confessione è onesta volontà di chiarezza oppure segno di un sotterraneo egoismo che spinge a gettare sulle spalle del partner la sua piccola parte di responsabilità per ciò che abbiamo fatto. E lo dico anche per me. Durante i burrascosi inizi del rapporto con il futuro compagno della mia vita, costellati di porte sbattute e separazioni isteriche, io ebbi una breve storia con un cantante molto famoso. Ancor oggi mi chiedo, con mortificazione, se nel confessare tutto e «dimenticare» per la casa alcuni ellepì con appassionate dediche vi fosse il meschino messaggio: «Così impari a non lasciarmi più sola».

Circa quindici giorni dopo, per la cronaca, litigammo di nuovo e lui si trasferì in un residence. Quando tornò a casa, buttò lì di aver avuto una storiella con una ragazza viennese. Oggi ridiamo di quegli anni e « la viennese » è entrata nel nostro lessico familiare come sinonimo di stupidità o di minaccia, ma allora ci facemmo molto male.

Ecco, questo vorrei dire: l'infedeltà, avventura o vero tradimento che sia, è causa di profonda umiliazione e sofferenza per chi la subisce, e credo che valga la pena di essere sincere solamente se è servita a farci capire che non vi è più nulla da salvare nel rapporto di coppia. Ma se si è trattato di una sbandata senza importanza, è crudele causare a chi ci ama e continuiamo ad amare una crisi tanto dolorosa quanto sproporzionata.

Ho dibattuto a lungo con le donne su questo tema, e mentre molte altre volte e su molti altri argomenti esse mi hanno spinto a rivedere le mie idee, qui sono rimasta ferma al punto di vista iniziale. Certamente non escludo i casi particolari: la coppia molto intelligente e molto umile, ad esempio, in cui lei e lui condividono ogni emozione e vicenda animati da reciproca tolleranza.

L'infedeltà è analizzata sia per risalire al disturbo che l'ha causata sia per cercarne il rimedio, senza permettere alle suscettibilità personali di sopraffare l'attenta diagnosi. Se avete col partner un rapporto così, siete semplicemente invidiabili e l'eccezionalità consente sempre comportamenti eccezionali.

La tentazione di sopravvalutare la capacità di tolleranza di un compagno che stimiamo e da cui ci sentiamo profondamente amate può essere forte, spingendoci a confessargli ciò che abbiamo fatto con la certezza che capirà quanto siamo state stupide (vero!) e fino a che punto ne siamo pentite.

Ora, io penso che nessun uomo intelligente e civile lasci la donna che ama per uno sporadico episodio di infedeltà: ma agli inizi perdonerà con il cervello, non col cuore. Occorrerà molto tempo affinché il matrimonio superi l'inevitabile crisi e il marito riesca a vincere la sotterranea aggressività verso chi l'ha costretto a subire qualcosa che non capisce e che d'istinto mai avrebbe voluto perdonare.

L'infedele deve essere pronta all'eventualità di dolorose ripicche e, ipotesi più probabile, a subire sottili provocazioni, scoperti malumori, parole o gesti subdolamente studiati per mortificarla. Il tutto senza reagire, come si addice a una rea confessa che deve espiare. Proprio questo l'uomo tradito vuole: anche se è una persona sensibile e civile, riuscirà realmente a dimenticare solo dopo che avrà inflitto alla colpevole le medesime sofferenze che ha patito lui e l'avrà umiliata come è stato umiliato lui.

Rispetto quelle che nonostante tutto continuano a

... resistere alla tentazione di confessare ...

pensarla diversamente, però il giorno in cui le convinzioni teoriche dovessero diventare un concreto problema personale sarà bene che valutino la possibilità di un compromesso. O quanto meno non sottovalutino le sofferenze e le complicazioni che la sincerità a tutti i costi porta con sé.

LE «BUONE» PAROLE

Vi siete mai chieste quante frasi pronuncia mediamente una coppia nell'arco della giornata? Esiste al proposito una ricerca fatta quattro anni fa dalla Facoltà di sociologia dell'Università di California e a suo tempo brevemente riferita, come notizia curiosa, da alcuni quotidiani di casa nostra. Pare che dopo sei anni di matrimonio, e cioè a unione assestata, lei e lui si scambino di norma cento frasi al giorno per comunicarsi esigenze, informazioni e sentimenti elementari. Il «minimo di sopravvivenza», sotto il quale si è all'incomunicabilità e alla crisi, sarebbero ventidue frasi.

Con tutto il rispetto per i ricercatori, mi sembra che le coppie medie prese in esame siano in realtà di eccezionale sbrigatività e stringatezza. Ho provato a rifare il calcolo ricostruendo il dialogo-tipo del solito quotidiano all'insegna della corsa, e perciò sfrondato da ogni orpello. Vediamo.

Ore sette del mattino: buongiorno, è ora (lei). Dio, com'è tardi (lui). È libero il bagno? (lui). Bambini, non litigate! (lei). Dove sono finite le mie camicie? (lui). Il caffè è prontoo! (lei). Buoni, bambini (lui). Ne parliamo stasera (lui). Ricordati di fare quella telefonata (lei). Devo correre (lui). A mezzogiorno torni? (lei).

Ore 12,30: non aspettarmi, faccio un salto in mensa (lui). Non fare tardi come al solito, stasera (lei).

Ore 19: sono a pezzi (lui). E io no? (lei). Ho una fame tremenda, cosa hai fatto per cena? (lui). Ha telefonato tua madre, richiamala (lei). Bambini, andate a lavarvi le mani (lei). Cosa c'è stasera alla tivù? (lui). A tavola-aa! (lei). Sempre minestrone... (lui). Bambini, a letto! (lei). Ancora John Wayne? (lei). Passami il telecomando (lui). Svegliati, il film è finito! (lei). Buonanotte, amore (lui). Buonanotte (lei). Hai messo la sveglia? (lui). Tutte le sere la stessa domanda! (lei). Buonanotte (entrambi).

Contatele anche voi, sono trenta frasi: stando ai sociologi californiani dovremmo essere largamente al di sopra dell'essenzialità, stando all'evidenza dei fatti ho l'impressione che siamo largamente al di sotto della «sopravvivenza», salvo che per sopravvivere non si intenda dirsi ciao, avvertire che il caffè è pronto e che la minestra è in tavola.

Scusate se torno ancora una volta sul tema del dialogo di coppia, ma è il *sound* che l'accompagna in ogni fase mutando ed evolvendosi in sintonia col rapporto.

Con il passare del tempo è indubbio che la coppia impara a conoscersi, crea una sua routine e si muove con sicurezza nel quotidiano: il dialogo perde perciò la funzione degli inizi, quando lei e lui erano sollecitati a usare la parola per raccontarsi, per far valere le proprie esigenze, per esprimere le proprie riserve, per contestare abitudini o comportamenti che non si ritenevano accettati.

La quotidianità, inoltre, si crea lasciando spazi sempre più esigui all'eccezionalità: ci si abitua a star bene insieme, a dare per scontate la complicità e una sessualità appagante. Ne consegue che la parola perde l'accattivante malizia della seduzione e perciò, anche, parte della sua funzione emozionale.

Può però acquistare in profondità e chiarezza: e sta soprattutto alle donne, parlatrici «istituzionali» della coppia, far sì che ciò avvenga. Il desiderio di un *buon* dialogo può tuttavia rivelarsi controproducente: essendo il marito un interlocutore poco stimolante, e non avendo cose emozionanti o intelligenti da dire, la moglie preferisce tacere. E questo è pericoloso: nella vita a due possono verificarsi situazioni di emergenza, di eccezionalità e di crisi che *esigono* comunicazione e dialogo di ottima qualità. E, se si è perduto l'allenamento, questo non è possibile. Non si trovano le parole, si sbaglia aggettivo, si presume troppo dal sottinteso.

Se amate, come me, i «classici» della leggendaria Hollywood (e quando la tivù, fortunatamente spesso!, li trasmette, non ve ne lasciate scappare uno) vi sarà capitato di provare un doloroso sbalordimento per l'incapacità di spiegare e di giustificarsi dei protagonisti durante una scena madre. Prendiamo *L'uomo di Filadelfia*, uno dei vecchi film più famosi di Paul Newman, che sere fa ho rivisto per la decima volta con immutato piacere. A un certo punto la madre è costretta a rivelare al figlio che non è l'orfano del leggendario padre che crede, né il rampollo di una delle più prestigiose famiglie bostoniane. Lo choc è comprensibile, la condanna morale nell'aria. Ora, ci voleva tanto per spiegare che il leggendario padre era in realtà omosessuale e violento, cosa che spinse la giovane sposa a cercar consolazione e rifugio tra le braccia di un altro?

Stesso discorso per il marito-protagonista che sospetta un tradimento o la moglie che è giustamente inquieta nel vedere il vecchio anellino di famiglia al dito di una stupenda ragazza. Anziché spiegare che i misteriosi viaggi erano richiesti da una bronchite della vecchia nonna e che la stupenda ragazza è in realtà una sorella segreta, lei e lui farfugliano dignitosamente essenziali dichiarazioni d'innocenza consentendo all'equivoco di ingigantirsi sino alla rottura clamorosa o all'ingiustizia più crudele.

È evidente che, se lei e lui si spiegassero, mancherebbe il dramma e non esisterebbe il film. Ma nella vita reale la mancanza di chiarezza non ha alcuna funzionalità e può essere addirittura rovinosa. La soluzione della crisi, la spiegazione chiarificatrice, la messa in evidenza di obiettivi scontenti presuppongono, ripeto, un lungo *allenamento* al dialogo.

Allo scopo occorre accantonare la presunzione ed il perfezionismo. Quando nostro marito torna a casa, raccontiamogli le sciocche banalità della nostra giornata: se abbiamo un lavoro extradomestico, confidiamogli anche i piccoli scontri e i piccoli guai dell'ufficio; impariamo a commentare ad alta voce una gag o la scena di un film mentre stiamo insieme davanti alla televisione; se leggiamo un libro, riferiamogli ciò che ne pensiamo in bene o in male, e se gli è sfuggito un articolo o un fondo porgiamogli il quotidiano sollecitando un suo giudizio.

Per inciso, quello che a noi sembra un dialogo scontato e persino umiliante per la sua mancanza di «contenuti», per nostro marito è un modo di comunicare tranquillizzante e piacevolissimo. Quel che lui non sopporta è l'essere costretto a subire messe a punto esistenziali, discorsi impegnativi, discussioni per principio: a volte, poveretto, è davvero troppo stressato per farsene coinvolgere, e si *abitua*, per autodifesa, a mugugnare risposte vaghe e a raccontare di sé e della sua giornata il meno possibile (onde evitare che diventino un trampolino di lancio di polemiche ed esplorazione dei massimi sistemi).

Nell'emergenza, ossia quando ciò si renderà indispensabile, sarà invece costretto a prestarci attenzione; e non vi saranno i disagi, le pause e la difficoltà a chiarire delle coppie che hanno ridotto la comunicazione alle diciotto o trenta frasi indispensabili alla sopravvivenza...

IL PARTNER VIOLENTO

Molti uomini chiedono a urlacci e protestano a schiaffoni. Consultori, SOS telefonici e aule del tribunale raccolgono ogni giorno storie di sopraffazione e di violenza; e molte rimangono racchiuse nell'inferno delle pareti domestiche perché per paura, per dipendenza economica, per masochismo o per un sentimento sacrificale che fa sopportare anche l'annientamento le mogli non escono allo scoperto con una denuncia. Nei casi più drammatici, passano direttamente dall'anonimato ai clamori della cronaca nera.

Io spero che nessuna delle donne che mi legge conviva, senza potersi ribellare, con un partner che ricorre alla superiorità fisica per imporre la propria inferiorità psicologica e mentale. Temo però che parecchie conoscano l'umiliazione, l'impotenza e la rabbia di una violenza meno esplicita e soltanto fisicamente meno dolorosa: è quella, tipica, del superuomo che si sente frustrato in un'impetuosa vocazione al protagonismo e al comando.

Non sopporta che la moglie prenda delle iniziative senza consultarlo né che abbia idee proprie; non tollera che qualcuno metta in discussione ciò che lui stesso decide o sottovaluti ciò che propone; qualunque professione eserciti, aspira al primo posto e ai consensi unanimi. All'apparenza è un uomo deciso, sicuro, «virile» e persino carismatico. In realtà è suscettibile, megalomane, insicuro, afflitto da manie persecutorie e sensi di inadeguatezza. Se sbaglia, e ciò avviene spesso, la sua megalomania lo porta a convincersi che non solo le persone, ma persino gli eventi abbiano tramato contro di lui.

Per smania di egemonia può prendere decisioni spericolate, far colpi di testa, lasciarsi coinvolgere in affari azzardati. Ho sempre pensato, e qui lo ribadisco, che qualunque forma di violenza ha alla radice un'assenza di cultura o un complesso d'inferiorità culturale. È da questa lacuna, o dell'aggressiva volontà di nasconderla, che hanno origine l'immodestia, la mancanza di rispetto, la povertà dialettica, l'incapacità di critica e la suscettibilità del violento.

Vivere con lui non è facile: messo alle corde dalla logica di una contestazione reagisce strillando; incapace di far valere le proprie ragioni con analisi profonde e argomenti convincenti, le impone con la sopraffazione verbale. Formalmente educato (o troppo vile per esporsi in modo tanto «esplicito») raramente quest'uomo trascende fisicamente; al massimo, vi è la soperchieria episodica della spinta, del ceffone e dell'isterica scrollata di spalle.

D'istinto, verrebbe da suggerire anche alle mogli di questi esemplari maschili una saggia fuga. Ma bisogna razionalmente accettare la realtà che non sempre è una strada praticabile e che non tutte le donne la ritengono quella migliore. Alcune imparano a difendersi con strategie miranti a neutralizzare gli attacchi più cruenti; altre hanno un senso del dovere connaturato, e non ritengono le sopraffazioni del partner così gravi da giustificare la separazione, ossia l'abdicare all'impegno morale o sacramentale preso con il matrimonio.

Altre ancora, infine, sono loro malgrado sentimentalmente soggiogate dal «piccolo violento»: non tanto per masochismo, quanto perché questo tipo d'uomo ha a suo modo, e molto spesso, una passionalità d'una certa suggestione. È infatti «sopra le righe» anche nei comportamenti e nelle reazioni con cui esprime la propria affettività.

Non chiede mai scusa, è vero, ma riesce a farsi perdonare con plateali manifestazioni di pentimento che

... messo alle corde dalla logica
reagisce strillando...

possono spingerlo a irrefrenabili crisi di pianto. La tenerezza gli è sconosciuta, però conosce i toni forti del regalo teatrale e della sorpresa grandiosa. Si abbandona a intemperanze e scenate senza controllo, ma una volta sbollita la furia si applica volonterosamente, anche a letto, perché le riconciliazioni siano grandiose e appassionate.

Che lo vogliamo o no, vi sono donne che apprezzano vivere alla grande passando da rabbia a esaltazione, odio e amore, rifiuto e abbandono: la letteratura sadomaso-romantica del «più soffro, più amo» (variante: «mi tormenta, dunque mi ama») rende più accettabili i momenti delle aggressioni e favorisce la suggestiva convinzione di vivere, nonostante tutto, un buon rapporto risparmiato da noia e relax emotivo.

Sarebbe crudele smantellare questa suggestione: il concetto di felicità è soggettivo come quello della bellezza, c'è chi trova affascinante la donna cannone o il nano, e chi non riesce a toccare i vertici se non è prima sceso nel fondo dell'abisso. Qui, addirittura, sopravvive un manipolo di esaltate che, pur respingendo la violenza fisica, non disdegna quello che le nostre nonne chiamavano «lo schiaffo d'amore»: travolto da gelosia o da disperazione, lui perde il controllo e molla la sberla. La deliziata reazione di lei è: dio, come mi ama!

Vi è sempre uno spiraglio di luce anche nelle più deliranti follie. Voglio dire, tra i tanti modi di verificare fino a che punto si ha potere su di uno uomo può esservi anche quello di vederlo trascendere per noi. Il problema sta nello stabilire se è potere amoroso o raffinata capacità di far perdere le staffe.

A proposito di schiaffi: può capitare che anche un uomo civile e, per principio e di fatto, contrario a ogni manifestazione di violenza di fronte a una provocazione gravissima o a una furibonda crisi d'isterismo molli lo sberlone liberatorio-terapeutico. Non è *comunque* un bel gesto, tuttavia sarebbe sbagliato drammatizzarlo o dargli un'interpretazione a tutti i costi. Si tratta di un episodio isolato, senza passato né futuro, che ha come unica spiegazione l'eccezionalità di un particolare momento: passato il quale il nostro uomo è il primo a provare vergogna. Creargli esagerati sensi di colpa sarebbe ingeneroso: gli incidenti prevedibilmente destinati a non ripetersi sono quelli per cui vale la famosa regola del «mettere la pietra sopra». Imparando la lezione e non parlandone mai più.

Capitolo diciassette

LA VIOLENZA AL FEMMINILE

Benché provocata, usata, sopraffatta e trattata da schiava la donna non si è mai servita della forza fisica come arma. Essendo meno forte dell'uomo e non potendolo perciò fisicamente sopraffare, ha affinato altri strumenti di offesa e di difesa. Molti studi sono stati fatti, e moltissimo si è scritto, sulla «violenza al femminile»: per non uscire dal seminato, limitiamoci a quella che la donna può esercitare nell'ambito della coppia.

La prima è la depersonalizzazione del marito. Dopo il matrimonio, tutte debbono compiere quella piccola e indispensabile propotenza che è staccarlo dalle abitudini di scapolo e dalla famiglia paterna per avvezzarlo a nuove responsabilità e nuovi modi di vita. Alcune però vanno assai oltre: non gli basta staccarlo, ma vogliono sradicarlo ed erigere un muro tra passato e presente. E diventano le registe dell'esistenza del marito: sono loro a dirigere le sue scelte, stabilire quali parenti allontanare, quali frequentare, a suggerire comportamenti e reazioni. Onde creare il pretesto emotivo, intrigano, riferiscono, seminano abilmente zizzania.

La loro forza sta nell'essere realmente legate al marito. Gli fanno il vuoto intorno, ma nello stesso tempo riempiono questo vuoto con tenere premure, generosa disponibilità, gratificanti rassicurazioni. L'uomo che vi casca non è necessariamente un succubo o un cretino, ma il più delle volte un inesperto o un pigro. Si fida della propria compagna e trova comodo delegarla.

Tutte voi, penso, conoscete almeno una coppia in cui è lei la «padrona»: della casa, del budget, del tempo libero, dei programmi, dei figli. E, putroppo, anche del cervello del povero depersonalizzato.

Abbiamo già parlato, e malissimo, del ricatto. Ma non sempre è un'arma sfoderata intenzionalmente, e non di regola a usarla è la moglie egoista e minatoria. Esiste anche l'intimidazione della bontà incondizionata e del sacrificio totale: è quella della partner che, con il matrimonio, ha sposato la perfezione. Svolge il ruolo di moglie con efficienza, puntiglio, abnegazione. Si fa carico di tutto, si prende cura di tutti: per lei *essere è dare*, ed è così coinvolta nell'oblazione di sé da non curarsi affatto di ricevere. Né di chiedere.

La perfezione, come l'eroismo, ha sempre in sé il germe di una piccola violenza. Praticata nella coppia, crea in chi la subisce lo stato di soggezione del fedele che s'inginocchia davanti all'altare: rendendo omaggio, egli chiede automaticamente ammenda dei suoi peccati spinto da un oscuro senso di colpa. Un uomo perbene *non potrà* mai lasciare una compagna perfetta: sarebbe un sacrilegio.

Ciò non significa affatto che egli sia risparmiato da tentazioni o voglie di fuga: alla lunga, molte sante mogli che non contestano, non pretendono e non urlano finiscono per anchilosare il rapporto in una divina assenza di trasporto e di vita. Ma all'imperfetta e appassionata ragazza che l'ha travolto e lo supplica di uscire dalla prigione dorata questo marito dirà la sola verità a cui ogni amante dovrebbe credere: «Mia moglie non merita la sofferenza che le arrecherei lasciandola e, se lo facessi, non avrei più pace».

La moglie perfetta è come quella invalida o cronicamente ammalata o psicologicamente incapace di bastare a se stessa: un compagno onesto non può sottrarsi al dovere morale di restarle accanto. La perfezione non sempre è connaturata e spontanea: talvolta è sottilmente strumentale. La donna crea al partner un contesto familiare e sociale che soddisfa tutti i desideri di comfort e di immagine; quel che una moglie innamorata fa con slancio, lei lo fa per calcolo. Vuole rendersi indispensabile e anche l'insostituibilità è ricattatoria. L'implicito messaggio è infatti: «Se non ci fossi io, o tu mi lasciassi, perderesti tutto questo».

Proseguendo il nostro viaggio nella violenza femminile troviamo l'esaltata vestale della passione. Narcisista, romantica e possessiva, si è data come scopo primario quello di salvaguardare la vita di coppia dalla ripetitività e dalla pausa emotiva. Esige sempre il trattamento da grande amore, e non consente distrazioni. Lo alimenta con ogni mezzo e con ogni artificio: la minaccia di fuga, la civetteria scoperta, la reticenza, la silenziosità che intriga, il racconto che inquieta, l'accusa che riscuote. Tutto è volto a far sì che il partner viva il rapporto con una continua sensazione di provvisorietà. La violenza consiste proprio negli artifici per stimolarla: con quali attentati all'equilibrio e alla serenità di lui è superfluo sottolineare.

Vi è poi l'intimidazione dei Grandi Principi, arma a cui ricorrono le donne fervidamente rigorose, facendo di alcune ideologie o valori i pilastri che sorreggono il matrimonio. È quanto in onesta misura sarebbe auspicabile che ogni moglie facesse, perché le unioni «morali» sono certo più stabili e profonde di quelle che non hanno altra risorsa se non l'amore e altro impegno al di fuori del far fronte alle emergenze della quotidianità o del caso.

In pratica, purtroppo, a sposare i Grandi Principi suddetti sono perlopiù le mogli furbe: fra tutti, scelgono con passione maliziosa i più funzionali alle proprie esigenze, e li predicano con fede minatoria. Quasi sempre sono le paladine delle Fedeltà, dell'Altruismo, del Rigore, della Dignità: le maiuscole sono di rigore, in quanto le Nostre li inculcano con la solennità di una religione e con la violenza di un plagio. Cosicché i mariti arretrano di fronte alla tentazione, condizionati a identificare la trasgressione sia come la perdita di autostima sia come distruzione del matrimonio in quanto privato dei pilastri di sostegno.

Alle intimidazioni istituzionali si uniscono quelle estemporanee, armi da brandire a seconda della necessità e delle solite emergenze. C'è quella del pianto, per andare dritto al cuore del marito sensibile che, avendo trasgredito, merita di essere adeguatamente colpevolizzato.

C'è quella dei figli, via via sfoderata per dare (responsabilità, doveri, spinta a guadagnare di più) e per togliere (spazi propri, ambizioni rischiose, libertà, tentazioni). Anche qui il ricatto è implicito: il padre che non assolve tutte le responsabilità affettive e i doveri economici è destinato a perdere la considerazione e l'amore dei figli.

E c'è, infine, il raffinato punteruolo del rifiuto sessuale con la punta intrisa nel veleno del mutismo e della ostentata disapprovazione. La moglie offesa si chiude in se stessa negandosi a ogni tentativo di approccio, verbale o fisico che sia. Tagliato fuori, il marito si sente ansioso, intimidito, frustrato: e perché lei torni a parlare, a sorridere e a fare l'amore è costretto a concedere ciò che aveva negato, proclamarsi pentito per il gesto che aveva compiuto, ricredersi umilmente di ciò che aveva sostenuto con fermezza.

A questo punto non vorrei essere stata, io stessa, intimidatoria: poiché mi sono concentrata nelle estremizzazioni è possibile che abbia forzato i toni. Rimedierò con una conclusione che dovrebbe suonare tranquillizzante per le mogli che, subito, tendono a buttarsi nell'autofustigazione e nell'autocritica: non esiste rapporto di coppia che sia risparmiato dal ricatto.

Il *buon* matrimonio si costruisce addirittura attraverso una interminabile serie di piccole intimidazioni, e il filo conduttore di ogni comportamento, di ogni scelta e di ogni complicità è la rinuncia di qualcosa al fine di ottenere una ricompensa. La *buona* coppia, in altre parole, si impone reciprocamente sacrifici, doveri, integrità e correttezza con la ferma convinzione che si tratta di presupposti essenziali per raggiungere armonia e stabilità. Ciascuno dei partner conosce infatti l'amarissimo prezzo della trasgressione: la perdita dell'amore e della fiducia.

Ne consegue che intimare è umano, e solamente esagerare è diabolico.

LE AMICIZIE

Benché stressata da ambizioni, fatiche e responsabilità, benché tentata di godere il piacevole relax di una casa confortevole e l'evasione passiva degli spettacoli tv, la coppia d'oggi socializza più di quella di un tempo. A un certo livello, «frequentare» è un impegno che spesso è vissuto come uno straordinario dell'orario lavorativo. La moglie efficiente è anche quella che, fra le tante capacità, possiede il talento e la voglia di fare le pubbliche relazioni per il marito, organizzando le occasioni d'incontro giuste con le persone che gli possano essere d'aiuto per la carriera o l'immagine.

Il solo pericolo è che l'amore per la mondanità diventi fine a se stesso e alla lunga deconcentri la coppia rendendola frivolamente «estroversa», ossia sempre meno intima e meno capace di complicità e dialogo; e il solo problema insorge se a un marito molto ambizioso non corrisponde una moglie disposta a sacrificare le buone letture, le vere amicizie e interessi più profondi a una mondanità finalizzata al successo.

Le incomprensioni, le divergenze e i problemi sono assai più numerosi se passiamo dalla mondanità al privato, dalle frequentazioni di rappresentanza ai rapporti che non hanno altra finalità se non trascorrere piacevolmente del tempo con persone alle quali ci legano affetto, affinità e stima. Sposandosi, sia uomo sia donna, portano nella coppia *anche* un lungo vissuto di amicizie, che non sempre sono le medesime. Il primo equivoco è pensare di poterle mantenere tutte: quelle di lui e quelle di lei.

L'amalgama è impraticabile e la nuova vita, piena di responsabilità e impegni, non consente più il tempo per farlo. Fatalmente si sfronda, e alla selezione sopravvivono i più simpatici, i più divertenti, i più cari. Ma un matrimonio vitale presuppone che agli amici di lui e di lei si aggiungano quelli della coppia: persone che via via si conoscono e con le quali si crea un rapporto privilegiato di affinità e consuetudine.

E qui non sempre la valutazione o il *feeling* sono concordi. Al marito può piacere moltissimo una coppia che alla moglie è insopportabile perché la donna è intrigante o frivola o civetta. Per contro, lei trova irresistibile un'altra coppia che stavolta è insopportabile a lui in quanto l'uomo gli appare subdolamente galante. L'amicizia, oltre a diventare fonte di dissapori, viene così a perdere la funzione primaria che è quella di impedire alla coppia di rinchiudersi e morire di polemiche e d'asfissia.

Ma c'è di più: frequentare e organizzare aiuta anche dopo il matrimonio a deconcentrarsi dai problemi, a scaricare aggressività latenti, a vanificare oscuri scontenti, a preservare il rapporto da quella noia che deriva dal non avere scambi con l'esterno. L'amicizia può avere anche la funzione preziosa di mediare e aiutare nei momenti di frattura. E qui vorrei soffermarmi un poco.

Ogni coppia dovrebbe avere come interlocutore e amico un personaggio di grande affidabilità e ugualmente affezionato a lei e a lui. Si tratti di un uomo o di una donna, è la persona che resta sempre al di sopra dei coinvolgimenti emozionali e, all'occorrenza, rimprovera e strapazza il coniuge colpevole. I suoi suggerimenti sono razionali, la sua mediazione serena, la sua capacità d'intervento puntuale. Benché la descrizione sia da favola, sono moltissime le coppie che realmente possono contare su un amico con queste caratteristiche: e a lui (o a lei) debbono l'essersi ritratti per tempo dal colpo di testa, aver chiesto scusa al momento giusto, essere riusciti a chiarire l'equivoco o a sanare una stupida crisi.

In questo senso bene dice il proverbio «chi trova un amico, trova un tesoro». Ma anche qui esiste il rovescio della medaglia, perché a far da contraltare al personaggio affezionato e affidabile c'è quello che sotto la facciata di grande amabilità e generosità cela invidie, frustrazioni e secondi fini. Ci frequenta con due scopi: servirsi in qualche modo di noi (per conoscere altre persone, per essere introdotto in ambienti che gli servono, per brillare di prestigio riflesso o, semplicemente, perché non conosce nessuno all'infuori di noi) oppure per intrigare e maneggiare al fine di disturbare una serenità e dei consensi che ci invidia.

Il senso dell'ospitalità non dovrebbe mai trasformarsi in quello slancio terzomondista che spinge a «introdurre» e invitare l'ex collega disoccupato, l'amica sussiegosa, la vecchia compagna di scuola plebiscitariamente odiosa, la coppia di vicini di casa scorbutici e musoni, il compagno di palestra rompiscatole, il nuovo compagno d'ufficio ambizioso e intrallazzone.

Si tratta di personaggi a rischio come mine vaganti, e comunque destinati a destabilizzare un gruppo di amici affiatati e un giro di collaudati scambi di cose e di inviti: suscettibilità, pettegolezzi, livori e frustrazioni sono sempre nell'aria.

Le vere amicizie sono sempre razzistiche, in quanto esigono affinità profonde; e ogni dislivello di cultura, di sensibilità e di educazione è penalizzato da inevitabili delusioni. È probabilmente capitato a molte di voi che un rapporto di antica data e grande affetto sia stato insidiato, o addirittura spezzato, da maldicenze o manovre dettate dalla frustrazione di pseudo-amici.

Un altro rovescio della medaglia può essere l'asasperazione di questo rapporto: talmente piacevole e divertente da farlo diventare, senza rendercene conto, incombente e invasivo. Non riusciamo (o non possiamo) organizzare più nulla senza coinvolgervi «quella» persona o «quella» coppia, pena l'essere accusati di chissà quali voltafaccia o manovre. La possibilità di trascorrere un week-end da soli, di frequentare altre persone, di declinare un invito diventa praticamente nulla.

Va da sé che alla lunga l'amicizia scoppia e basta un minimo malinteso per dar sfogo alla crisi di rigetto: non di rado violenta e insanabile. Può capitare che i grandi predatori (di «esclusiva» e di affetto) siamo noi. Con fiuto da segugio controlliamo tutti i programmi e tutti gli spostamenti dei carissimi amici onde accertarci di non essere mai sostituiti e mai non invitati: un loro rifiuto ci urta, la simpatia che possono mostrare a un'altra coppia ci ferisce, ambiamo a essere insostituibili ed unici.

Anche questo proiettarsi all'esterno e abituarsi a fare tutto insieme nuoce all'equilibrio della vita a due. Le amicizie passionali sono tipiche dell'adolescenza, ma segno di superficialità e di disturbo in una coppia adulta. Marito e moglie debbono essere sentimentalmente autosufficienti e, pur essendo aperti ad altri rapporti e altri affetti, considerare i momenti d'intimità e di dialogo quelli più gratificanti. E i soli realmente irrinunciabili.

E qui si affaccia l'amica del cuore, presenza tipica dell'universo femminile, di gran lunga preesistente alle complicità politiche. Il mito della sorellanza è crollato, ma la sorella di elezione è rimasta. I mariti di solito non capiscono né approvano un rapporto di assiduità che non è al di sopra di ogni sospetto: questa amica è raramente imparziale. Depositaria di sfoghi e confidenze, condivide gli sdegni, aiuta le analisi ipercritiche e assai spesso suggerisce sottili strategie di rappresaglia.

Ad accrescere l'irritazione del marito è la consapevolezza che una persona a lui estranea è al corrente delle sue debolezze, dei suoi tic, dei suoi soprusi. C'è quello che reagisce con umorismo e quello che non risparmia musi e frecciatine. Va detto che nel mondo maschile non esiste un rapporto corrispettivo, se non in età giovanissima. L'amicizia tra uomini è basata più sul «fare insieme» che sull'autentica confidenza: ai vecchi pudori si è aggiunto il sotterraneo agonismo che spinge a offrire di sé un'immagine vincente e vieta lo sfogo di delusioni e sconfitte.

Interessi culturali e affiatamento mentale possono rendere ancor più profondo il rapporto tra amiche. Letteratura e cinema hanno magistralmente raccontato storie di grandi solidarietà e complicità tra due donne: l'«altro matrimonio» dell'affettività femminile. È di questo affiatamento che il marito può aver paura ed essere geloso. Non inviterei mai una donna a rinunciarvi,

... l'amica del cuore, presenza tipica dell' universo femminile ...

però è innegabile che anche una grandissima amicizia può disturbare l'intimità coniugale. Se vostro marito accusa questo malessere, e ogni volta che uscite o telefonate si comporta come se lo tradiste apertamente, non vi resta che difendervi (e difendere l'armonia di coppia) comportandovi a vostra volta come se aveste una relazione extraconiugale: con grande discrezione, evitando di pubblicizzare slanci e incontri.

IL RAPPORTO PARITARIO

Tempo fa sono stata invitata a un convegno-dibattito sull'incoraggiante e spazioso tema: «Professione donna: verso la parità». Benché il ruolo di «esperta» mi crei qualche disagio, rispondo sempre con piacere all'appello perché ogni volta che parlo con le donne imparo qualcosa di più. Al dibattito di cui sopra ce n'erano circa trecento, e per prima cosa ha avuto la riconferma di quanto le donne siano oggi dialettiche, lucide e concrete.

L'antica convinzione secondo cui la mente femminile è capace di profonde analisi ma è assai meno portata per la sintesi mi sembra ormai priva di fondamento. Ed è stata la seconda conferma che ho avuto: difatti, dopo intelligenti disquisizioni sulla professione donna e sul suo nuovo ruolo all'interno della coppia, le congressiste sono arrivare alla sintetica conclusione che la strada «verso la parità» è talmente lunga e accidentata da non autorizzare alcuna speranza di arrivare al traguardo entro il prossimo secolo.

Sono personalmente convinta che buona parte degli ostacoli che incidentano il percorso siamo state noi stesse a metterli; in alcuni momenti di sconforto, arrivo addirittura a pensare che abbiamo sbagliato strada. Tutto deriva dall'avere idee preconcette o confuse o sbagliate sul rapporto paritario.

E qui vorrei fare una piccola divagazione introduttiva. Pur avendo una certa proprietà della lingua italiana, esistono alcune parole che m'incutono una certa soggezione. Per esempio «impegno», «complicità», «dignità», «indignazione», «maschilismo», «sacrificio», «autodifesa»: fanno ormai parte del lessico ideologico, politico e morale dei nostri giorni e a furia di sentirle sbandierare e ripetere ho la sensazione di averne perduto l'originario significato. A questo punto compio spesso un esercizio che suggerisco a tutti: prendo un dizionario della lingua italiana e vado a controllare, preziosa verifica mediante la quale realizzo se faccio uso corretto della parola in questione oppure ne ho manipolato o strumentalizzato il senso.

È quanto ho fatto per il termine «parità». Il dizionario dice che è «*ugualianza di condizione, di qualità e di trattamento*»: bene muoviamoci entro questo ambito. All'origine dell'irrecuperabile handicap sta proprio la *qualità*, intesa in senso morale. Qui siamo, da sempre, superiori all'uomo e credo che al proposito non possano esistere dubbi. Attrezzandoci per essere madri, la natura ci ha fornito qualche strumento in più: la generosità, la resistenza, la tenerezza, la sensibilità, l'intelligenza umana. E già queste doti ci hanno irresistibilmente spinto a comportamenti più nobili e a tolleranze più grandi. Storia e costumi, strumentalizzando la funzione naturale e costringendoci a fare *solamente* le madri, ci hanno sì votate alla professione del sacrificio, ma senza volerlo hanno anche reso più ricca e profonda la dotazione delle qualità femminili.

Eccezion fatta per le ribelli, che si sono distinte come avvelenatrici, fattucchiere, diavolesse e maliarde, quelle che sono rimaste alla schiavitù del focolare hanno sviluppato virtù da angeli e, contemporaneamente, scoperto strumenti di sopravvivenza e di difesa: la malizia, la fantasia, la compiacenza, la compassione, l'eroismo. (Tralascio quelli negativi, primo tra i quali il ricatto, sia perché ne abbiamo già parlato sia perché anche gli uomini li posseggono). Ma soprattutto, ci siamo formate una profonda cultura dei sentimenti.

La nostra superiorità qualitativa mi sembra, a questo punto, sufficientemente illustrata. E qui vengo al punto:

per quanto le leggi possano riparare a sperequazioni secolari (garantendoci «uguaglianza di trattamento»), per quanto gli uomini possano col passare del tempo diventare collaborativi e paritari (garantendoci «uguaglianza di condizione»), la totale parità non sarà mai raggiunta in quanto resteremo sempre *qualitativamente superiori* all'uomo.

Suona un discorso paradossale, ma purtroppo non lo è affatto. Faccio un passo indietro e torno al convegno di cui parlavo all'inizio. Una relatrice ha letto sei cartelle per spiegare che cosa si intende per coppia paritaria e quali aspettative la donna ripone nel «nuovo rapporto». Tagliando l'ideologia (rispetto, riconoscimento di eguali diritti, spazi, libertà, potere decisionale) passo a riassumervi le aspettative più concrete, che mi sembrano generalmente condivise.

Il matrimonio non deve significare più, per la donna, la morte civile e il ruolo tiranno. Nella coppia paritaria essa deve, come l'uomo, muoversi liberamente salvaguardando il proprio diritto a lavorare e realizzare ambizioni alternative alla casa funzionale e i figli ben cresciuti. E qui si affaccia il «nuovo marito». Non più sultano, ma schiavo part time: in parole semplici, equamente impegnato tra responsabilità domestiche e lavoro, con turni e mansioni ben divisi e definiti.

Se la carriera della moglie si prospetta più prestigiosa ed economicamente redditizia della sua deve privileggiare le responsabilità domestiche al proprio lavoro, esattamente come hanno finora fatto le donne (anche quando la carriera di lui non aveva obiettivamente prospettive troppo esaltanti).

In caso di separazione, i figli piccoli saranno affidati a quel genitore che offrirà maggiori garanzie di disponibilità e di tempo. Non necessariamente la madre: e a questo proposito la relatrice ha auspicato sia che la donna paritaria si liberi del presuntuoso condizionamento di essere il genitore migliore, sia che cadano i pregiudizi e la sottintesa condanna morale nei confronti di quelle che già oggi spontaneamente rinunciano all'affidamento dei figli lasciandoli al loro padre.

Mi sembrano aspettative ed esigenze rigorosamente in linea con il concetto di parità. Lasciando da parte tutte le difficoltà concrete di una autentica «rivoluzione del quotidiano», alle quali ho peraltro già accennato in un precedente capitolo, ritengo che all'atto pratico le più profonde resistenze provengano dalla donna stessa. Per la precisione, dalla sua *superiorità morale*. E non è un caso se le poche che sono riuscite a raggiungere una assoluta perequazione sono quelle che hanno assunto caratteristiche tipicamente maschili quali l'agonismo, la durezza, la capacità di analisi essenziali sfrondate dall'inquinamento di sentimentalismo e tentazioni sacrificali.

Sono donne manageriali anche nella gestione della famiglia, il che non fa obbligatoriamente di loro delle cattive mogli o delle madri assenti. Accanto all'egoismo vissuto come religione del Sé c'è l'egoismo «generoso» di chi, pur privilegiando la propria persona, tiene conto anche dei sentimenti e delle esigenze degli altri. È quello dei maschi migliori, e le perequate hanno imparato a praticarlo.

Ma la maggior parte delle donne non vi riesce e, temo, non vi riuscirà mai. Una millenaria militanza nella generosità e nei buoni sentimenti ha eretto una barriera contro l'ugualianza e funge da incrollabile censura. Crearsi spazi propri, realizzare carriere «maschili», affidare i figli all'ex coniuge, vigilare continuamente affinché le esigenze della famiglia non prevarichino mai i diritti propri richiede latitanze, inflessibilità, egocentrismi e calcoli che un «superiore» rigore morale ci vieta.

La parità potrà realizzarsi soltanto quando l'uomo smetterà di esserci inferiore e diventerà un compagno generoso e un genitore affidabile come la madre. Per il momento ciò si verifica in casi eccezionali, oppure episodicamente, a livello di emergenza o di hobby. Guardando al futuro, il vissuto maschile non autorizza grandi ottimismi.

Le battaglie femministe si sono concluse con strepitose vittorie di codici e di principi: nei decenni a venire dovremmo impegnarci per renderli operanti anche in quegli strati sociali dove il maschio è sempre padrone e la liberazione della donna è ancora un'utopia. Purtroppo, invece, molte continuano a battersi per i principi: impegno lodevole ma controproducente, in quanto le ideologie spesso distraggono dall'esercizio di diritti concreti.

Quella della parità è una fede che le battagliere elette predicano con i furori della guerra di religione, creando molta confusione tra le seguaci e inutili e tensioni nella coppia. Vi sono mogli convinte che vivere un rapporto perequato significhi delegare il marito di incombenze tipo apparecchiare la tavola, grattugiare il formaggio, gettare nel cassone i sacchetti dello sporco e lavare i piatti un giorno sì e uno no.

È indubbiamente un aiuto, che peraltro ogni marito

... la parità potrà realizzarsi solo quando l'uomo smetterà di essere inferiore...

dovrebbe spontaneamente dare. Ma la stizzosità, le discussioni e i malumori che il voler forzare i riottosi comporta sono sproporzionati al risultato: ideologicamente irrilevante. Ostinandomi a definire utopistica la coppia del tutto paritaria, varrebbe secondo me la pena battersi per un traguardo più significativo: un autentico rispetto da parte del marito.

Tradotto in azioni, questo rispetto è consultare la propria compagna nelle decisioni importanti, aver fiducia nel suo giudizio, riconoscerle il diritto dell'autonomia mentale, apprezzare il ruolo che svolge nell'ambito della famiglia, farsi carico dei figli non solamente nell'accidentalità e nella congiuntura e, nel contempo, far carico a lei di responsabilità e incombenze che vadano al di là del pagamento delle bollette e del versamento in banca.

È già qualcosa, anche se le sperequazioni dei ruoli restano: soltanto le mogli debbono pagare la carriera col doppio lavoro, in casa e fuori. Soltanto le madri, uscendo per andare in ufficio, creano ai figli problemi di adattamento e problemi in genere (l'assenza del padre è istituzionale). Soltanto alle donne è richiesto di conciliare ambizioni e famiglia e soltanto loro sono moralmente approvate dalla società se producono sacrificio anziché reddito.

Voler cancellare a livello di coppia diseguaglianze collettive e secolari è, obiettivamente, un'impresa tanto presuntuosa quanto disperata. Ma è ciò che molte mogli si ostinano a fare, degradando la lotta a una puntigliosa richiesta di piccoli aiuti: il marito con le mani ammollo nel Nelsen piatti non è perequato bensì, a seconda dei casi, un uomo infastidito, rassegnato o cortese. Gentilmente, come dice il famoso spot, li ha voluti lavare lui: peccato che la vera parità escluda ogni forma di compiacenza...

EMERGENZE E SOCCORSO

Arrivate a questo punto vi sarà chiaro che conquistare un uomo è più facile che tenerlo. Ma, soprattutto, assai più divertente. La seduzione è una partita a due eccitante come gli scacchi. Studiando le mosse dell'avversario e premeditando le proprie si mettono in esercizio le qualità migliori di noi: intelligenza, creatività, fantasia.

Il «mantenimento», invece, è un gioco di squadre a cui partecipano i figli, suocere, zii, colleghi, amici, colf, eventuali ex coniugi e parenti vari. Gli interventi sono incontrollabili, le mosse imprevedibili, i risultati a sorpresa. Fuor di metafora, la stabilità del matrimonio esclude l'esercizio di protagonismo e comporta più buon senso che creatività, più malizia che intelligenza, più compromessi che fantasia.

Capitolo dopo capitolo, credo di avervi detto tutto quanto so e ho imparato sui problemi e le situazioni di disturbo che la coppia, a legame stabilizzato, normalmente deve affrontare con il trascorrere dei mesi e degli anni. La grande lezione da trarre è che il buon matrimonio va vissuto «in diretta», affrontando le difficoltà via via che si presentano e reagendo a possibili affronti con la consapevolezza che le parole sbagliate, i comportamenti impetuosi e le rappresaglie esagerate non si possono cancellare.

Occorrono la professionalità e i nervi saldi del bravo presentatore, attrezzato per le intemperanze della routine ma soprattutto per gli incidenti a sorpresa. Dietro ogni crisi della coppia vi è un'emergenza affrontata male; dietro ogni separazione, un evento che ha dato il colpo di grazia a una quotidianità mal gestita. Prevedere l'accidentalità e le trappole, e preparare una difesa di massima, è un'ottima arma anche nelle strategie coniugali. Esaminiamo le più insidiose, ricordando sempre che stiamo giocando in squadra e bisogna neutralizzare anche le esuberanze dei compagni e gli attacchi degli avversari.

IL SOSPETTO

Può accadere che una reticenza, una insinuazione, una telefonata, una nuova pettinatura, un paio di uscite fuori programma ingenerino nei mariti insicuri (e perciò portati al sospetto) l'inquietante paura che voi gli nascondiate qualcosa. L'uomo sposato, e anche questo bisogna ricordarlo sempre, è un abitudinario che diffida di ogni variazione alla routine. Prevedere i nostri comportamenti e le nostre reazioni lo tranquillizza, cosa che invece manda noi su tutte le furie perché non sopportiamo di apparirgli tanto scontate.

Talvolta proprio il desiderio di provocarlo può spingerci a flirtare con un collega, a rispondere al telefono con toni misteriosi, a motivare una uscita con pretesti ostentatamente poco plausibili. C'è l'uomo imperturbabile come mio marito, che se mi vedesse tra le braccia di un altro gli tenderebbe cordialmente la mano certo che si tratta di un mio carissimo cugino venuto da lontano, e c'è l'uomo che entra subito in allarme.

Peggio ancora se il sospetto insorge per circostanze che ci siamo ben guardate dal causare: è un chiaro segno che siamo di fronte a un partner dal temperamento particolarmente geloso. In un caso come nell'altro il sospetto va fugato immediatamente, prima che l'allarme si trasformi in «certezza» e degeneri in un continuo stato di allerta. L'insicurezza rende gli uomini (e anche le donne) aggressivi, imprevedibili e scontenti, stati d'animo che non facilitano certamente l'armonia coniugale.

LA SFIDUCIA

L'uomo trascorre tutte le sue giornate lavorative nell'impegno, ordinario o eccezionale, di ottenere il consenso dei capi e dei colleghi. Se prende una decisione, deve farla approvare; se vara una iniziativa, deve fare in modo che abbia successo; se viene contestato, deve dimostrare di aver ragione. È una tensione, più o meno sotterranea, che si allenta solamente (e purtroppo non sempre!) quando fa ritorno a casa. Se ha una buona moglie non ha bisogno di «passare l'esame»: si sente continuamente apprezzato, creduto e capito. Può tuttavia capitare che le circostanze gli impongano gravi decisioni e scelte rischiose. O, semplicemente, che commetta imprudenze o sbagli tali da far vacillare la fiducia della compagna: la buona moglie non è cieca, e la fiducia non è incondizionata fede.

È legittimo e auspicabile che i rischi vadano concordemente valutati e gli sbagli fermamente contestati. Anche la regola del «non frustrare» ha le sue eccezioni e, se l'avvenire della famiglia è in gioco, il marito va richiamato alle sue responsabilità.

Ma senza polemizzare. Egli deve avere ben chiaro che sono in discussione i comportamenti, non la sua persona; ed è soltanto sui comportamenti che si debbono esprimere perplessità e riserve. Uscire fuori tema e lasciarsi trasportare dalla collera è vivamente sconsigliabile, in quanto perdere la fiducia in nostro marito equivale perdere il miglior requisito che abbiamo ai suoi occhi: farlo sentire stimato e sapergli infondere sicurezza.

I FIGLI NON SUOI

Sarà perché i divorziati si risposano in numero maggiore delle divorziate, sarà perché soltanto il ruolo di matrigna ha una letteratura crudele, sarà perché da qualche anno l'ottica vincente è quella femminile: sta di fatto che, quando si parla dei problemi legati ai figli di primo letto, ci si riferisce perlopiù ai problemi nostri e ai figli suoi.

Se, come me, vi siete rifatte una vita portando nella nuova unione uno o più bambini, mettetevi una mano sulla coscienza: anche i nostri sono gelosi, diffidenti, sussiegosi, inarrestabili. E molto impauriti. Il vantaggio sta nel fatto che, essendo le madri vere, possiamo rassicurarli (e sculacciarli) senza incorrere in equivoci e sanzioni.

Il complesso della chioccia e l'eccesso di zelo possono però farci incorrere in molti errori psicologici e pratici. Il primo: pretendere entusiasticamente che il nostro nuovo compagno si cali subito nel ruolo di padre, coinvolgendolo in responsabilità e sentimenti che deve invece scoprire per conto proprio e col tempo. Il secondo: impermalosirci se rimprovera i bambini o, peggio ancora, pregarlo di «lasciar fare a noi» ricordandogli che non è il vero padre. Il terzo: incombere nel neonato rapporto patrigno-figliastri col ruolo di mediatrici vigili e ansiose; esemplificando, far sì che non escano soli, assistere ai loro discorsi, «interpretare» le loro parole per timore che si dicano cose sgradevoli o possano non capirsi. Il quarto: non far nulla col partner senza coinvolgervi i figli, per paura che possano sentirsi estranei al nuovo rapporto. Tutto questo crea disagio, circospezione e rigetti. Nella mia megalomania, ho commesso ogni errore possibile: oggi tra le gemelle e il mio uomo c'è un rapporto di complicità e d'amore che non ha nulla da invidiare a quello tra veri padri e veri figli, ma non sempre la fortuna aiuta le incoscienti. La lezione che ho imparato è semplice: non forzare, non precipitare, non imporsi comportamenti «ideali». Tra bravi figli e una persona perbene necessariamente si crea un legame di affetto e di stima: basta lasciargliene il tempo, e optare per la strategia del non intervento.

L'AMICO INTRIGANTE

Può capitare che una coppia «estroversa», con molte amicizie e molti giri, prima o poi si imbatta in un esemplare maschile purtroppo non ancora estinto: il cascamorto silenzioso «sommerso». Può essere l'ospitale padrone di casa, un marito dai modi irreprensibili, il collega scapolo che ci siamo pietosamente rimorchiati, l'amico di un amico, l'amante di una raffinata signora assai in vista: si tratta comunque di una persona al di sopra di ogni sospetto che al primo incontro ci adocchia, al secondo ci chiede un appuntamento, al terzo si fa insinuante di modi e di mani. E non disarma.

L'imbarazzo di dover rintuzzare *avance* tanto vili (il signore in questione sa bene che non possiamo reagire con la vivacità che vorremmo) è almeno pari alla rabbia: ma per chi ci ha prese? Per donne che alla prima strizzata d'occhio corrono in un motel? L'aspetto più umiliante della faccenda è dover tenere accuratamente nascosto alle legittime mogli e amanti che razza d'uomo hanno: nel caso si accorgessero di qualcosa, lui sarebbe certamente ritenuto il povero ingenuo che si lascia abbindolare dalla solita moglie civetta e frustrata (e cioè noi).

Un ridicolo senso di colpa ci impedisce spesso di confidarci col nostro partner: capita infatti che certe situazioni siano talmente imbarazzanti da vergognarcene come se ad averle create fossimo state noi. E questo è uno sbaglio che può causare equivoci pericolosi: il giorno in cui nostro marito dovesse accorgersi da solo delle manovre dell'«insospettabile», il nostro silenzio potrebbe apparirgli inquietante.

La sincerità è in questi casi obbligatoria e, anche, funzionale: ci libererà infatti dall'obbligo di frequentare le stesse case e gli stessi giri di un personaggio che può causare pettegolezzi, litigi e malintesi.

In casi più rari, e ben più gravi, l'insinuante «corteggione» può essere un fraterno amico o il socio d'affari di nostro marito. La certezza che smascherandolo si vanno a causare un sincero dolore e dei concreti problemi all'uomo che amiamo rende più problematica la sincerità. E qui le vie percorribili sono due. Se siamo abbastanza energiche e combattive per raffreddare gli slanci, arrivando a minacciare seri provvedimenti tipo informare la moglie ignara, si può prendere in considerazione l'ipotesi del silenzio.

Se invece il disagio, la timidezza e la vergogna rendono le nostre resistenze troppo sommesse per apparire raggelanti, mettere al corrente nostro marito è la soluzione migliore. O, quanto meno, il male minore. Il matrimonio è l'investimento affettivo più importante dell'esistenza, e se è necessario gli si devono sacrificare anche ottimi affari e antiche amicizie, peraltro mal riposte.

L'ALTRA GELOSIA

Il rapporto prioritario non deve assolutamente comportare l'«esclusiva»: la maggior parte delle volte, anzi, convive con altri legami d'affetto, primo dei quali quello con le rispettive famiglie d'origine. Un clan familiare unito da valori, solidarietà, rituali e amore può rappresentare le radici e la forza della coppia, sempre che i vari membri ne rispettino le esigenze d'intimità. E qui può insorgere il problema. Vi sono donne che anche dopo il matrimonio continuano a sentirsi soprattutto *figlie*, e non riescono a liberarsi dalla dipendenza psicologica e affettiva di questo ruolo. Se hanno una difficoltà o un problema, continuano a rivolgersi ai genitori; se sono loro ad aver bisogno, il dovere di farsene carico diventa prioritario. Fratelli e sorelle restano i più cari amici nonché le presenze più assidue nella nuova casa.

Un legame tanto stretto e invasivo può disturbare non solamente l'intimità della coppia, ma anche e soprattutto i mariti che lo vivono come una manifestazione di immaturità da parte della partner. In qualche caso, addirittura come un «oltraggio» fatto alla loro persona: si sentono trascurati, esclusi ed esautorati dal ruolo di interlocutori e confidenti privilegiati.

Non nego affatto che essere figlie sia assai più rassicurante e facile che non essere mogli, tuttavia il matrimonio segna un passaggio da una condizione all'altra e la fine della dipendenza psicologica. La nuova famiglia esige senso della responsabilità, autonomia di giudizio e una complicità di coppia che non può subire interferenze né prevaricazioni.

IL «MAL DI MAMMA»

Un altro squilibrio che può manifestarsi all'interno della coppia deriva dall'approccio sbagliato con la maternità. Sono purtroppo molte le donne che, come nasce un figlio, diventano *solo* madri. Il marito viene giorno dopo giorno non soltanto esautorato di attenzioni e importanza, ma gradatamente escluso dalla stessa crescita della prole. Con passione, con zelo e con un viscerale senso del possesso, la madre si arroga una rovinosa «esclusiva». Protegge i figli, li vizia, ripara e copre le loro malefatte, risolve loro i problemi e, se il padre tenta di intervenire, viene furiosamente contestato. Mi pare superfluo sottolineare quanto trascuratezza e frustrazioni nuocciano alla qualità del matrimonio: non vi è nulla di più triste che la vista di mariti rassegnati e impotenti che vivono ai margini della famiglia con piccoli spazi pateticamente riempiti da hobby e inutili incombenze.

Ciò che è addirittura drammatico è il figlio che assai spesso viene «prodotto» da una madre morbosa e implacabile: Edipo felice e furioso che sia, è un essere umano a cui è stato paralizzato il processo di crescita emotiva e mentale, assurdamente condannato a pagare a vita il conto affettivo di un amore tanto rovinoso.

Purtroppo la patologia esige cure drastiche e non consigli. E giunti alla fine di questa seconda parte, gira e rigira la conclusione è la stessa: dietro ogni fallimento, dietro ogni naufragio coniugale c'è sempre un eccesso di protagonismo e di dosi.

PARTE TERZA

COME RICONQUISTARE UN UOMO

INTRODUZIONE

Amore ultimo atto: la riconquista di un uomo che stiamo per perdere o abbiamo perduto. Se è nostro marito, e ci annuncia di voler andare a vivere per conto suo, di una cosa possiamo essere pressoché certe: ha un'altra donna. Anche se vilmente minimizza o nega, anche se accampa generici motivi di scontento, soltanto un nuovo amore può avergli dato il coraggio di abbandonarci compiendo il massimo atto di egoismo nei nostri confronti e di violenza contro se stesso.

Nessun uomo lascia la famiglia a cuor leggero: anche per i più cinici la separazione rappresenta la decisione più difficile da prendere. Rinunciare alle proprie abitudini, rischiare di perdere la stima dei figli, subire il giudizio dei parenti, esporsi alla disapprovazione sociale è fonte di profondi travagli: al punto che, nella scala degli stress, il divorzio viene immediatamente dopo un grave lutto.

Se decide, nonostante tutto, di infliggerselo, è perché la rinuncia al nuovo amore gli sarebbe ancor più dolorosa. (Oppure perché è malato o pazzo: ma qui andremmo fuori tema). La realtà che dobbiamo affrontare è questa, e l'interrogativo che dobbiamo porci è: com'è potuto accadere?

include nel plurale per solidarietà e simpatia: in tutta onestà questa esperienza mi è stata risparmiata perché da venticinque anni corro e sorrido, organizzo e butto dentro, mi affanno e compiaccio, esplodendo di tanto in tanto in scenate liberatorie che suscitano più benevolenza che allarme.

Avendo posto l'uomo che amo al di sopra di tutti gli interessi e le ambizioni, appartengo alla categoria delle ottime strateghe sacrificali: ciascuna ha i propri masochismi e le proprie vocazioni, e certamente non vi condanno se strada facendo avete perso le distanze dalla seduttiva immagine di originario splendore.

Sempre per onestà, va detto che le dedizioni consacrate (e ideologicamente contestabilissime) «garantiscono» solo al cinquanta per cento dal rischio di abbandono: l'altro cinquanta dipende dal partner, dalla fortuna e dalle circostanze.

Questa terza parte, dedicata alle strategie di riconquista, si basa su due fondamentali presupposti: che desideriate ripigliarvi il partner disamorato e che allo scopo siate disposte a deporre orgoglio e rabbia. Le suddette strategie esigono nervi saldi e sacrificio. Ne vale la pena? Sta a voi decidere: io respingo fin d'ora l'accusa di istigazione all'olocausto. Mi limito a illustrarvi i soli comportamenti e le sole reazioni che si siano dimostrati vincenti.

Se nonostante tutto amate ancora il traditore, e all'improvviso tutto vi sembra sopportabile fuorché rassegnarvi a perderlo, tanto vale affidare il recupero a tecniche logistiche e felicemente collaudate. Sono incrollabilmente persuasa, e non mi stancherò mai di ripeterlo, che i veri amori non finiscono mai e che una buona moglie rimane teoricamente la partner più «giusta». Sta a voi ricordarlo all'immemore, riparando alla parte di latitanze e di sbagli che vi competono. Nel fortunato caso che il partner stia perdendo memoria della vostra eccezionalità prima che un'altra donna lo abbia reso anche cieco, tutto vi sarà più facile. Ancora una volta, buona lettura e... buona fortuna.

IL RITORNO DI FIAMMA

Un amore finito può rinascere? È un altro degli appassionanti temi di cui cinema e letteratura si sono spesso appropriati per dar corpo a vicende di grande coinvolgimento e tensione. Una volta tanto, la vita vera è all'altezza della finzione letteraria o cinematografica. Nelle storie di sentimenti nulla è più doloroso di un addio subito per abbaglio o per fretta, nulla è più rovinoso di una speranza di riconciliazione romanticamente cullata a dispetto d'ogni evidenza e nulla è più esaltante del partner che torna, rinsavito e innamorato.

Poiché le strategie di riconquista hanno il sapore di una pessima medicina (che tra l'altro può causare amarissimi effetti collaterali), credo sia giusto appurare se il male è curabile prima di iniziare la terapia. In termini espliciti: quali segni vi sono per capire che un amore non è finito, e pertanto vale la pena affannarsi per ridargli consapevolezza e vigore?

Come prima regola, questi segni vanno cercati *non* analizzando i sentimenti, bensì le crisi. Le più corrosive sono quelle sotterranee, cioè nate senza concreti motivi e lasciate cronicizzare nella cecità, nell'indifferenza e nella sciatteria. Marito e moglie neppure si accorgono che fanno l'amore sempre più raramente, hanno smesso di parlare, si sono rinchiusi in due mondi che si sfiorano senza più toccarsi.

Restano insieme per abitudine, per pigrizia e per dovere, arrivando in malafede ad autoconvincersi che tutti i matrimoni sono così, e tutto sommato non hanno ragione per lamentarsi. Non è affatto escluso che rimangano insieme per tutta la vita, ma una cosa è sicura: il cemento del loro rapporto *non è* un sentimento accantonato e pronto a riesplodere, bensì l'essersi emotivamente anestetizzati finendo per assuefarsi a convivere con la crisi.

A parte la tristezza d'un rapporto tanto sterile, incombe il pericolo dell'improvviso risveglio. Essendo di noi e dei nostri problemi che stiamo parlando, poniamo che a risvegliarsi sia il marito. Se incontra una donna che gli restituisce (è il caso di dirlo!) ossigeno e vita, resisterle gli parrebbe un suicidio. Con parole essenziali e in termini sommessi dirà la verità alla moglie e se ne andrà.

Credo che nessuna strategia di riconquista potrebbe compiere il miracolo di riportarlo a casa, e francamente non riesco a scorgere alcunché di «miracoloso» in un ritorno senza amore. Capisco che molte mogli vogliano ugualmente battersi: l'improvvisa solitudine le disorienta, la responsabilità degli eventuali figli le impaurisce, il dover adeguare il tenore di vita all'esiguità dell'assegno alimentare le mortifica. E l'orgoglio brucia, la nuova felicità del partner suscita invidia e rabbia. C'è quanto basta per scambiare la frustrazione per sofferenza e dare una nobile motivazione alla lotta per riaffermare il proprio possesso dell'altra persona.

È doveroso rispettare chi ha fede nell'evento eccezionale, ma l'eccezionalità è affidata al caso e non risponde ad alcuna strategia. Fondate speranze esistono invece se la crisi è esplosa in modo «estroverso» e persino violento. Nella storia della coppia spesso si verificano oscure manifestazioni di rigetto. Senza capire perché, marito e moglie avvertono all'improvviso una sotterranea e reciproca sensazione di ostilità e nervosismo. Provano fastidio per un gesto, una intonazione di voce, un piccolo vezzo che fino a ieri magari appariva amabile. Si ritrovano coi nervi scoperti a cercare il pretesto dello sfogo liberatorio.

Ipercritici e senza censure, si riprendono, urlano, rinfacciano, sbattono porte. Per banale che la spiegazione appaia, è dimostrato che il rigetto avviene soprattutto tra quelle coppie che abitano in un appartamento molto piccolo, oppure convivono con la suocera o in casa della famiglia di lei o di lui. La mancanza «fisica» di spazi propri, con la conseguente costrizione a vivere praticamente in simbiosi, porta più facilmente all'«overdose» del partner; e il doversi adattare a una cronica mancanza d'intimità (è il secondo caso) alla lunga sortisce la *disabitudine* ad essere realmente intimi: da qui al darsi sui nervi il passo può essere breve.

Sta di fatto che i toni alti del litigio e la rissosità meschina spaventano l'amore, e marito e moglie dimenticano il piacere di stare insieme. A questo punto gli sbocchi possibili sono tre: o lei e lui continuano a restare insieme senza piacere, o la crisi rientra spontaneamente oppure, nel corso dell'ennesima sfuriata, viene decisa la separazione.

Soffermiamoci su quest'ultima ipotesi, la sola non «passiva» e pertanto la sola in cui esiste un margine d'intervento su errori di valutazione e di comportamento. Può capitare che la coppia abbia scambiato il momentaneo rigetto per disamore: in questo caso, sbollita l'ira e trascorso un ragionevole periodo di lontananza, riaffiorano nostalgia e buoni ricordi. L'ottica distaccata consente a entrambi i partner di risalire all'origine dei malintesi e ridimensionarne la gravità: più che buone strategie, in questo caso occorre la buona volontà di chiedersi scusa e ricominciare.

L'ostacolo potrebbe essere rappresentato da una terza persona che, con sfortunata inopportunità, si inserisse tra moglie e marito nel momento culminante della reciproca insofferenza. L'eccitamento e lo slancio dell'idillio potrebbero distrarre lei o lui dalla «rivisitazione» del loro rapporto spingendoli invece ad approfondire quello nuovo. In questo caso la fatalità ha avuto un ruolo determinante nel naufragio, trasformando una momentanea frattura in distacco insanabile. Succede. Come scriveva George Sand, «spesso nella fine di un'unione ha più colpe la cattiva sorte che non il più crudele degli amanti».

Ma torniamo a ripercorrere le vie della speranza. La vecchia saggezza romantica dice che risorgono gli amori che in realtà non erano morti, e mi sembra una verità incontestabile. Io aggiungerei che risorgono anche gli amori che non erano mai nati: è il caso di quelle coppie (tante!) in cui fin dall'inizio esiste la partner trainante e il partner coinvolto. La prima si è sposata per passione, il secondo per convenienza sentimentale; l'una è entusiasta, e felice di dare, l'altro sereno, e felice di ricevere. Ho dato alla donna il ruolo più attivo, ma potrebbe essere il contrario e nulla cambierebbe.

Siamo di fronte a una coppia «squilibrata» perché l'intensità e i ritmi dell'amore non sono identici. Tuttavia il legame potrebbe proseguire senza scossoni, ciascuno dei partner appagato del proprio ruolo, se un brutto giorno il «trainato» non incontrasse una donna attraverso la quale scoprire le gratificazioni del protagonismo. Ed ecco l'ingrato trasformarsi in un corteggiatore generoso, travolgente, narcisisticamente (e masochisticamente!) lieto di essere diventato colui che dà.

Le strategie non servono neppure qui: è il tempo che lavora in vostro favore, e una volta tanto smettetela di darvi tanto da fare. L'esperienza insegna che, passata l'euforia, gli apprendisti dell'oblazione tornano all'ovile. Non tanto per convenienza (ai maschi piace più ricevere che dare!) quanto per il sincero desiderio di ritornare a vivere con una donna di cui hanno finalmente imparato ad apprezzare le grandi qualità. In un certo senso, è standole lontani che si sono innamorati di lei: è il raro caso in cui una sbandata si rivela provvidenziale. La convivenza riprenderà su basi più equilibrate, e «l'altra» avrà lasciato un solo segno: la nuova attitudine a dare.

I ritorni di fiamma comportano sempre un pizzico di esagitazione in quanto non si verificano mai senza l'emozione forte, lo scrollone doloroso, la rivelazione folgorante. Tipico è in questo caso l'improvviso senso di perdita che il partner può provare venendo a sapere che la compagna abbandonata si sta sinceramente interessando a un altro uomo.

Pur togliendo al dispiacere la grande componente della vanità ferita, ne rimane buona parte di autentico. Lui credeva di non essere più innamorato: la routine gli aveva reso lei ripetitiva e risaputa; e giorno dopo giorno il rapporto gli era apparso svuotato di interesse e di stimoli, fino a quando si era deciso a romperlo. Ma ecco che la prospettiva della perdita senza scampo lo mette con le spalle al muro.

E, soprattutto, gli toglie quella forza, sotterranea e un po' vile, senza la quale gli abbandoni sarebbero assai più meditati: la gestione di un ipotetico ripensamento, vale a dire la certezza che, volendo, tutto potrebbe ricominciare.

Toccare con mano che non è più così, e che una libera scelta rischia di essere segnata dall'irrevocabilità, spinge l'uomo a valutazioni tempestive e ad analisi sincere. E il gioco passa il più delle volte in mano vostra: sta solo a voi, ora, stabilire se lo volete ancora oppure no, se il ritorno di fiamma vi commuove o vi fa ridere.

Mi piacerebbe che si verificasse anche questo secondo caso: scrivendo al femminile, e affrontando i problemi di cuore nell'ottica di quelle che li vivono, mi tocca ipotizzare solo per «lei» le eventualità più strazianti (è sempre «lui» che decide, lascia, fa incontri felici...). Sappiamo bene che non è così; ma l'inconveniente di un «pronto soccorso» sessista sta proprio nel trascurare gli infortuni e i malesseri dell'avversario.

Tanto per imperversare, esaminiamo il caso della rottura brusca e passionale: l'uomo se ne va sbattendo la porta e giurando che è finita «per sempre».

Il motivo non conta. Sia che abbiate urtato la sua suscettibilità, sia che gli abbiate inferto un colpo basso, ha fatto un'uscita che deve rassicurarvi (nel caso, s'intende, non speriate invece che sparisca per sempre!). Il suo amore è stato soltanto travolto dalla furia, e non è neppure il caso di parlare di ritorno di fiamma in quanto è lampante che vi ama ancora.

L'autentica morte dei sentimenti avviene in modo luttuoso e sommesso. Lei e lui tacciono con imbarazzo, oppure si spiegano con sofferta sincerità, oppure fingono di non soffrire con evidente fatica. Anche se l'uomo si è innamorato di un'altra, ed è smanioso di correre da lei, nel momento in cui si congeda dalla ex partner prova la malinconia di una parentesi che si chiude o il senso di colpa che sempre deriva dall'aver arrecato un immeritato dolore.

Gli insulti, gli urlacci e la famosa porta sbattutta sono il lussuoso sfogo di chi è inconsciamente sicuro che nulla è perduto e pertanto non si sente né in imbarazzo, né in colpa, né infelice. Avremo modo di riparlarne, ma tenetelo in mente fin d'ora. È una piccola verità che scoprii, tantissimi anni fa, leggendo la struggente poesia di una geisha: *Non sentii i suoi passi / quando se ne andò / e capii che mai più avrei sentito il rumore della sua vita.*

Questo solo deve allarmare: il silenzio. Voltarvi e accorgervi che se n'è andato: purtroppo per sempre.

LA SEPARAZIONE PER PROVA

Per piacere, liberatevi dall'intrigante suggestione della lontananza chiarificatrice, quella che «accende i fuochi grandi e spegne quelli piccoli»: è buona al massimo per consolare due fidanzatini in procinto di essere separati dal servizio di leva. Usata come strategia o verifica, normalmente la lontananza si rivela catastrofica e nella migliore delle ipotesi non fa che complicare i problemi. Eppure un'infinità di coppie in crisi si ostina a ritenere che una separazione «per prova» serva a scongiurare il pericolo di separarsi per sempre. Mi permettete di spiegarvi perché non funziona?

Per cominciare, si parte con il piede sbagliato. Le crisi si risolvono parlando, analizzando, se occorre strillando; si cerca di capire «cosa» non ha funzionato e ci si sforza di correggere i comportamenti sbagliati. Se lui (ancora lui!) è attratto da un'altra donna, ha il dovere morale di concedere alla moglie un'ultima *chance*, posto che essa abbia mancato in qualcosa e desideri riparare. Ora, con una separazione tutto questo viene a mancare.

Il secondo errore è ideologico, e una volta tanto uso l'aggettivo con entusiasmo. Una riconciliazione esige atteggiamenti costruttivi, mentre la desiderata «prova» è basata su presupposti distruttivi. Ve li elenco?

Uno: è masochistica. Il successo è infatti affidato alla logica del «senza te soffro, dunque ti amo ancora». A parte che la coppia è abbastanza lacerata per non andarsi a cercare ulteriori angosce, non credo che un'epidermica crisi di nostalgia risolva alla radice i problemi che l'hanno divisa.

Due: è vile. Marito e moglie, esausti, decidono una tregua che è molto simile a una fuga liberatoria. Alla separazione non chiedono tanto chiarezza, quanto la presa di distanza da dialoghi circospetti, umore cupo, richieste di spiegazioni imbarazzanti.

Tre: è ingenua. Come si può pensare che stando lontani possa evvenire un miracolo quando, uniti, marito e moglie non riescono neppure a parlare?

Quattro: è disonesta. Assai spesso la coppia, non avendo il coraggio di ammettere che tutto è finito, chiama «prova» una divisione che sa essere definitiva. In questo limbo di parcheggio lei e lui temporeggiano fino a quando non ci sarà più bisogno di decidere nulla, in quanto il tempo avrà sancito la separazione di fatto.

Cinque: è ad alto rischio. Per quanto ne so attraverso la storia di centinaia di donne, una volta usciti di casa i mariti «provano» soprattutto quanto stanno bene lontani.

Poiché immagino che le più romantiche di voi non si accontenteranno di una teorica enunciazione di principio, passo all'esemplificazione pratica illustrandovi una esemplare vicenda di separazione.

Marito e moglie non comunicano più. Il loro matrimonio è diventato la malinconica convivenza di due persone gentili che si scambiano con circospezione poche frasi formali, consapevoli che un dialogo più profondo li porterebbe a una verità che si rifiutano di accettare: non stanno più bene insieme. La più umiliata è lei, perché in cuor suo sa di essere ancora legata al partner ma ha l'istintiva certezza che sia inutile far leva sui sentimenti: lui ha chiaramente smesso di amarla. E, chiaramente, considera il matrimonio una gabbia: ma per paura, per scrupolo, per pigrizia o per compassione non osa prendere il volo.

I ricordi di un passato fatto di slanci e passione rendono agghiacciante il confronto con il presente. La moglie si tortura chiedendosi in che cosa l'ha deluso o ha sbagliato: e in un raptus di sanità mentale si prospetta l'ipotesi che, forse, è stato *lui* a deluderla e a sbagliare. Con incredulità prima, e con obiettività poi, affronta il tremulo sospetto: e se si fosse innamorato di un'altra?

La paura che, chiedendoglielo in modo diretto, potrebbe avere l'orribile certezza la rinchiude ancor più nel silenzio. Ma rabbia e frustrazione cominciano a montare in lei come una inarrestabile ondata. Non riesce più a controllare i nervi, ora, e si accorge con orrore di essere diventata sarcastica, aggressiva, sgradevole. Ma, stranamente, questo nuovo atteggiamento sembra aver restituito vitalità e parola al cupo partner. Riscosso dal torpore, anche lui aggredisce, contesta, ironizza.

Adesso sono diventati come due lottatori impazziti che si aggrediscono senza mai mirare al bersaglio. Fuor di metafora, anziché fare rabbiose domande dirette e urlare risposte sgradevoli, usando la sincerità della furia per scavare finalmente a fondo nelle ragioni del degrado, continuano a essere villanamente circospetti. Fino a quando, esausta, lei lancia la catastrofica proposta: proviamo a separarci.

Purtroppo sono quasi sempre le donne, ultime vestali delle illusioni romantiche e masochistiche praticanti della logica della sofferenza, a ritenere che la lontananza illumini e compia miracoli. E gli uomini, che la considerano invece solo una miracolosa via di fuga, entusiasticamente accettano.

Ritornando alla nostra coppia esemplare, ecco il sollevato e incredulo partner andarsene, il volto atteggiato a una doverosa espressione di pena. La moglie l'ha liberato anche del piccolo fastidio dei sensi di colpa: non è forse stata lei a spingerlo, letteralmente, fuori di casa dandogli «licenza di verifica»? In malafede non raccoglie l'onesto messaggio implicito nell'invito: ti lascio libero di riflettere: lontano da polemiche e tensioni potrai valutare il nostro rapporto con obiettività recuperando il ricordo delle cose positive e felici.

E già qui, se permettete, l'onesta moglie commette un errore psicologico madornale. Il marito che se ne va ha troppo vive le immagini dell'incubo per essere invogliato a rivisitarlo, le infelicità e il disagio del presente sono troppo incombenti per lasciar spazio al riaffiorare di remote dolcezze; il sollievo di esserseli lasciati alle spalle è troppo grande per poter avvertire nostalgia o tristezza.

Se l'altra donna esiste davvero, la verifica è senza esagerazione rovinosa. La moglie risaputa, aggressiva, colpevolizzante e triste deve subire l'impari confronto con una rivale impegnata nella recita seduttivo-narcisistica, e perciò rassicurante, allegra, tenera e compiacente. Il nuovo legame, svuotato dalla sofferenza e dagli scrupoli della clandestinità, forse perde in romanticismo ma acquista in profondità.

Moralmente autorizzato dalla stessa moglie, il Nostro può frequentare la nuova partner senza sensi di colpa, senza porsi l'interrogativo se è davvero una donna che vale, senza la frustrante prospettiva di doverle dire addio: in un certo senso è «in prova» anche lei, e il disimpegno della provvisorietà è la forza del nuovo legame, in quanto gli consente di passare dall'attrazione epidermica alla stabilità sentimentale senza dover subire approfondimenti, messe in discussione e resistenze.

Quando il concordato periodo di prova sarà scaduto, il marito farà ritorno a casa soltanto per dire addio alla moglie, avendo provato a se stesso che la separazione l'ha reso felice. Il vizio dei distacchi strategici sta proprio in questo: l'alibi della temporaneità porta a deciderli senza una seria riflessione e diventano definitivi senza eccessivi scrupoli, in quanto formalizzano una divisione già in atto.

Se proprio siete delle irriducibili fan della lontananza, riducetene i danni proponendo una «separazione morbida», e cioè intervallata da qualche amichevole incontro. Spiegate con franchezza a vostro marito che sentite l'esigenza di un distacco, però desiderate di tanto in tanto rivederlo. E approfittate di questi incontri per offrirgli di voi stesse un'immagine più gradevole di quella che ha portato via andandosene da casa.

C'è stato un tempo in cui gli piacevate talmente, e stava talmente bene con voi, dal decidere di vivere con voi per sempre: per quanto la strategia possa apparirvi patetica, rispolverate un filo dell'antica amabilità: quanto meno imponendovi di non trasformare i saltuari *rendez-vous* in un supplemento di bisticci e polemiche. Avrete se non altro ottenuto lo scopo di compiere una

... considera il matrimonio una gabbia...

piccola operazione di disturbo al regime di libertà e licenza di verifica in cui vostro marito si è volonterosamente buttato. *Costretto* a ricordarsi che esistete, in quanto non siete del tutto sparita dalla sua vita, dovrà fare i conti con qualche fastidioso senso di colpa, e con qualche soprassalto di dubbio.

È una minima soddisfazione e uno striminzito risultato, ma con tutta la buona volontà aspetti più grandiosi non riesco a scorgerne.

Capitolo tre

ROUTINE E DEGRADO

Nel volume precedente ho dedicato un intero capitolo all'elogio dell'abitudine, grande ricchezza e solido cemento della coppia. Non vorrei a questo punto darvi l'impressione di aver (di già!) cambiato idea. Il sospetto è legittimo dopo la lettura di pagine in cui giganteggia lo spauracchio di noia, silenzi, fastidio, rigetto, ovvero i figli dell'abitudine.

A scanso di equivoci, diciamo subito che sono i *figli degeneri* prodotti da una madre che noi, coi nostri comportamenti e le nostre latitanze, abbiamo reso frustrata, sciatta, svilita e perciò distruttiva. L'abitudine è una fattrice eclettica o, se vi suona meglio, un'arma a doppio taglio: può generare *anche* benessere, rassicurazione, gratitudine e tenerezza. E perciò sia rendere uomo e donna reciprocamente insostituibili, sia smaniosi di liberazione e di fuga.

Tutto dipende (e lo ripeto per quelle che non avessero letto il volume precedente o si fossere scordate la «lezione») da come si è riuscite a stabilizzare il rapporto. Se abbiamo creato una ripetitività felice, la sola paura è che qualcosa possa cambiare. Cosa può esservi di meglio, per la coppia, che muoversi nell'ambito di una routine bene organizzata e senza imprevisti? Cosa possono desiderare marito e moglie oltre a tutto ciò che hanno, e cioè l'abitudine a un buon dialogo, a una sessualità appagante, a un simpatico giro di amici, a rilassanti pause di distrazione e di riposo?

Sono proprio le *buone* abitudini a tenere l'uomo legato alla famiglia, ed è la speranza che ogni cosa torni com'era a tenere unita la coppia nei giorni delle avversità e delle spiacevoli sorprese. Il guaio sta nel fatto che l'uomo è un partner all'inizio resistente, e in seguito passivo. Il passaggio dalla casa paterna a quella coniugale gli comporta un inevitabile trauma di adattamento, e tocca a noi dimostrargli coi fatti che possiamo continuare a essere compagne appassionate e diventare, nel frattempo, padrone di casa efficienti e organizzate come sua madre.

Una volta rassicurato in questo senso, il sultano si adagia estasiato e ci delega la routine con la sottintesa preghiera che, per carità, non ci venga in mente di impegnarci in variazioni.

Timore ridicolo e quasi offensivo: non abbiamo neppure il tempo per fare, figurarsi se può venirci l'estro di variare! Esci, riempi, svuota, riordina, rassetta, corri, ci ritroviamo a sera con dieci minuti per rinfrescare il trucco e darci una pettinata prima di andare ad aprire la porta al nostro signore: chiedendogli con tenera ansia se è stanco, come gli è andata in ufficio e se ha fame. A pranzo frettolosamente consumato, nostro signore passa dalla tavola al divano e noi ci raggomitoliamo al suo fianco disponibili a parlare, se lo desidera, oppure a rivedere per la decima volta l'assalto di Fort Apache, se lo preferisce.

Un bel giorno nasce il principino. Felicità! L'abitudine si arricchisce e affonda le sue radici. Dopo mesi di notti insonni, bucatini, poppate e raddoppiate corse, il piccolo «corpo estraneo» finalmente si adegua alla routine e l'organizzazione riprende senza incidenti.

Mi fermo qui: e scusate se mi sono dilungata tanto, quasi ciascuna di voi non conoscesse le fatiche e gli stress di quella che i sociologi chiamano «impostazione della famiglia». Se il maschio ce ne affida l'esclusiva è soltanto per risparmiarsi i lavori pesanti: a famiglia impostata, se ne assumerà la straordinaria amministrazione.

Purtroppo la cura delle buone abitudini rientra in

quella normale. E purtroppo pesa anche psicologicamente: tocca a noi sollecitare stimoli e dialogo. Se noi non parliamo, lui legge il giornale o guarda la televisione; se noi non esigiamo qualche tenero preliminare, lui si accontenta d'un rapporto sessuale frettoloso e senza fantasia: se noi non lo esortiamo a uscire e a pianificare un po' di vita sociale, lui tranquillamente si rinchiude nella coppia e nella casa.

Ed è già qualcosa se si lascia coinvolgere: molti mariti, oltre a non collaborare, resistono alle proposte, rifiutano il dialogo, respingono ogni stimolo. C'è da stupirsi se giorno dopo giorno nelle povere mogli subentra la rassegnazione? Dopo aver strillato, scrollato, protestato e rotto le scatole si adeguano. E deposto il ruolo di «animatrici» si limitano alle incombenze pratiche: è l'inizio del degrado.

Svuotata di piacevolezza e di fantasia, l'abitudine diventa noia e concreta ripetitività. Ed è a questo punto che può instaurarsi il meccanismo del disamore. Il sultano che mugugnava, borbottava e resisteva registra di colpo, dapprima con sorpresa e poi con dispiacere, che la moglie ha perduto vivacità e iniziativa. Per un breve periodo i ruoli si invertono: adesso è lui che propone, cerca il dialogo, esorta a uscire e a fare qualcosa.

È il suo modo di chiedere aiuto. Ma la moglie fa ciò che lui ha fatto per mesi o per anni: non capisce. Il marito giocherella col telecomando, fissa cupamente il vuoto, legge i titoli del giornale, va e torna dalla cucina aprendo il frigorifero, gira irrequieto per le stanze, tenta di attaccare discorso: ma sua moglie non vede e lascia cadere.

Il più delle volte è troppo occupata a riordinare, spolverare, pulire: senza rendersene conto, ha scaricato le frustrazioni nella cura puntigliosa ed efficientissima della casa, e vederla brillare ha per lei un significato quasi simbolico, quasi che a brillare fosse il rapporto di coppia.

In realtà la coppia si è ammalata. Il dramma è che il disordine e la polvere sono visibili, e la donna subito rimedia con scopa e strofinacci, mentre le sofferenze dei sentimenti sono sommerse, e perciò restano senza cure. Dopo qualche settimana o qualche mese di tentativi andati a vuoto, anche il marito depone il ruolo di pungolatore e il rapporto, abbandonato a se stesso, va alla deriva.

Sarebbe profondamente ingiusto accusare la donna di non aver saputo coltivare le buone abitudini: oltre certi limiti la dedizione non solamente è facoltativa, ma può diventare impraticabile. Se una moglie ha un lavoro extradomestico e aspira a realizzarsi anche professionalmente oltre che nella famiglia, non può farsi interamente carico della buona salute del matrimonio: è indispensabile un partner collaborativo.

Tuttavia (altra amarissima verità da ricordare!) nella vita a due da ottime ragioni possono derivare pessimi effetti: in questo caso, l'esplosione della crisi. Di una cosa debbo, malvolentieri, rimproverare me e voi: soltanto se sospettiamo la presenza di una «rivale» entriamo in stato d'allarme. Finché abbiamo la certezza che nostro marito ci è fedele, i suoi scontenti e la sua inquietudine ci sembrano normali manifestazioni di malumore. Forse che non ne abbiamo anche noi?

Sottovalutiamo la realtà che si può morire anche in due. Paradossalmente, l'attrazione che nostro marito provasse per un'altra donna renderebbe la frattura più facilmente sanabile. E difatti l'uomo infedele è costretto ad analizzare il proprio matrimonio, a valutare obiettivamente le qualità della moglie, a imporsi comportamenti migliori nel caso decida di troncare la relazione. La passione, insomma, lo spinge alla razionalità, mentre lo scontento senza sbocchi lo lascia in balia di risentimenti oscuri, cronicizzandoli.

In venticinque anni di vita a due, anch'io ho dovuto affrontare periodi di stanchezza, rabbia e vuoto. E so quanto deprimente sia curare un malessere vago, magari causato da futili motivi. Lo confesso: in certi momenti avrei preferito battermi contro la figura di una rivale.

E qui sta il punto: se il rapporto di coppia è sostanzialmente sano e si ha l'intima certezza che nessuna donna può staccare da noi l'uomo che amiamo, lottare per spegnere la fragile attrazione è stimolante. Data una lustratina all'appannato narcisismo, sfoderiamo le nostre armi migliori onde riconfermare che le migliori siamo noi. E torniamo a essere spiritose, seduttive e insi-

... purtroppo la polvere si vede, mentre
le sofferenze dei sentimenti sono sommerse...

nuanti.

Di fronte a un rapporto realmente sofferente, ma senza l'eccitante possibilità di questo confronto, continuiamo invece a comportarci passivamente e ad apparire come lui da tempo ci vede: pressoché svuotate di ogni seduzione. E quando registriamo il disastro può essere troppo tardi: salvo ricorrere a sapienti strategie di recupero.

Ma ne parleremo in seguito, dopo aver imparato a individuare tutti i possibili motivi di una crisi.

LA «LUNGA» COPPIA

Livellando sia gli estremi (sposi giovanissimi e sposi «anziani») sia gli infortuni (vedovanze precoci e vedovanze per raggiunti limiti di sopravvivenza), prima dell'istituto del divorzio la vita di una coppia aveva una durata mediamente ipotizzabile di 43 anni. Un lunghissimo tratto da percorrere insieme: quasi un'intera esistenza adulta.

Per alcune coppie questo tratto può essere ancora più lungo: se lei e lui si sposano attorno ai vent'anni, e vedovanza o divorzio non li separano traumaticamente, hanno la prospettiva di trascorrere uniti oltre mezzo secolo. È una durata che incute una certa soggezione, e un traguardo che gli scettici ritengono assai improbabile.

Le statistiche sembrano purtroppo contro i matrimoni contratti in età giovanissima, e quelle di voi che hanno superato i trentacinque anni possono farne una grossolana verifica: quante amiche o ex compagne di scuola che si erano sposate a diciotto o vent'anni sono ancora assieme al marito? Credo, purtroppo, assai poche.

Bertrand Russell, il filosofo dei paradossi appassionati e delle sincere rabbie del quotidiano, sosteneva che una buona società non dovrebbe reprimere i sentimenti e che è «innaturale» impedire a due ragazzi innamorati di sposarsi. Va detto che Russell riteneva «innaturale» anche restare uniti senza amore; e personalmente ricorse più di una volta al divorzio per porre fine a insopportabili convivenze, pur ritenendo questa istituzione un doloroso ed estremo rimedio.

L'interrogativo che sarebbe doveroso porsi al proposito è: fino a che punto, osteggiando convenzionalmente le unioni precoci, la società reprime i sentimenti e fino a che punto invece ne diffida? Il vero amore è incontestabilmente un sentimento «adulto» in quanto, al di là dello slancio e dell'attrazione sessuale, esige consapevolezza, dedizione, coinvolgimento responsabile e autentiche affinità.

Non è da escludere che a diciotto-vent'anni due innamorati possano essere emozionalmente «maturi». Esistono qualità e comportamenti che non derivano dall'esperienza, bensì dal temperamento e dal contesto familiare da cui si proviene. Se si è irresponsabili ed egoisti a vent'anni, presumibilmente tali si resterà per tutta la vita.

Fondate riserve sussistono invece per quanto riguarda le reciproche affinità: è qui che inciampano i matrimoni precoci, ed è qui che i giovanissimi rivelano il loro limite. Lo slancio amoroso li rende adattabili ed euforici; l'inesperienza non consente il filtro dell'aspettativa concreta e della valutazione critica; l'ottimismo, risparmiato da un vissuto di delusioni e di sbagli, li spinge ad essere generosi e ingenui.

Non possono ancora conoscere l'inconciliabilità tra efficienza e fatalismo, esuberanza e introversione, tenacia e rassegnazione, ingenuità e cinismo, cultura umana e cultura scolastica, fantasia e rigidità mentale. Il riconoscersi diversi, addirittura, rende più stimolante la reciproca attrazione: creando ancora una volta confusione tra rapporto dialettico e rapporto rissoso.

Ma ammettiamo pure che per fortuna e per istinto tra i due giovanissimi innamorati esistano le irrinunciabili affinità: questo non li preserva dal pericolo di inconciliabilità future. La «lunga» coppia è attesa da un lunghissimo percorso, e può perdersi strada facendo: non è disfattismo, ma ragionevole previsione.

A diciotto o vent'anni, di definitivo vi è solo il carattere. Il processo di crescita non è ancora compiuto, e il lavoro, le amicizie, le delusioni, le circostanze, le responsabilità, i compromessi possono giorno dopo giorno modificare temperamento e valori. Muta la reattività, cambiano i comportamenti, si attenuano (o si irrigidiscono) le intolleranze: e non necessariamente con gli stessi ritmi e nello stesso modo.

Il più delle volte, al contrario, due giovanissimi complici e affini si trasformano in due adulti che non hanno più nulla in comune: ciascuno è cresciuto differentemente e la coppia soffre di una inquietante crisi d'identità. Lei e lui, delusi, non si riconoscono più, non riescono più a comunicare, avvertono reciprocamente una sensazione di ostilità nonché il peso del muro che li ha divisi. E il matrimonio entra in stato d'allarme.

Non si può per principio escludere l'ipotesi, pur assai ottimistica, che i due ragazzi maturino in sintonia imparando a reagire nel medesimo modo, accettando i medesimi compromessi, scoprendo contemporaneamente nuovi valori e accantonando, dopo identiche verifiche, vecchie convinzioni e aspettative.

In questi casi siamo di fronte a una splendida coppia e a un bellissimo matrimonio, con complicità e radici profonde. In tanti anni di lavoro, e di vita, ne ho conosciuto purtroppo una sola. Lui è un musicista sensibile e colto; sua moglie è, letteralmente, la sua anima. Si conobbero all'asilo, si scambiarono il primo bacio a tredici anni e si sposarono a venti. Da trent'anni sono felicemente inseparabili: parlano lo stesso linguaggio, amano le stesse cose, avvertono i medesimi stimoli e confessano che stare separati per più di un giorno li fa fisicamente soffrire come una mutilazione.

Al di là dell'affetto che ho per loro, ogni volta che li incontro provo una specie di religiosa commozione. Solo quando ascolto il K 466 di Mozart avverto un'emozione simile. Nei momenti meno nobili, mi fanno semplicemente invidia: il mio pur bellissimo matrimonio è ben lontano dalla perfezione!

Non credo però che una «lunga» coppia di eccezionale successo possa servire come testimonianza esemplare. La crisi, sotterranea e subdola, è purtroppo la spada di Damocle che pende sulle teste di quelle non baciate dall'eccezionalità. I due ragazzi innamorati sono diventati due coniugi adulti e affini (come vedete, già prendo in esame una «maturazione» privilegiata). Si aiutano, si capiscono, continuano a prendere le decisioni più importanti con identità di principi e di criteri. Dove sta il problema?

Eccolo: nella «ripetitività di consenso», vale a dire in quell'assenza di dialettica che per la maggior parte dei rapporti è l'elemento più vivificante. Qualsiasi cosa marito e moglie facciano oppure pensino, hanno la certezza che il partner è consenziente, in quanto nella stessa circostanza avrebbe fatto oppure pensato le stesse cose.

Il rapporto è risparmiato da disaccordi e brutte sorprese, ma anche svuotato di imprevedibilità e scoperte. Ciò rassicura due persone che si sono sposate più avanti negli anni, dopo aver avuto esperienze che hanno soddisfatto curiosità e voglie e magari causato l'avversione per le «sorprese». Ma i giovanissimi arrivano al matrimonio senza alcun vissuto sentimentale: e dopo dieci o vent'anni di convivenza con un partner sempre scontato e sempre rassicurante (e per di più con la prospettiva che nei prossimi dieci o venti nulla muterà) possono insorgere pericolose curiosità o semplicemente la noia.

Le *buone abitudini*, di cui non si è mai parlato abbastanza, sono tutt'altra cosa: sia perché contemplano lo scontro costruttivo sia perché costituiscono il rasserenante approdo dopo gli idilli, le burrasche e le delusioni degli anni giovanili.

L'esperienza conferma che i matrimoni precoci muoiono generalmente per due motivi: l'impossibilità di continuare a vivere con una persona che si è rivelata incompatibile oppure il rigetto inconsapevole per il partner troppo affine. L'assoluta ignoranza del gioco amoroso fa il resto: incontrata la donna (o l'uomo) con il fascino della novità, è difficile resistere alla tentazione. E lui o lei si buttano ciecamente, privi di strumenti di difesa quali l'analisi obiettiva, il sospetto dell'abbaglio, la valutazione esperta del margine di rischio e di errore.

A questo punto gli appassionati e intrepidi fidanzatini di tanti anni prima arrivano alla separazione. E ogni strategia di riconquista si rivela inutile: conosciuto il sapore forte della novità del rapporto a tutta tensione, soprattutto l'uomo difficilmente vorrà rientrare nei binari dell'asettica serenità. E quando dovesse, esausto, riscoprirne il fascino, sarebbe probabilmente passato troppo tempo per poter riannodare il filo del vecchio legame.

Tutte le speranze sono affidate all'eventualità che il rapporto con la nuova donna si riveli talmente burrascoso ed emotivamente destabilizzante da spaventare il nostro uomo e spingerlo a tornare sui suoi passi prima che sia troppo tardi.

RITRATTO D'ADULTERIO

Fin qui il fantasma dell'«altra» è stato una minacciosa presenza senza corpo: è arrivato il momento di capire come e perché si materializza, al punto di poter diventare più importante dei figli, dei doveri, dei ricordi, dell'approvazione sociale e di un intero mondo di radicati affetti. Va da sé che non parlo né della scappatella né di quegli uomini disaffettivi e irresponsabili che considerano la moglie un oggetto funzionale e tutte le altre donne un mezzo per inseguire il piacere e la passione.

Parlo dei buoni mariti. A volte pretenziosi, elusivi, puntigliosi, pigri e insopportabilmente «logici», ma sempre degni del nostro rispetto e del nostro amore. E difatti li amiamo. Se un collega scavalca il nostro uomo, pensiamo che si tratta di un immeritevole e furbo intrallazzone; se nostra madre o un'amica azzardano un apprezzamento negativo su di lui, lo difendiamo con il fervore di San Giorgio contro il drago; se qualcuno osa umiliarlo, diventa il nostro peggiore nemico; se ha una discussione o un serio litigio, automaticamente ci schieriamo dalla sua parte.

Tutto ciò *non* per amore di facciata o per partito preso, bensì perché realmente abbiamo per nostro marito considerazione e fiducia. La complicità di coppia è questa, e le contestazioni e le critiche sono ammesse soltanto all'interno.

Moltissime mogli pensano che un uomo perbene abbia principi e valori tali da costituire una rigida censura contro le passioni extraconiugali. E tutte, nel momento in cui si scoprono tradite, anziché pensare che la passione è stata più forte delle censure si convincono di aver sbagliato giudizio: l'infedele non aveva né principi né valori. Il compagno devoto, il padre responsabile, il lavoratore meritevole e l'amico generoso erano un'illusione. O l'irreprensibile facciata dietro cui si nascondeva il mostro.

Non voglio certo difendere gli adulteri, però debbo onestamente rimarcare che le tradite reagiscono con viscerale irrazionalità. Di sicuro l'umiliazione e la rabbia spingerebbero anche me alla stessa furia distruttiva, ma ciò non la rende più logica.

L'errore di base sta nel pensare che un gesto o una decisione, o un colpo di testa modifichino la natura di una persona: persino chi uccide mantiene le sue buone qualità, se le possiede. Per spiegarmi meglio farò un esempio molto banale. Da anni abbiamo un'amica che frequentiamo assiduamente, sia perché le vogliamo bene, sia perché ci ha dato prova di essere leale, disponibile, intelligente e sensibile; metti che un giorno siamo costrette a chiederle un prestito e, per ragioni sue, inaspettatamente lei ce lo neghi. Che il rifiuto ci ferisca è umano, che l'amicizia si possa incrinare è comprensibile, ma vedere di colpo l'amica come una persona disonesta, insensibile e taccagna è assurdo. La reazione corretta è giudicare negativamente una manifestazione di scarsa generosità con l'implicita condanna del gesto sbagliato.

I comportamenti «rivelatori» esistono, ma soltanto nelle conoscenze superficiali o agli inizi di un rapporto. Tornando all'infedele, è assurdo pensare che per anni egli abbia recitato e nascosto il suo vero volto: il tradimento è stato in realtà il suo scivolone esistenziale, il comportamento colpevole nel contesto di una irreprensibile affettività.

E qui vengo al punto: *anche l'uomo perbene può tradire.* E per quanto strano possa apparire, le passioni più calamitose sono spesso le sue. L'ingeneroso o il cinico calcola, si barcamena, riesce a mantenere l'autocontrollo; mancando di un basilare rispetto umano, tende a

... l'irreprensibile facciata dietro cui
si nascondeva il mostro...

prolungare la relazione senza prendere decisioni destabilizzanti in quanto è insensibile sia alla sofferenza che infligge alla moglie sia all'umiliazione che impone all'amante.

L'uomo onesto, invece, si sente responsabile di entrambe. Disabituato al sotterfugio e al compromesso, si tormenta per arrivare al più presto alla chiarezza della situazione e dei sentimenti. Mi si obietterà che la sua onestà dovrebbe irrevocabilmente portarlo a sacrificare la passione ai doveri, e cioè a rompere la relazione per rimanere accanto alla moglie e ai figli.

In teoria è così. In pratica il bravo marito è come un fuscello in balia delle onde: l'esercizio di una lunga fedeltà non lo ha agguerrito contro le insidie della tentazione; ignora i confini oltre i quali l'innocente attrazione diventa sentimento indomabile; l'euforia e lo sbalordimento che la scoperta della passione suscita in lui sono più forti della paura, e vi si concentra senza rendersi conto di «dimenticare» la famiglia e i doveri.

Una volta riacquistata la memoria, gli manca quel vissuto di piccole evasioni e inoffensive scappatelle che rendono possibile ridimensionare, scorgere l'abbaglio, prevedere la delusione. L'amante gli sembra unica, ciò che prova per lei ineluttabile: ed è proprio dalla convinzione di vivere un amore grandioso e fatale che trae l'alibi e la presunzione di impunità morale.

Non sempre, ovviamente, il bravo marito se ne va. Al contrario, assai spesso riprende in mano il controllo delle emozioni e della vicenda. E resta, magari psicologicamente un po' ammaccato, ma persuaso che abdicare ai doveri l'avrebbe portato dritto all'inferno e non in paradiso.

Tuttavia quelli che abdicano non possono essere ritenuti dei mascalzoni. Scusate se insisto sul concetto, ma un approccio corretto con la realtà del tradimento è il solo strumento delle mogli per impedirne le conseguenze estreme. Reagire demolendo il marito, e cioè facendogli sentire che è improvvisamente ritenuto un uomo indegno di stima, di comprensione e di fiducia, è un comportamento catastrofico: andandosene, egli si lascia terra bruciata alle spalle e non ha più nulla da perdere.

E non solo: correre dall'altra donna diventa una necessità ancora più urgente. Alla spinta della passione si aggiunge il bisogno di ritrovare l'autostima attraverso un nuovo legame in cui la partner, a differenza della moglie, apprezza, ammira, capisce, rassicura.

La vita di coppia, come abbiamo visto ripercorrendone per capitoli e capitoli il cammino, è disseminata di pericoli e di insidie. Aggirarli in modo giusto non è facile, e difatti marito e moglie commettono un'infinità di errori che fortunatamente l'amore e la comprensione permettono di assorbire. Ma, per quanto ci riguarda, un solo sbaglio è senza scampo: colpire il nostro compagno al cuore delle sue sicurezze. Prima tra tutte, quella di valere qualcosa. È nell'ambito della famiglia che egli cerca questa conferma e verifica le proprie capacità; sono la stima dei figli e la fiducia della moglie a dargli la forza di imporsi, il coraggio di osare, la capacità di non lasciarsi abbattere dalle sconfitte.

Il maschio a cui viene tolta (o non è stata mai data!) la certezza di valere è un marito in perenne stato di pericolo, perché sarà in balia di qualunque donna che riuscirà invece a infondergliela.

Tornando ancora una volta al nostro infedele, prima di lasciarci andare alla condanna devastatrice proviamo a farci un lucido esame di coscienza: abbiamo in qualche modo esasperato le sue vulnerabilità, attentato alle sue presunzioni, mortificato i suoi slanci? Non escludo affatto che potessimo avere fondate ragioni per ridimensionarlo, ma così facendo l'abbiamo lasciato in balia di frustrazioni e scontento.

Molte furibonde passioni altro non sono se non il naturale punto d'arrivo di un tormentato cammino alla riconquista dell'autostima. E l'impossibilità di resistervi è spesso soltanto l'impossibilità di ritornare in balia di incertezza e sfiducia.

SCENE DI UN TRADIMENTO

Nell'odiosa frase «mia moglie non mi capisce», alibi o bugia di tanti infedeli, c'è un esile appiglio per la giustificazione e anche una piccolissima parte di verità. Nessuna persona perbene tradisce con premeditazione, né forse mai tradirebbe se l'incontro con un'altra donna non coincidesse con il momento culminante di una crisi coniugale.

La coppia ha perduto la contemporaneità di sentimenti e di reazioni, ed è pertanto possibile che il momento nero del marito non sia di quelli peggiori per la moglie. Per di più, risentimento e scontento spingono sempre i due partner a rifugiarsi nell'autosufficienza emotiva: non voglio prendermela, si arrangi, è un problema suo, è ora che cominci a pensare solo a me.

È un atteggiamento certo più congeniale alla donna, in quanto ha maggior abitudine a star sola con se stessa, è mentalmente più creativa, ha infinità di incombenze pratiche che la scaricano e la distraggono. L'uomo, abituato invece alla dipendenza emotiva, se la moglie non gli parla, non lo ascolta e lo trascura, a casa sta malissimo. Disavvezzo all'iniziativa della routine, ripiega su se stesso. E giorno dopo giorno il disagio si fa più acuto, l'insofferenza più profonda, il risentimento più concreto.

Alla fine si convince che è tutta colpa della moglie.

La quale, appunto, «non lo capisce». È scattato l'alibi; e basta un minimo incidente (una parola cattiva, una trascuratezza, un litigio) per far scattare anche la *disponibilità*. Il marito onesto è vulnerabile in quanto si sente disponibile: è lo stato d'animo dal quale deriva ogni infedeltà.

Anche se non vi è stata la provocazione, anche se la crisi è talmente sotterranea da non essere ancora stata percepita, l'uomo avverte la mancanza di qualcosa che si sente (oppure è inconsciamente) *pronto* a ricevere. È questo il momento, delicato e particolarissimo, in cui noi mogli dovremmo intervenire. Se non lo facciamo, nostro marito è in balia di sé e delle circostanze.

E qui viene da chiedersi come è possibile che le circostanze, con lui, siano sempre tanto generose e galeotte, porgendogli in un piatto d'argento la collega comprensiva, la segretaria sexy, l'amica ritrovata, la vicina di treno o di metrò irresistibile, l'ex fiamma divorziata e a caccia di emozioni.

La verità è che le circostanze non c'entrano. I mariti insoddisfatti parlano, si comportano e si muovono in modo inequivocabile, quasi avessero sopra alla testa l'aureola della loro disponibilità. Se ci fate caso, attorno agli uomini sentimentalmente appagati c'è il vuoto: persino le avventuriere e le ciniche avvertono la loro inespugnabilità. Ma, tutte, hanno antenne sensibilissime per captare il messaggio di «via libera». Non ho di norma molta tenerezza per le donne che si buttano sugli uomini sposati, ma a loro discolpa va detto che l'incoraggiamento è esplicito o l'inconscia richiesta di aiuto romanticamente irresistibile.

Le circostanze sono galeotte soltanto mettendo sulla stessa strada il mesto eroe e la generosa consolatrice. Il resto segue un copione sempre identico e inesorabilmente fatale. Vediamo di ricostruirne tutti gli atti, attraverso una storia esemplare: l'adulterio consumato con una collega nell'ambiente di lavoro.

Scena prima: l'invito. Lei e lui si sono soffermati in ufficio a chiacchierare. L'hanno fatto decine di volte, ma *questa volta* aleggia nell'aria un che di impalpabilmente malizioso ed intrigante. Qualcosa che la moglie ha fatto o detto (oppure *non* fatto e *non* detto) ha predisposto l'uomo a una più o meno consapevole rappresaglia che gli funziona da alibi. Parlando con la collega usa un insolito tono di seduttiva intimità e lei, per la prima volta, lo ascolta guardandolo fisso negli occhi, con una compiacenza nuova. Alla fine, la frase fatidica: andiamo a bere qualcosa prima di tornare a casa?

Scena seconda: l'«esame». Entrando nel bar, lei e lui non intendono far nulla di male. Sono due colleghi che hanno scoperto un inaspettato feeling e desiderano trascorrere una simpatica mezz'oretta insieme. Questo, s'intende, a livello di consapevolezza. Inconsciamente, la donna è incuriosita, l'uomo eccitato: da quanto tempo non si intratteneva con una che non fosse sua moglie?

Senza accorgersene, si dirigono verso un tavolino d'angolo e, mentre aspettano l'aperitivo, cominciano a parlare. Stranamente, quasi avvertissero il pericolo che è in agguato, si buttano su argomenti formalmente generici. Lei racconta della difficoltà di cambiare casa, del prossimo matrimonio della sorella, del problema della madre che resterà sola; lui rievoca gli anni dell'università, spiega che l'attuale lavoro l'ha deluso, racconta l'ultima bravata di Giacomelli, sì, quello appena assunto.

Nonostante che abbiano accuratamente evitato di affrontare temi coinvolgenti, quando si alzano per tornare alle reciproche case hanno la sensazione di essere diventati piacevolmente «intimi». Senza saperlo, si sono reciprocamente sottoposti a un esame: e l'hanno superato a pieni voti.

Scena terza: la prima cena. Dal bar al ristorante, dall'invito innocente all'intenzionale approccio. Un paio di giorni dopo il fatidico aperitivo lei e lui gettano le basi della futura relazione con l'immancabile rituale della prima cenetta a due. Mentre la moglie crede che il pover'uomo sia costretto in ufficio per degli straordinari, i due predestinati fanno ingresso nell'accogliente saletta del localino fuori porta.

Non sanno che, da questo momento, non potranno più tornare indietro. *L'assenso di lei e la disponibilità di lui hanno creato i presupposti di una ineluttabile contemporaneità.* Non possono più fingere l'amichevole simpatia: entrambi sono consapevoli che sono venuti qui per approfondire un'attrazione più profonda. Lo fanno in un'atmosfera intima, rilassati da una bottiglia di buon vino e in quello stato di benessere che segue un ottimo pranzo. Per la prima volta lui si confida e lei si racconta. I toni sono quelli della seduzione: via via allusivi, spiritosi, coinvolgenti, teneri e con quel pizzico di malinconia che fa sempre apparire più romantici e profondi.

Scena quarta: allo scoperto. Ora, benché nulla di «irreparabile» sia ancora accaduto (il rapporto è sempre platonico) i due colleghi sono diventati familiari l'uno all'altro: persino passarsi una penna e prendere il caffé alla macchinetta, durante la giornata, è qualcosa di intimo. E arriva il momento della prima gita. Come due studenti che marinano la scuola, lei e lui chiedono un pomeriggio di permesso, salgono in macchina e si dirigono verso la campagna, o il lago, o un grazioso paesino medioevale segnalato dalle guide come meta di escursione romantica. La nuova coppia esce per la prima volta allo scoperto, e non solo metaforicamente: guardandosi negli occhi, davanti a un suggestivo panorama, come nella scena di un film, per la prima volta i due si dicono «ti amo» e appassionatamente si baciano.

Scena quarta: in trappola. A questo punto la relazione precipita verso l'inesorabile tappa successiva: il primo rapporto sessuale. Se lei abita da sola, avviene in casa sua. In caso contrario, si recano nell'appartamento di un amico gentile che presta le chiavi, oppure in un albergo, oppure in un motel. Il gioco è finito, i due sono nella trappola della relazione extraconiugale. Ed è in questo momento che l'uomo realizza la gravità della situazione, si rende conto del torto che ha fatto a sua moglie, è sopraffatto dai sensi di colpa.

Mentre l'amante gli sussurra che lo ama davvero, e solo questo per lei conta, il marito infedele si sente in egual misura in paradiso e all'inferno. Per lui altre cose, purtroppo, contano: i figli, la tranquillità, le abitudini, l'approvazione dei parenti e, buona ultima, anche la moglie. Sarebbe tentato di scappare, ma non riesce: non tanto per la donna in sé, alla quale potrebbe ancora rinunciare, quanto perché dopo anni di relax emotivo ha riscoperto i piaceri della passione e l'euforia di sentirsi amato al di sopra di tutto.

Alla fine arriva a un compromesso: aspetterà a decidere. Che fretta c'è, in fondo? La relazione è giovane, e ha bisogno di un collaudo; d'altro canto, con la moglie, non potrebbe andare peggio di come già va. Sì, la soluzione migliore è proprio prendere tempo.

Il pessimo inconscio di maschio pascià lo ha spinto, vilmente, a delegare le due schiave. I giochi sono infatti passati in mano della moglie e dell'amante, e lui tifa in panchina con sontuosa neutralità. Che la nuova donna si riveli deludente e inadatta oppure la moglie confermi di aver perduto ogni amabilità per lui è lo stesso: potrà andarsene o restare senza la fatica di decidere e il fastidio dei sensi di colpa.

Capitolo sette

L'UOMO SPEZZATO

Sembrava facile: e invece, con il passare dei giorni e delle settimane, l'infedele tocca con mano l'utopia dell'estraneità. È dentro fino ai capelli: nella relazione e nei sensi di colpa, lacerato tra felicità e doveri. Attenzione: è molto importante capire il travaglio psicologico del marito che ha appena imboccato il tunnel dell'adulterio e si trova di colpo a brancolare nel buio.

È un uomo che ha perduto ogni certezza. Non sa che cosa vuole, quel che è giusto decidere, come andrà a finire. E più si tormenta, più «l'altra» diventa rassicurante, comprensiva e consolatrice. Il sollievo è enorme ma momentaneo, perché l'idea di dover rinunciare a lei si fa sempre più insopportabile e d'altro canto la prospettiva di rivoluzionare la propria vita è spaventosa.

Si affanna a trovare il significato «morale» della relazione: l'amore vero è un diritto irrinunciabile, mi sono sposato troppo giovane, mia moglie ha frustrato anno dopo anno le mie ambizioni e le mie aspettative, divorziare non significa abdicare ai propri doveri di padre, l'esistenza non può essere un olocausto...

Ma nel profondo di sé l'infedele sa che sua moglie è incolpevole e che abbandonando la famiglia causerà ai figli traumatiche incertezze e grandi sofferenze. È un uomo spezzato che col passare dei giorni si trasforma in un amante prudente e un po' vile. All'improvviso teme che il parente intrigante o la vicina pettegola possa scoprirlo con la partner e vada a riferirlo alla moglie togliendogli di mano il controllo della situazione.

E comincia lo squallido rituale della clandestinità, con i cauti incontri nei ristorantini fuori porta, la ricerca del parcheggio dove l'auto in sosta non possa destare sospetti, i fine settimana rubati con pretesti e bugie, le telefonate circospette, il meticoloso controllo dei sedili dell'auto e del collo della camicia prima di rientrare a casa.

Purtroppo la moglie, per un tempo troppo lungo, non si accorge di nulla. La differenza tra relazione e scappatella è enorme. Lì c'era l'euforico galletto circonfuso di vanità e deo-spray, tutto shampoing e premurosità; qui c'è il marito tetro ed essenzialmente gentile, peraltro apparentemente identico a come era già molti mesi prima che la passione lo travolgesse.

E proprio questo rende difficile registrare che *nel frattempo* è successo qualcosa. Essendo l'infelicità coniugale il malessere più contagioso, anche la moglie si sente nervosa e inquieta. Concentrata sui problemi propri, non si preoccupa di quelli del compagno: semmai è offesa per la trascuratezza di cui si sente oggetto.

Intanto lui ha optato una volta per tutte per la tattica del temporeggiamento, fatalisticamente fiducioso che gli eventi decideranno per lui. Una cosa è certa: giocano soltanto in favore suo e dell'amante. Nel grottesco triangolo c'è un infedele che tergiversa e osserva criticamente, una correa che sfodera le armi migliori apparendo perciò allegra, vivace e irresistibile, e una moglie che, non sapendo nulla, continua ad essere brontolona, ripetitiva, sciatta e fastidiosa.

Lo scontro è, più che impari, catastrofico. E, a conferma, c'è la grande lezione di lunghe esperienze: maggior tempo la moglie resta ignara, minori sono le sue possibilità di recupero in quanto consente all'altra di combattere indisturbata. La grande forza dell'amante è il potere che le proviene dal sentirsi amata: è lei che il maschio desidera, è per lei che si tormenta ed è teoricamente disposto a sacrificare tutto.

Una scuola di pensiero, che personalmente ritengo frequentata da analfabeti, ritiene che «chi non sa, non falla». In altre parole, l'ignoranza metterebbe la moglie al riparo dal rischio di reazioni esagitate o decisioni precipitose.

In caso di una sbandata senza alcuna importanza, il non sapere potrebbe servire (e anche qui uso il condizionale!) a evitare sofferenze inutili e condanne spropositate del peccato.

Ma come pensare che lo stesso valga per un sentimento che sta attentando alle basi del matrimonio? È immorale e assurdo che una donna rischi di perdere tutto senza poter far nulla per difendersi e, addirittura, ignorando la battaglia che un'altra sta combattendo alle sue spalle.

In situazioni come queste, benvengano l'amica invidiosa, la parente pettegola e persino la lettera anonima se sono i soli mezzi perché la moglie apra gli occhi. Ma a questo proposito avrei parecchie perplessità da esprimere. La buona sorte mi ha risparmiato questa tremenda esperienza, e perciò parlo solo teoricamente, tuttavia come è possibile vivere accanto a un uomo che ama un'altra, la frequenta, le telefona, si tormenta, accampa pretesti ed è spezzato in due senza accorgersi *di nulla?* Dove sono le famose antenne femminili? Non vi è proprio differenza tra i normali malumori di un marito stressato e quelli di un marito che è piombato nell'inferno?

Ho l'impressione che il sospetto spinga affannosamente a cacciare la testa sotto la sabbia e la paura della verità a rifiutare l'evidenza. Per quanto strano possa essere, ammettiamo pure che non sia così, che realmente le antenne non abbiano funzionato o la fiducia nell'onestà del marito fosse talmente smisurata da non aver neppure considerato l'ipotesi di una relazione extraconiugale.

Prima di andare a vedere se e con quali armi è possibile rimediare a questo grave sbaglio, facciamo un passo indietro: aiuterà a meditare quelle che l'hanno commesso, e ad evitarlo quelle che sono ancora in tempo. Siamo all'acme della crisi di coppia e l'altra donna è già entrata nella vita di lui, ma non ancora profondamente. Risalendo a questa fase, centinaia di mogli hanno scoperto con il senno di poi l'unico sintomo che è davvero rivelatore: *l'uomo non litiga più.*

Il partner ipercritico, brontolone, pronto ad attaccarsi ad ogni appiglio per sfogare il suo nervosismo, dall'oggi al domani si chiude in un distaccato silenzio. Non protesta se nessuno ha attaccato il bottone alla camicia; non si lamenta se la minestra è fredda o la pasta scotta; non urla di far stare zitti i bambini; non fa alcun commento acido se la moglie si intrattiene per ore al telefono con sua madre o la migliore amica; sembra non notare più la macchia sul pavimento, il tubetto di dentifricio aperto, la ditata sul divano; se manca il pane, si arrangia silenziosamente coi grissini.

Non bastasse tutto questo, ha smesso di allagare il bagno, depone nel lavello la tazza della colazione, non protesta se seduta davanti alla Tv la moglie cambia canale, ripone i giornali dopo averli letti. È come se volesse passare inosservato; o come se all'improvviso si fosse trasformato in un ospite bene educato *timoroso di dare fastidio.*

Incredibile ma vero: è proprio così. La relazione con l'altra l'ha deconcentrato dal contesto familiare dandogli una sensazione di «estraneità» alla sua stessa casa. E se non critica e non protesta più, è semplicemente perché i piccoli incidenti o le piccole dimenticanze della routine, che prima lo facevano inferocire, adesso gli sembrano cose di irrilevante entità rispetto ai grandiosi sentimenti che lo agitano.

È in questo momento che la moglie dovrebbe intervenire: questi comportamenti sono un concerto di campanelli d'allarme che non raccogliere equivale all'assistere passivamente a un'agonia. Ma torniamo al discorso già fatto: anche lei è in crisi, e problemi e infelicità paralizzano purtroppo il meccanismo emotivo. È naturale che sia così.

Il poveretto che ha fame non può godere di un bel tramonto, il capofamiglia che non sa come pagare una cambiale in scadenza è incapace di commuoversi per i drammi del Terzo Mondo, l'ammalato che giace sofferente in un letto d'ospedale diventa insensibile alle sofferenze altrui.

Ciò vale, nei periodi neri della coppia, sia per lui sia per lei. Anche noi ci siamo attaccate ai campanelli lan-

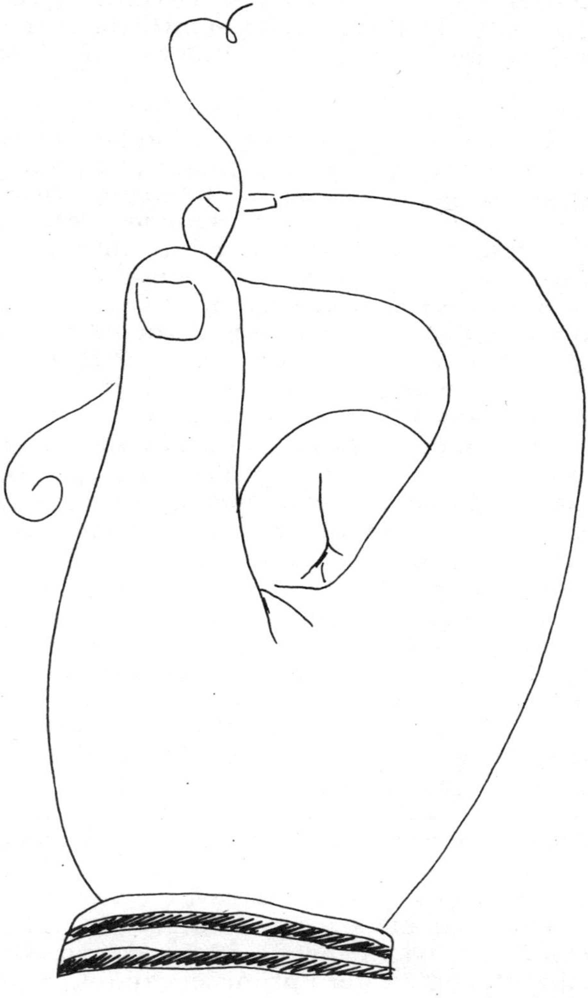

... e comincia lo squallido
rituale della clandestinità ...

ciando un affannoso allarme e, restando come noi insensibile e passivo, il nostro uomo è ugualmente colpevole. Ma qui scatta la regola della «reattività individuale», che la mia saggia nonna esemplificava con uno sbrigativo «chi ha testa, la usi».

Tocca al meno colpito, o al più percettivo dei due prendere l'iniziativa, rialzarsi e tendere una mano all'altro. Se per disamore, per orgoglio o per principio non vogliamo farlo, oppure siamo talmente frustrate da un'unione deludente che non riteniamo valga la pena salvarla, nessuno può condannarci. È un nostro diritto. In qualche caso, un sano istinto di sopravvivenza.

Però, presa questa decisione, dobbiamo coerentemente accettarne l'inevitabile conseguenza: nostro marito se ne andrà. Nei casi di esasperazione o irrigidimento del principio, addirittura dovremmo sollecitare la rottura: questa situazione è intollerabile, devi andartene.

Pur rispettando le suscettibilità e le ribellioni, non me la sento di infierire contro quelle che optano per la riconquista. Il principio dell'autodeterminazione vige anche qui e merita comunque rispetto, anche se dovesse mancare la nobile e antica motivazione dei sentimenti. Nella schiera delle «vittime» manageriali può figurare la scrupolosa madre di famiglia che, non essendo economicamente autosufficiente, non se la sente di pagare il prezzo d'una dignitosa separazione, oppure la spregiudicata arrampicatrice che, una volta sposato il miliardario, per nulla al mondo lo cederebbe a un'altra.

Quali che siano i motivi, la moglie desidera sanare la crisi coniugale e restituire stabilità al matrimonio. Ed è a questa moglie che mi rivolgo: la salvaguardia dei principi e le drastiche rotture non hanno bisogno di strategie.

La prima mossa è «introversa»: toccato con mano il degrado della coppia, occorre valutare onestamente tutti i possibili motivi che hanno concorso a provocarlo. Li ho analizzati con voi per i primi sei capitoli, e spero che gli spunti di riflessione non manchino.

La seconda mossa è la coraggiosa accettazione dell'orribile realtà: il nostro uomo si è innamorato di un'altra donna.

La terza mossa è la rivalutazione di sé: non ha smesso di amarmi perché non valgo, bensì perché crede che con il tempo io abbia perduto le qualità che amava. Non debbo lasciarmi intimidire dallo spauracchio di una giovane, perfetta e splendente rivale: per quante doti essa abbia, mio marito la conosce da poche settimane o pochi mesi, e l'amore per lei non ha il patrimonio di complicità, di passione, di abitudini e di ricordi che lo lega a me. Lei è l'illusione, io la realtà. Lei è il sentimento nato dallo scontento e dal caso, io la compagna accuratamente scelta con la mente e col cuore.

La quarta mossa è la fredda determinazione. Basta con gli sbagli, gli istinti e gli umori: la riconquista esige il calcolo di una studiata strategia, che deve essere allo stesso tempo, la più congeniale e la più mirata. Andiamo a esaminare tutte quelle possibili.

IL PIANO STRATEGICO

L'imprevedibilità di Annibale, la furia di Attila, la lucidità di Cesare, la megalomania di Napoleone, l'astuzia di Rommel... Ripercorrendo a grandi balzi la storia di invasori, condottieri e imperatori, si osserva che i loro successi derivarono dalla *congenialità* delle strategie adottate e la loro fine dall'averle volute o dovute abbandonare. Gli ozi di Capua infiacchirono Annibale, l'esser venuto a patti con papa Leone I arrestò Attila, il dover ridimensionare la grandiosità dei traguardi costrinse Napoleone a Sant'Elena...

Le strategie vincenti sono, anche nel campo di battaglia dei sentimenti, quelle che si basano sui punti di forza di ciascuno e possono essere seguite agilmente in quanto presuppongono il familiare esercizio delle qualità e delle attitudini che più ci sono congeniali. Il primo errore è sottovalutarle o non riuscire a identificarle: ne deriva che il primo accorgimento è veder chiaro in noi stesse.

Per esempio: siamo *formaliste* oppure *creative*? Non lasciatevi fuorviare dall'angustia dei termini: si tratta in realtà di due modi di essere, e di comportarsi, ricchi di implicazioni e di sfumature. Individuare quello che più ci corrisponde è un elemento di basilare importanza per arrivare alla scelta di una strategia «su misura».

La «formalista» ha un rigido senso del dovere. È scrupolosa, sensibile, attaccata alle abitudini, profondamente sincera, capace di grandi slanci di generosità. Ha una grande intelligenza umana che la rende intuitiva, rispettosa del prossimo, visceralmente allergica a ogni violenza. Il suo fascino deriva dal coraggio morale, dalla tenerezza, dall'affidabilità, dal rigore.

La «creativa» invece non conosce regole: se le dà di volta in volta da sola abbandonandosi con slancio al flusso della vita. Asseconda gli eventi felici e contrasta con ogni mezzo quelli meno fortunati. È dotata di fantasia, ottimismo, grande fiducia in sé. Per lei il fine giustifica i mezzi e pertanto può essere spregiudicata, ingenerosa, spericolata. Veloce di riflessi e ricca di risorse, nell'emergenza non segue mai schemi prestabiliti: vive la sua esistenza in «diretta» e improvvisa di caso in caso affidandosi all'istinto, del quale ha una incrollabile fede.

Se vi siete riconosciute nella «formalista», dovete impostare una strategia di riconquista che giochi alla regola ed escluda l'adattabilità, il compromesso, la spregiudicatezza e il colpo mortale. Se invece ritenete di assomigliare di più alla «creativa», lasciate perdere l'utopistico proponimento di comportarvi con il rigore della logica: avete la fortuna di poter ricorrere a strategie fantasiose e persino azzardate, «aggiustandole» a seconda di come si sviluppa la situazione.

Ma facciamo un passo avanti nella conoscenza di noi stesse, e perciò nel delineare con maggior precisione le tattiche vincenti. Siamo *avare* o *prodighe*? Anche qui, non lasciatevi spaventare dalla rigidità dei termini.

La donna «avara» è quella che mira all'essenzialità. Alle parole preferisce i fatti, alle sfumature la concretezza, agli umori i sentimenti. Può adottare soltanto una linea strategica, rigorosamente logica e direttamente mirata al bersaglio.

La donna «prodiga» è invece un'emotiva che media l'evidenza dei fatti con l'interpretazione della sfumatura. Umorale, estroversa e appassionata, vive sempre un po' sopra le righe e ignora le equilibrate vie di mezzo: va da sé che una strategia essenziale e rigorosa sarebbe per lei impraticabile.

E procediamo. Siete *attive* oppure *reattive*? Alla pri-

... il primo accorgimento è
veder chiaro in noi stesse...

ma categoria appartiene la donna gestionale, mentalmente autonoma, più portata a riparare le conseguenze di scelte e sbagli propri che ad affrontare eventi non determinati da lei. La seconda, di tutto rispetto, vede allineate le donne capaci di concrete ed efficaci reazioni. Poiché non riescono a star bene se non in un contesto appagante e armonioso, emotivamente «dipendono» dalle persone che amano.

Se ne evince che l'«attiva» potrà adottare soltanto una tattica congeniale alla propria «imprenditorialità», e perciò non obbligatoriamente rispettosa della personalità dell'uomo da riconquistare. La «reattiva», invece, dovrà necessariamente sfoderare armi che non mirino basso, non colpiscano all'impazzata e non spiazzino il partner. Ciò causerebbe rappresaglie e controffensive che la Nostra non sarebbe in grado di parare né gestire.

Un ultimo, e determinante, punto da chiarire. Ve lo riassumo in una domanda diretta e un po' brutale: rivolete il vostro infedele per amore o per rabbia? Detto ancor più chiaramente, vi accingete a lottare per riconquistare una persona senza cui vi è insopportabile vivere, oppure per rimettere in piedi un matrimonio che vi dà sicurezza, benessere e identità sociale? La prospettiva di vincere vi è di conforto oppure appaga il vostro orgoglio ferito?

Ripeto: la «nobiltà» della motivazione è un fatto vostro che mi guardo bene dal giudicare. Se vi invito a rispondere con franchezza è soltanto perché ciò aiuta a dare il tocco di perfezione alle tattiche di riconquista. Se vi battete per calcolo, potete osare. I buoni affari esigono l'accettazione di un buon margine di rischio soprattutto se si deve trattare con un partner spericolato (e sa il cielo quanto un uomo innamorato di un'altra lo è...).

Se invece lottate solo per amore, l'azzardo è vietato: la paura, l'infelicità e l'umiliazione non consentono di gestire con nervi saldi le operazioni rischiose, né di reagire con lucidità agli svolgimenti imprevisti.

Fatta questa lunga premessa, torniamo al nostro partner. Neccessariamente le strategie di riconquista devono fare i conti anche con il *suo* temperamento, le *sue* vulnerabilità, le *sue* resistenze. Sarebbe fallimentare far leva sui ricordi con un uomo che vive proiettato nel futuro, o appellarsi alla mozione degli affetti quando lui crede solo a quelle della ragione, o evocare il richiamo ai doveri quando è stato anche il loro peso a spingere alla fuga, o sollevare sensi di colpa quando nostro marito si è creato una serie di plausibili giustificazioni morali.

Dovete darmi atto che ho precisato fin dall'inizio quanto sottili, faticose e stressanti fossero le tattiche per far disamorare il partner dell'altra donna. E difatti non è finita qui: oltre che congeniali a noi e non contrastanti con gli umori e gli alibi dell'uomo certe tattiche devono essere anche *attendibili*. In pratica, ci richiedono di trasformarci in ottime attrici che recitano a braccio e non seguendo un rigoroso copione. Soltanto noi sappiamo che siamo impegnate in una guerra tattica: all'uomo le nostre reazioni, le nostre parole, i nostri comportamenti debbono sembrare istintivi e naturali.

E adesso catapultiamoci nel vivo del dramma: da sole, oppure attraverso un'anima invidiosa o pia che ci ha aperto gli occhi, siamo arrivate alla certezza che nostro marito ha una relazione. La rabbia è tale che, sul momento, non proviamo neppure dolore: semplicemente vorremmo ammazzarlo.

Concediamoci qualche minuto per accantonare una soluzione tanto drastica e poco funzionale. Sbollita l'ira, respiriamo a fondo e cominciamo a ragionare. Non riusciamo? All'ira sta subentrando l'umiliazione? E all'umiliazione il feroce disprezzo per l'infedele? Lasciamoci pure andare: l'«assecondamento» delle emozioni è una ben nota terapia.

Quel che conta è *non fare nulla* fino al momento in cui si è consapevoli di aver ritrovato il controllo dei nervi. Eccezionalmente, è concesso persino ricorrere a un tranquillante...

Capitolo nove

IL SILENZIO È PER POCHE

Con involontario sadismo, debbo riportarvi brevemente (e non per l'ultima volta!) al terribile momento in cui scoprite che lui ha un'altra. Come sempre accade nelle situazioni negative, la reazione è esagitata ed emergono i lati peggiori di noi. Di fronte alla realtà di una relazione extraconiugale la donna pessimista diventa catastrofica, l'ottimista si impone superficialmente di minimizzare, la collerica è presa da furia distruttiva, la narcisista piomba nel delirio di lesa maestà, la puntigliosa si propone la rappresaglia di un tradimento col primo partner disponibile, la Signora studia un'arringa accusatoria di raffinata implacabilità e l'introversa decide di difendersi con l'arma del silenzio.

Di tutte le reazioni, quest'ultima mi sembra la sola che denoti un certo equilibrio e una buona dose di self-control. Vale pertanto la pena di esaminarla nell'ottica di possibile strategia: a quanto mi risulta, parecchie mogli l'hanno adottata con insperato successo, e sta a voi valutare se vi è o no congeniale.

Apparentemente, la moglie che non sa e quella che ha scoperto tutto si comportano allo stesso modo: tacendo. Di fatto, vi è una sostanziale differenza tra i due silenzi. L'ignara non conosce neppure il pericolo che corre e perciò continua a comportarsi nel modo che ha fatto disamorare suo marito, facendo il gioco dalla rivale. Quella che sa, invece, *affina silenziosamente* le armi di difesa.

Decisa a ripigliarsi l'uomo che a dispetto di tutto continua ad amare, analizza lucidamente la parte di colpe che *lei* ha avuto nella crisi di coppia allo scopo di identificare le latitanze, i comportamenti sbagliati, le parole sgradevoli, le trascuratezze.

A operazione compiuta, si propone puntigliosamente di riparare e correggere. Incurante della cupezza del marito, ricomincia gentilmente a rivolgergli la parola; anziché brontolare, tollera e finge di nulla; si sforza di mostrarsi vivace, graziosa e amabile; quando lui esce e mente e accampa pretesti, reagisce come la più fiduciosa delle donne, guardandosi bene dal fargli capire che sa.

A questo punto avrete capito che è una strategia per poche elette: richiede contemporaneamente autocontrollo disumano, nervi d'acciaio, vocazione al sacrificio e un pizzico di follia (che ad alcune di voi può apparire anche stupidità). Io mi limito a riferirvela, sottolineando doverosamente che i risultati si sono rivelati all'altezza del grandioso impegno.

Il perché è presto spiegato. Il marito innamorato di un'altra donna spera, e neppure tanto inconsciamente, che la moglie provochi «l'incidente» offrendogli il pretesto per buttarle in faccia la verità e andarsene senza essere oppresso dai sensi di colpa.

Il pudore, la compassione e l'incertezza gli rendono difficile confessare «a freddo» la relazione, e tra le sue speranze subentra a un certo punto anche quella che la moglie venga a sapere da altri o si accorga da sola di quanto gli sta accadendo.

Ora, la nostra silenziosa stratega gli confonde le idee e gli complica maledettamente l'esistenza. Non soltanto l'«incidente» non arriva, non soltanto lei si mostra tanto fiduciosa, ma l'inaspettata amabilità di cui fa sfoggio acuisce in modo fastidiosissimo il suo disagio e la sua vergogna.

Il confronto con la seduttiva amante non è poi impari come all'inizio gli appariva: e questo, oltre a confonderlo, solleva in lui inquietanti ricordi e un'ombra di dubbio. Gli tornano in mente l'incontro con la moglie, l'allegria e la spensieratezza del primo week-end insieme, i laceranti bisticci seguiti da travolgenti riconciliazioni...

Osservandola bene, non gli sembra tanto cambiata, da allora.

Il poveretto non sa che sua moglie è impegnata in una recita da premio Oscar, né sospetta quale furia si celi dietro quei suoi sorrisi così gentili e teneri. Sempre per dovere d'imparzialità, debbo sottolineare che questa strategia contempla il possibile risveglio della sessualità coniugale. Un po' perché stimolato dalla riscoperta di una sorprendente seduttività, e molto perché avvezzo a chiarirsi le idee sotto le lenzuola, assai spesso capita che l'infedele tradisca l'amante, e sinceramente desideri avere dei rapporti con la moglie.

La quale, va da sé, simula una condiscendenza e un trasporto che è ben lontana dal provare. E mentre il marito è sempre più colpevolizzato e frastornato, lei assapora l'intima felicità di aver inferto il colpo di grazia a tutte le sue residue sicurezze. Stando a quanto tante donne mi hanno raccontato, il lieto fine è più frequente di quanto ci si aspetti.

Tuttavia non vorrei aver creato esagerate illusioni e volonterosi slanci di verifica. La strategia del silenzio sceneggiato, lo ribadisco, è per pochissime elette. O, se preferite, per pochissime allocche. La sensibilità e l'intelligenza della donna media d'istinto rifuggono da una finzione tanto plateale.

Sapere di essere tradita, e imporsi di non parlarne, rende problematico il continuo esercizio d'autocontrollo, nonché patetica la recita dell'amabilità seduttiva. Le più riescono soltanto ad apparire legnosamente asettiche. Al desiderio del marito (posto che il marito riesca a desiderarle...) rispondono con forzata condiscendenza; la tolleranza è silenzioso malgarbo, la vivacità una penosa battuta, la finzione di «non sapere» una continua violenza all'istinto di lasciarsi andare a una scenata liberatoria.

Insomma, se non siete fatte d'acciaio lasciate perdere. Il ricorso a una tattica così poco congeniale serve solamente a rimandare la resa dei conti: e (già detto!) il tempo lavora sempre a sfavore delle mogli che non escono allo scoperto con un concreto piano di difesa. Perciò, andiamo a cercare tattiche alternative.

PREVENIRE LA «CONFESSIONE»

Rieccoci al punto di partenza: la presa di coscienza della relazione e del pericolo. Fatta rigorosamente salva la regola di superare per conto proprio la tempesta delle reazioni, e una volta appurato che il sovrumano silenzio non fa per noi, quali altri possono essere i comportamenti corretti?

Per prima cosa, occorre far piazza pulita di fedi spontaneistiche («tutto si risolverà da solo»), consigli di qualunque natura e origine, e luoghi comuni rovinosi. Uno di questi è che fino a quando il marito non confessa, nulla è ancora perduto.

Il silenzio dell'infedele, insomma, autorizzerebbe una valutazione ottimistica dei fatti: se lui vive il nuovo legame in un clima di scrupolosa clandestinità, e per incontrarsi con l'amante inventa pretesti, accampa impegni e mente faticosamente, è segno che tiene ancora alla moglie e non si sente abbastanza sicuro dei propri sentimenti per uscire allo scoperto.

Mi spiace dovervi togliere anche questo conforto, ma il fatto che l'uomo non parli e dica bugie sta solo a significare che è un pusillanime oppure che ha scelto (anche lui ne cerca!) la strategia del temporeggiamento. Nel primo caso, temendo la reazione della moglie e tutto ciò che fatalmente si aspetta dopo la confessione (la scenata, le lacrime, lo schieramento dei parenti contro di lui, i pettegolezzi, la disapprovazione) vilmente rimanda. E anziché vergognarsi e mettere in discussione se stesso, accumula aggressività nei confronti della moglie che «lo costringe» a comportarsi da vile e a subire tutto questo.

Nel secondo caso, e cioè il temporeggiamento e la clandestinità scelti con razionale aderenza, il colpevole non confessa perché desidera creare *l'irreparabilità*. Spiegato meglio, aspetta a parlare che il matrimonio si sia del tutto deteriorato e il suo amore per l'amante, approfondito e collaudato, sia diventato per lui irrinunciabile, e perciò «morale».

Tutte noi abbiamo un'amica che stimiamo, amiamo e preferiamo alle altre. Il più delle volte è la prima persona a cui, angosciate e furiose, confidiamo il tradimento del partner. Sciaguratamente non ci aspettiamo soltanto il conforto dello sfogo e della consolazione, ma anche qualche saggio suggerimento. E uso a buona ragione il termine «sciaguratamente»: un'amica *davvero* affezionata si proporrà infatti di minimizzare, ridimensionare, portare esempi incoraggianti, invitare a considerazioni ottimistiche: ciò che, proprio, è pericoloso fare.

Sono quasi sempre le ottime amiche a convincere che se lui tace è ottimo segno. In cuor loro forse non ne sono convinte, ma quel che vogliono è ritardare a una persona cara l'appuntamento con il dolore: finché manca la drammatica confessione, non può esservi certezza.

È la stessa cosa che vi dirà vostra suocera o vostra cognata, se in una smaniosa ricerca di solidarietà avete commesso lo sbaglio di metterle al corrente di ciò che sta accadendo al vostro matrimono. Non escludo affatto che la famiglia del marito possa onestamente parteggiare per la nuora tradita, ma salvo casi eccezionali si tratta soltanto di una solidarietà morale. In pratica, voi siete le estranee e lo stretto parente è lui: è comprensibile che, pur stigmatizzandone il comportamento tendano a giustificarlo e, appena possibile, ad assolverlo.

Vostra suocera vi inviterà ad aver pazienza, vi spiegherà quanto suo figlio è innamorato di voi, definirà la relazione «una sbandata» a cui è saggio che voi reagiate con malizioso silenzio. Non è improbabile che, al proposito, vi confidi di quando anche lei dovette affrontare lo stesso problema e di come il silenzio la premiò.

Purtroppo la sofferenza rende psicologicamente assai vulnerabili e non soltanto ci si aggrappa a ogni motivo di conforto, ma si tende ingenuamente a credere anche alle bugie più pietose. È chiaro che il parere di vostra suocera è inaffidabile, e pertanto (se siete ancora in tempo!) tenetela fuori dalla crisi. Ciò sortirà due vantaggi: non correrete la rovinosa tentazione di crederle, ed eviterete che vostro marito, una volta vistosi smascherato, reagisca con una crisi di aggressività e di risentimento nei vostri confronti. Mi sembra che di sentimenti negativi ne abbia già troppi per ispirargliene altri!

Se vi sono dei figli in età di capire, potrebbe essere forte la tentazione di mettere al corrente anche loro, con la più o meno consapevole intenzione di farsene degli alleati. Mi sembra, anche questo, un comportamento sbagliato oltreché ingeneroso. Se si tratta di bravi figli, superato un trauma che poteva loro essere evitato, tenteranno (come la suocera, come l'amica del cuore) di minimizzare e ridimensionare: non hai la certezza che papà ti tradisca, ti ha sempre voluto bene, non dare ascolto ai pettegolezzi, se fosse una cosa seria te ne avrebbe già parlato onestamente (e si ritorna al rovinoso luogo comune...)

Se i figli hanno invece un rapporto conflittuale con la figura paterna, averli messi al corrente sarà servito soltanto a offrir loro un motivo di disistima in più. E, nel peggiore dei casi, a farli platealmente intervenire affrontando il padre e condannandolo senza pietà: con il solo risultato di rendere la situazione ancor più tesa e lo stato d'animo di vostro marito ancor più ostile.

Perciò ripartiamo da capo: niente coinvolgimenti, niente consigli e soprattutto niente illusioni. Accantonata la strategia della recita silenziosa non resta che adottare quella del franco chiarimento. Senza rinvii e senza titubanze. Quel che è *essenziale* è annunciare che sapete tutto *prima* che vostro marito ve lo confessi spontaneamente: nell'istante stesso in cui decidesse di farlo, significherebbe che il nuovo legame è per lui più forte dei sensi di colpa, delle paure delle vostre reazioni, del dispiacere di ferirvi.

Giocare sul tempo, prevenendolo, è psicologicamente

una mossa vincente. Per prima cosa si invertono i ruoli: se la scoperta del tradimento aveva spiazzato noi, dicendogli che sappiamo tutto è lui a essere spiazzato. Si stava preparando un intelligente, sensibile, coinvolgente discorso, e all'improvviso gli abbiamo vanificato lo sforzo; credeva di essersi comportato con grande abilità e prudenza, e invece di colpo registra di aver fatto la figura dell'ingenuo e del cretino; prevedeva una reazione devastatrice, e invece si trova di fronte una partner addolorata ma dignitosamente controllata.

Agli effetti pratici, il successo più prezioso ai fini dei futuri sviluppi è avergli impedito l'irreparabilità della confessione. Dovendo giustificare una decisione tanto grave come l'abbandono della famiglia, l'uomo è *costretto* a enfatizzare il sentimento che lo ha spinto. Pur autoaccusandosi d'essere debole, mascalzone e colpevole, dovrà sottolineare la passione «più forte di lui», il fatale incontro con una donna certamente meno meritevole e degna di noi (particolare generosamente facoltativo), ma più adatta a lui.

Se il marito ha un minimo di amor proprio e la moglie non è una masochista, questo discorso chiude la porta a ogni possibilità di ripensamento e a ogni via di ritorno. Bene, noi glielo abbiamo impedito. Ma c'è di più: l'abbiamo deconcentrato, per la prima volta dopo mesi, dall'ossessione dell'altra.

Dicendogli con tono fermo e composto «*so che hai una relazione, e penso che dovremmo parlarne*», gli abbiamo passato la palla e tocca a lui tirare. Dallo sbalordimento passerà al disagio, dal disagio al sollievo: non è più costretto a fingere, né a tormentarsi nella sapiente preparazione del discorso suddetto.

A questo punto tenterà di chiudersi in guardia aspettando che diate la stura a lacrime, rinfacci o ostilità. In altre parole, vorrebbe rilanciarvi la palla. Non commettete assolutamente l'errore: quel vostro *dovremmo parlarne* è un plurale retorico e incoraggiante. In realtà è *lui solo* che ha qualcosa da dire, e tocca a *voi* rinchiudervi in difesa.

Pronunciato l'invito fatidico, non aggiungete altro e guardatelo negli occhi con aria esplicitamente interrogativa: siete pronte ad ascoltarlo. Credo di averlo già

... essenziale è annunciare che sapete tutto prima che lui confessi...

detto un centinaio di volte, e proprio per questo una di più non fa differenza: nelle chiarificazioni esistenziali chi più parla perde, in quanto è quello che maggiormente si espone, si contraddice, esce fuori tema, rischia di dire cose sbagliate.

Ben lo sa il furbo infedele, che difatti con ostinato silenzio continua ad aspettare le vostre reazioni. Ma l'espressione di gentile attesa con cui non avrete smesso di fissarlo lo costringerà a dirvi tutto. Oddio, si fa per dire: si limiterà all'essenziale, scegliendo con cura i termini più delicati onde evitare quella scenata che continua a paventare.

Il disagio di chi è stato smascherato istintivamente lo porterà a diminuire l'importanza di quel che ha nascosto: ed ecco che descriverà il suo rapporto con toni meno appassionati, qui e là addirittura insinuando (naturalmente in malafede) che non è neppure certo dei suoi sentimenti e comunque si sente tanto confuso quanto colpevole.

È possibile che tenti qualche pausa, sempre nell'intento di cavarsi d'impaccio passando il gioco a voi. Guardatevi bene dal cadere nella trappola: innanzi tutto perché, tacendo, siete al riparo da qualsiasi frase sbagliata e poi perché la sua pur striminzita confessione è la vostra unica e irripetibile possibilità di conoscere qualche particolare che, ancora una volta, potrà rivelarsi prezioso per le future strategie: chi è lei, dove si sono incontrati, da quanto tempo la relazione dura.

Al massimo interrompetelo per chiedere, in tono neutro, una precisazione in più: ma non di natura psicologico-esistenziale-morale, per carità! In questa prima fase quel che conta è la valutazione dei fatti. Il resto appartiene alla fase successiva.

TENDETEGLI LA TRAPPOLA

Ecco, adesso sappiamo dalla sua viva voce quel che ci interessava sentir confermato: è vero, si è innamorato di un'altra donna. Abbiamo probabilmente appreso chi è, che cosa fa e dove nostro marito l'ha conosciuta; resta qualche dubbio sul periodo in cui la relazione è iniziata, dato che lui quasi sempre tende a posticipare al fine di ridurre i tempi della colpevole clandestinità e delle umilianti bugie.

Guardiamoci bene dall'esigere maggior chiarezza: la piccola reticenza è un segno che il nostro piano ha cominciato a funzionare. Come avevamo sperato, nello «spiazzarlo» abbiamo tolto alla sua confessione i toni esaltati e definitivi dell'irrevocabilità. Stupito per la nostra calma, grato della nostra (apparente!) comprensione, ha generosamente minimizzato la durata e la profondità del sentimento che lo lega all'altra.

È finita la coatta confessione, si renderà improvvisamente conto di aver vanificato quanto, rivelandoci tutto, si proponeva di ottenere: la libertà di andarsene. Eccolo infatti annaspare per un subitaneo recupero, con frasi del tipo «comunque è meglio che per un certo periodo ci separiamo», «ho bisogno di vedere chiaro in me stesso», «meriteresti un uomo migliore di me».

Su quest'ultimo punto non vi sono dubbi, ma tant'è: l'oggetto-maschio è un esemplare che trova sempre una fanatica estimatrice. Nel caso in questione ne ha nientemeno due e, se assolutamente non vogliamo che se lo aggiudichi l'amante, è vivamente sconsigliabile assecondarlo. Sarebbe come spalancargli la porta anziché rinchiudere lo spiraglio che ha tentato di aprirsi per la fuga.

Facciamogli notare, voce ferma e volto mesto, che siamo molto confuse anche noi e abbiamo bisogno di un po' di tempo per veder chiaro. Gli siamo profondamente grate per la lealtà (ridicola menzogna, visto che siamo state noi a estorcergli la confessione!) e comunque resta inteso che tocca *soltanto a lui* prendere una decisione.

Su questo tema è meglio sorvolare subito, prima che il nostro beneamato ci interrompa osservando con tristezza che lui, una decisione, l'avrebbe già presa. Passando oltre, rassicuriamolo: ci rendiamo in effetti conto che il matrimonio è in crisi e la situazione seria, tuttavia cinque anni di vita a due (se sono dieci, o quindici, o più suona ancora meglio!) meritano il rispetto di una riflessione prima di buttarli al vento.

In tutta sincerità, questo è ricatto. Ma l'eccezionalità della situazione lo rende sacrosanto. Come potrebbe il nostro partner mostrarsi tanto insensibile da non raccogliere un invito tanto civile e nobile? Sempre più sbalordito per la tolleranza che stiamo dimostrando, sempre più sollevato per l'assenza della terrificante scenata, dovrà suo malgrado concederci tempo: per analizzare e per chiarire.

A questo punto, se non l'avete ancora capito, l'infedele è in trappola. Il tempo non gioca più a suo bensì a *vostro* favore. I motivi? Calma, ve li elenco tutti.

Primo: la sua relazione ha perduto il fascino del proibito. Costringendolo a parlarvene, l'avete messo con le spalle al muro e scaraventato fuori dal mondo dell'intrigo e del sogno. *Secondo*: non può più temporeggiare, fatalisticamente aspettando che qualcosa accada: l'avete reso di colpo consapevole che deve affrontare la realtà e fare entro un periodo ragionevole una scelta concreta.

Terzo: gli avete reso moralmente impossibile seguire a cuor leggero la voce del cuore. *Quarto*: avete compiuto una magistrale opera di disturbo all'idilliaca relazione. E qui mi soffermo, onde farvi assaporare appieno il balsamo del conforto.

Non credo esista alcuna differenza tra mogli e amanti: in quanto donne, esigono il medesimo rispetto e detestano in egual misura le situazioni ambigue. In teoria la «nuova amante» è una *single* innamorata della propria libertà che sugge il miele del rapporto evitando con cura l'amaro della vita coniugale. A parte che la clandestinità mal si concilia con una psicologia tanto fiera, all'atto pratico l'amore per l'uomo di un'altra rende l'amante competitiva su tutti i fronti. Compreso quello coniugale. Il matrimonio di colpo le appare come un traguardo che la rivale ha raggiunto, esercitando il suo potere seduttivo al punto di farsi sposare: perché a lei non dovrebbe riuscire la stessa cosa?

Non è un bizantinismo o una farneticazione. Per quanto assurdo vi possa sembrare, dovete credermi: in quindici anni di «linea diretta» con le donne, non ho conosciuto una sola amante che non fosse gelosa della legittima moglie del partner. Il matrimonio è *status*, potere, possesso, priorità; e l'esitazione con cui il marito, anche disamorato, considera l'eventualità della separazione, umilia la clandestina. Ogni volta che lui rimanda un appuntamento, la conduce nel ristorante fuori mano, trascorre i giorni santificati con la famiglia, l'amante si sente sacrificata ad affetti e doveri prioritari. E gareggia per raggiungere il primo posto.

Nel momento in cui l'uomo le dice che ha deciso di uscire allo scoperto, si sente molto vicina al traguardo: è solo questione di giorni, quanto serve per creare «l'incidente» o il pretesto favorevole alla fatidica confessione.

Ma qui si è verificato il nostro magistrale colpo di mano: abbiamo battuto nostro marito sul tempo, impedendogli di prendere qualsiasi decisione affrettata. E non soltanto: gli abbiamo praticamente reso impossibile precisare l'importanza del nuovo sentimento.

Se ne rende pienamente conto soltanto quando corre gioiosamente dall'amata per comunicarle: è fatta, adesso mia moglie sa e non dobbiamo più nasconderci. Con un sollievo enorme, e la tipica curiosità femminile, lei chiede i particolari, vuol sapere come noi abbiamo reagito, quali contropartite abbiamo preteso per separarci senza fare storie.

E mentre il nostro uomo brancola nel resoconto, la sua partner realizza con incredulità e furore che in realtà non c'è *nulla* di fatto. Se possibile, va peggio di prima: di separazione non si è parlato affatto, decisioni non ne sono state prese e lui ha vilmente lasciato cadere un'occasione d'oro per confessare con franchezza di essere *seriamente* innamorato e deciso a rifarsi una vita.

L'incanto è finito, l'armonia incrinata, il sogno spezzato. La sublime relazione è diventata come il nostro matrimonio: un legame inquinato da problemi, rancori, aggressività latente. Dovete darmi atto che non è un successo da poco. Ma il meglio, se volete, deve ancora arrivare!

IL TEMPO È D'ORO

Alla base di ogni crisi coniugale c'è una crisi di assuefazione e di stanchezza. Non lasciarsi sopraffare dal partner, preservare la propria autonomia di giudizio, imporre quando occorre la propria volontà, coltivare degli interessi al di fuori della famiglia non è soltanto rispetto di sé, ma anche un mezzo per mantenere stimolante il rapporto impedendo l'insorgere della reciproca «prevedibilità».

Certamente la routine non è un thrilling; e pensare che tra una rassettata, un bucatino, il ragù, quattro passi col bebè e un salto al supermarket la moglie trovi il tempo per meditare l'eccitante colpo di scena serale o accogliere il marito con la maliarda inafferrabilità dell'«indovina-chi-sono-quiz» è quanto meno ridicolo.

La battaglia del quotidiano è purtroppo ripetitiva e frustrante, e soltanto un uomo molto sensibile e attento scorge l'intelligenza e la creatività che possono star dietro a un ménage bene organizzato. All'apparenza, un pavimento brillante è soltanto un pavimento che è stato ben pulito, e anche la colf semianalfabeta con una automatica manualità é capace di farlo.

Voglio dire: la ripetitività sta nell'azione, non nell'impegno. E ritenere «scontata» una moglie soltanto perché fa ogni giorno le stesse cose e ripete (quasi) ogni sera gli stessi discorsi è segno di immensa presunzione e di esecrabile superficialità. Nessun essere umano è *mai* prevedibile né scontato, e certi mariti sarebbero molto sorpresi se sapessero le ribellioni, i sogni, le fantasie e le irrequietezze che la moglie cela nel proprio cuore.

L'infedele appartiene spesso alla categoria dei superficiali. Oppure è stato colpito a tradimento dalla... sindrome di Vespucci, che l'ha reso morbosamente sensibile al fascino del «continente» inesplorato e nuovo.

Questa lunga premessa mi è parsa indispensabile per introdurvi alla seconda fase della strategia in atto. Messo in trappola l'esploratore, occorre aggredire la sindrome dimostrandogli che continenti da scoprire non ne esistono più e deve pertanto adattarsi alle emozioni del piccolo turismo. Insomma, gira e rigira non esiste alcuna differenza tra noi e l'altra e tanto vale che si dedichi alle sorprese che possiamo riservargli noi: l'emozione è la stessa, però gli comporta assai meno complicazioni e fatiche.

Va da sé che dobbiamo mostrarci all'altezza delle aspettative scrollandoci di dosso la polvere della apparente prevedibilità. In che modo? *Facendo esattamente il contrario di ciò che lui si aspetta.* Prima di addentrarmi nei dettagli della strategia, consentitemi di fare il solito crudele passo indietro al momento della scoperta della relazione.

Reagire d'istinto con la famosa scenata liberatoria non è sbagliato soltanto perché il matrimonio viene «rivisitato» concitatamente e, nella furia di una nefasta catarsi, si lanciano accuse che lui non potrà dimenticare mai. È sbagliato anche e *soprattutto* perché questa è, esattamente, la reazione che nostro marito si aspettava da noi. Vederci comportare come si aspettava rende «irreparabile» la nostra prevedibilità e cristallizza in lui l'immagine della vecchia moglie risaputa, banale, ripetitiva.

Sperando con tutta me stessa di avervi convinte, ritorno in tema: le tecniche dello sbalordimento, ovvero tutto ciò che dovete fare per riconcentrarlo su di voi. Non fatevi bloccare dai pudori e non vi venga in mente, per carità, di indugiare nello studio di comportamenti raffinati e intelligenti. Fate conto che lui sia come il buon selvaggio: anche i vetrini colorati gli fanno effetto (cos'altro credete che la vostra rivale gli abbia fatto dondolare davanti agli occhi?).

Tutto serve. Se avete sempre amato lo chic dei grigi e dei neri, cominciate a vestire di turchese e di rosso; se per mesi avete detto peste e corna di una persona, dall'oggi al domani sottolineate quanto è irresistibile e leale; se vi siete costruita un'immagine di perfetta massaia, iniziate a lasciare qualche macchia e un po' di disordine in accurata evidenza; se per abitudine uscivate sempre dalle cinque alle sette, cominciate a farlo dalle tre alle cinque; se avete sempre detestato lo sport, iscrivetevi a una palestra o mettete la sveglia mezz'ora prima per fare tre chilometri di marcetta (giova tra l'altro alla linea, ma se siete proprio pigre sedetevi a far colazione nel bar dietro l'angolo...).

È sottinteso che alle sorpresine estemporanee deve far riscontro l'imprevedibilità degli atteggiamenti e delle reazioni. Per esempio, vostro marito continuerà a inventarsi straordinari, trasferte e un tourbillon di cene di lavoro per poter continuare a incontrare l'altra; anziché fissarlo come se voi foste Geppetto e lui Pinocchio, con furioso scetticismo, fatevi violenza e scuotete gentilmente la testa come a dirgli: ho capito, vai pure non hai bisogno di mentire.

Tanto non cambia nulla: che vi mostriate offesa o tollerante lui non si priverà certo della gioia di vedersi con la donna che ancora ama. Il fine a cui mirate è rendergli questi incontri sempre meno gioiosi, e il mezzo più efficace è la vostra *inaspettata* e composta rassegnazione.

Realizzare che siete capace di reazioni assolutamente inedite costringe suo malgrado vostro marito a riconsiderarvi con un'altra ottica. Ma, e questo è il peggio (pardon: il meglio), giorno dopo giorno gli smantella la motivazione del rapporto adulterino. Tradire una moglie castrante, oppressiva, lamentosa e priva di amabilità gli sembrava un'autodifesa quasi «morale».

Accorgersi invece che sta facendo soffrire una compagna dignitosa, comprensiva e dotata di sorprendenti risorse lo ributta in balia dei sensi di colpa; come vedete, tutte le strategie vincenti conducono allo stesso risultato. Ma, una volta di più, al meglio non c'è fine: la rivalutazione della moglie fatalmente comporta la svalutazione dell'amante.

Il processo sarebbe lentissimo e facilmente arrestabile se l'amante stessa, senza volerlo, non gli desse una pazza accelerata. A differenza dell'ingenuo partner, lei non è cascata nella vostra trappola; e, da donna a donna, ha capito benissimo a che gioco state giocando. Potete giurarci che ha tentato di aprire gli occhi al babbeo, ma è stata una mossa catastroficamente sbagliata: innanzitutto perché ha messo in dubbio la sua intelligenza, cosa che nessun uomo sopporta, e poi perché ha girato il coltello nella piaga di scrupoli e rimorsi. E la reazione di lui è pressappoco: ma come osa, questa qui, parlar male di quella povera e santa donna di mia moglie, a cui stiamo facendo tanto male?

Va da sé che l'impotenza e la rabbia appannano la fulgida amabilità della vostra rivale. E impercettibilmente (molto, molto impercettibilmente: la riconquista non contempla la fretta!) i ruoli si stanno invertendo: voi siete donna «superiore» che con sovrumana dignità capisce e pazienta, lei è quella che rompe, si lagna, preme e sempre più spesso ha sui nervi di lui il familiare effetto della carta vetrata.

Di una sola cosa avete bisogno: tempo. E non crediate che sia così facile dilatare a volontà la pattuita «pausa di riflessione». Potrà capitare che vostro marito, registrando il degrado del rapporto adulterino, ne tenti il recupero: la passione è per lui come un bel giocattolo al quale non sopporta di rinunciare, motivo per cui è possibile che vi chieda gentilmente se avete riflettuto abbastanza, se siete pronte ad accettare una separazione, magari brevissima, tanto per prova.

Con tutta la mestizia che vi riesce di simulare, con il tono di voce più accorato che siete capaci di modulare, rispondetegli sommessamente che no, non avete ancora le idee chiare e una separazione, per quanto breve, vi causerebbe un infinito dolore. Tuttavia vi rendete conto che non potete trattenerlo contro la sua volontà e, se andarsene per qualche tempo da casa può aiutarlo, vada pure via senza preoccuparsi di voi. In un modo o nell'altro sopravviverete (frase di grande effetto che va pronunciata col composto strazio di chi sta meditando di

... facendo esattamente il contrario
di ciò che lui si aspetta ...

correre in cucina per aprire tutti i rubinetti del gas).

Se la recita vi è riuscita bene, mettendo in drammatico risalto l'intimidatorietà della vostra grandezza d'animo, il babbeo è di nuovo in trappola: lasciare una moglie come voi sarebbe criminale. Ma non dimenticate mai che state *in realtà* giocando contro l'altra, una donna agguerrita e intelligente quanto voi, e che le carte vincenti sono ancora in mano sua.

Durante un incontro particolarmente appassionato, o dopo una esaltante riconciliazione, potrà usarle per un ennesimo e più sottile tentativo d'aprire gli occhi a vostro marito. E vostro marito, che è *solo* sentimentalmente un deficiente, in un raptus di lucidità o in un impeto di passione potrebbe anche avere un lampo di sospetto. Ed eccolo tornare alla carica: avete deciso? Non vi sembra che i tempi si stiano dilatando troppo? Non è improbabile che per la prima volta sentiate nella sua voce l'impazienza o addirittura un esplicito accenno al matrimonio che si è spento, al vostro diritto di trovare un uomo più degno di lui.

Qui vi è concesso, per la prima e unica volta, di deporre la compostezza e la tolleranza che lui dà ormai per scontate. Reagendo esattamente *al contrario* di come si aspettava, replicate con ben dosata ira (e toni scortesi a volontà!) che questo suo modo di fare vi stupisce non poco. Vi eravate a quanto pare sbagliate ritenendo che lui fosse, come voi, desideroso di non gettare leggermente al vento cinque anni di vita, di amore, di ricordi (se sono sette o dieci o più, sottolineate con particolare enfasi).

A questo punto, che cosa vuole da voi? Se ne vada pure subito, se crede. È assai probabile che rimanga, improvvisamente vergognandosi di essersi mostrato tanto irresponsabile e precipitoso. E, imprecando in cuor suo contro l'amante che l'ha spinto a comportarsi come un selvaggio, vi chiederà scusa e rientrerà docilmente in trappola.

Non avete ancora vinto, però siete riuscite a strappargli un altro po' di quel preziosissimo tempo che lavora a vostro favore.

SE VA VIA DA CASA...

Il tempo che nostro marito ci ha ingenuamente concesso è scaduto, e un brutto giorno lui ci annuncia, con una fermezza che non lascia spazio ad alcuna richiesta di ripensamento, che intende andarsene da casa. Animo, non tutto è perduto. Una guerra è fatta di molte battaglie, e non si possono vincere tutte: come i generali ben sanno, le sconfitte servono per preparare la controffensiva con un apparato di armi e strategie ulteriormente affinate.

È quanto dovremmo fare anche noi. Questa controffensiva esclude rigorosamente il disfattismo: guardiamoci bene dal dare per scontato che la passione di nostro marito per l'altra è fatale, irrefrenabile, travolgente, invincibile (e quanto altro la suggestione romantica ci ispira). I due non sono Eloisa e Abelardo, ma il signor Rossi e la signorina Bianchi: vale a dire personaggi della strada, e non da epopea, che aspirano a una felice sopravvivenza e non alla mortificazione del convento e all'esaltazione dell'olocausto.

La loro relazione deve fare i conti, esattamente come il nostro matrimonio, con mutui e bollette, pasti e bucati, problemi e stanchezza. In più, il nostro Rossi deve anche vedersela con qualche soprassalto di scrupolo e di nostalgia.

Ma è probabile che la passione si attenui assai prima

delle svilenti verifiche: i mariti che dopo alcuni mesi ritornano spontaneamente a casa sono parecchi, e le cronache d'oltreoceano ci informano che da un paio d'anni in America è esploso il boom di coniugi divorziati che si risposano tra loro. Credo sia, più che uno specchio di nuovi costumi, un sintomo di grandi confusioni e abbagli derivati dal consumismo dei sentimenti.

Gli amori adulterini in molti casi sono soprattutto una passione «inventata»; il marito confonde una lunga pausa emotiva per disamore, oppure si sente in qualche modo inquieto e poco appagato dalla vita coniugale, ed è perciò spinto a proiettare su un'altra persona la propria affettività insoddisfatta; come incontra una donna che lo incuriosisce e lo stimola prova per lei un'attrazione esagerata. Crede di essersene innamorato, in realtà più che amarla si serve di lei come oggetto su cui investire l'inutilizzato patrimonio di fantasie sentimentali.

Questo non rende meno pericolose le relazioni extraconiugali: al contrario, come l'artista l'uomo è narcisisticamente legato alla propria creazione, e per un certo periodo gli è più difficile scorgene i limiti. Per questo è meglio che le mogli si diano da fare per accelerare i tempi anziché sperare nella spontaneità del ridimensionamento.

Anche questa strategia richiede un sapiente autocontrollo. Certo, nel momento in cui lui comunica che ha deciso di lasciarci perché non ha la forza di rompere con l'altra, tutti i buoni propositi possono crollare. E la tentazione di strillare, piangere, supplicare o insultare è enorme: all'antica umiliazione si è aggiunto l'orgoglio che brucia, la paura della perdita è diventata tremendo dolore. A questo punto assolverei sinceramente quelle di voi che decidessero di deporre strategie e speranze. Io stessa, lo ammetto, di fronte a una situazione simile forse vedrei in un dignitoso abbandono il solo mezzo per salvarmi. Conosco i miei limiti, e sono assai più vulnerabile di quello che sembra.

Però, lo ribadisco, rispetto le donne con una struttura d'acciaio. E capisco che si possa amare il proprio compagno al di sopra di tutto e non ci si rassegni alla perdita se non dopo aver tentato *tutto* per evitarla.

A questo punto, lotta per lotta, tanto vale evitare le

mosse sbagliate. Al manipolo di guerrigliere sopravvissute alla disfatta, le sole che proseguiranno con interesse la lettura di questo capitolo, suggerisco vivamente di rintuzzare per l'ennesima volta la tentazione della scenata. Serve solo a rendervi definitivamente sgradevoli e a lasciare all'uomo che se ne va un ricordo penosissimo.

Raccogliendo le forze residue (che all'atto pratico si rivelano come un pozzo di San Patrizio: inesauribile!) reagite il più civilmente possibile: capisco, spero che tu abbia preso la decisione giusta, quel che mi indigna è il colpevole sperpero che entrambi abbiamo fatto di un amore profondo come era il nostro.

Dopo di che, accompagnatelo con gentilezza alla porta, comportandovi come se lui stesse partendo per il solito viaggio di lavoro e non volando verso la nuova vita. Il massimo, ma non oso chiedervelo!, sarebbe deporgli un affettuoso bacio sulla guancia. Bacio o no, una volta che avrà chiuso le portine dell'ascensore, vostro marito sarà, e non solo metaforicamente, «in discesa». La vostra reazione tanto civile l'ha sorpreso una volta di più, al punto che chiede a se stesso se vi siete rese conto che lui vi ha detto addio.

Questo dubbio sta a significare che la vostra strategia ha funzionato: non avete creato l'*irrevocabilità*. Chiudendo delicatamente la porta alle sue spalle, anziché lasciargliela sbattere con fastidio e rabbia, avete lanciato un messaggio che, sul momento, soltanto il suo inconscio ha raccolto: il giorno in cui dovesse pentirsi, o essersi stancato dell'altra donna, può tornare sui suoi passi e infilarsi senza troppo imbarazzo nello spiraglio che è rimasto (per merito vostro!) aperto.

Di certo, se n'è andato portando via di voi un ottimo ricordo. E questo non giova affatto al nuovo rapporto di convivenza. Avendo sacrificato all'amante una moglie tanto nobile, il minimo che vostro marito si aspetta da lei è la perfezione.

Ma l'operazione di disturbo inizia fin dalla prima sera: la donna che si aspettava di aprire le braccia a un uomo sfiancato da una scenata e infastidito da accuse e lacrime, (e perciò desideroso soltanto di dimenticare) si ritrova di fronte a un uomo emotivamente risparmiato ma psicologicamente messo in grande difficoltà dalla vostra strategia.

Nelle settimane che seguono, la poveretta realizza l'enormità di ciò che il convivente esige: essere «risarcito» della perdita di un'ottima moglie (solo un po' noiosa...) con un quotidiano trattamento di grande passione. Ovviamente nel contesto di una routine organizzata come quella che si è lasciato alle spalle.

Ora, noi avevamo anni di esperienza e, come si suol dire, «ci avevamo fatto su la mano». La poverina (da ora in poi concedetemi di chiamarla così!) si ritrova invece dall'oggi al domani catapultata dall'allegra casualità di *single* tutta inviti a cena, surgelati monodose e tintoria sotto casa all'obbligo dei due pasti quotidiani, al cestone ricolmo di biancheria sporca, al suo grazioso bagnetto perennemente allagato.

Per i primi giorni rimedia con la vivacità, il sesso, l'umorismo. Ma l'uomo ama in egual misura la tavola e il letto, la camicia stirata e la battuta di spirito: abbozza oggi e perdona domani, il risottino precotto, il bottone che manca, il quotidiano sparito, il paio di scarpe preferite confuse tra tante altre ammucchiate nella miniscarpiera cominceranno a suscitargli un microscopico ma sordo senso di ostilità.

Il messaggio è evidente: cielo, possibile che a mia moglie riuscisse di organizzarsi e a te no? La poverina, va da sé, raccoglie. E, convinta di affannarsi e far miracoli, si sente in egual misura stremata e furibonda.

È su questo fronte che cascano tutte le relazioni non basate su un sentimento profondo. L'uomo che alla moglie perdonava di essere talvolta scorbutica, sciatta, aggressiva e noiosa, con l'amante diventa implacabilmente esigente. Il suo alibi morale non è forse quello di *non aver potuto* resistere a una grande passione e a una donna perfetta?

Come la passione e la donna mostrano i primi inevitabili limiti, l'alibi crolla e il risentimento esplode. Siccome vale anche per gli adulteri la regola che nella vita di coppia per essere felici bisogna essere in due, al risentimento di lui, lei reagisce diventando giorno dopo giorno sempre meno amabile. Persino meno della moglie, come l'infedele constata sempre più spesso...

SPERANDO, AIUTATEVI!

Calma. Non contate i giorni, non fate del suo ritorno a casa un'ossessione. Dovreste saper bene (non vorrei apparirvi maligna...) quanto tempo vi ci è voluto per fare disamorare vostro marito: e anche l'altra ha bisogno del suo. C'è poi il non irrilevante particolare che il signore in questione, dopo tutto quel che ha fatto per andare a vivere con lei, esiterà a lungo prima di ammettere con se stesso e con voi di aver preso un solenne abbaglio.

Vi sembrerà incredibile ma, in casi come questi, più le speranze appaiono esili e prima si avverano. Mi spiego: mettiamo il caso che lui non abbia affatto accettato la preghiera di «riflettere», né sia caduto nella trappola di simulate tolleranze e scrupoli indotti. Come voi gli avete detto «so tutto, dobbiamo parlarne», l'uomo amato ha avuto un sospiro di sollievo ed è corso a fare la valigia.

La sola cosa di cui vi ha *parlato,* peraltro in toni di succinta esaltazione, è la passione per l'altra donna: gli spiace per voi, ma si tratta di un sentimento autentico e troppo profondo per essere sacrificato o messo in discussione. Se avrete avuto l'accortezza di accompagnarlo alla porta non consentendogli di sbatterla appassionatamente alle sue spalle, è probabile che la riapra assai prima di quanto osiate sperare.

Le passioni *vere* non sono mai senza scampo e senza stile, in quanto possono concedersi tempi più lunghi e maggiori generosità del colpo di testa. È l'abbaglio o l'attrazione irrazionale che rende precipitosi e restii alla verifica; e sono le esitazioni, gli scrupoli, le lucide riflessioni che debbono inquietare, in quanto fanno presupporre una decisione maturata da un convincimento profondo.

Più in fretta il marito se ne va, insomma, e prima è possibile che torni. Ma in un caso o nell'altro l'abbandonata non può né deve trasformarsi nell'ansiosa vestale della speranza. Un vecchio detto popolare afferma che *gli eventi chiamati non arrivano mai,* ed è una piccola verità a cui ho sempre istintivamente creduto. Se vivi aspettando ossessivamente il colpo di fortuna, l'atto di giustizia, la punizione per chi ti ha fatto del male, puoi star certa che l'attesa sarà lunghissima.

Gli equilibri esistenziali si verificano in un clima equilibrato e premiano sempre chi, nel frattempo, si è arrangiato a cercare il rimedio e a sopravvivere. È quanto *dovete* fare mentre aspettate, o più precisamente sperate, che l'infedele torni all'ovile.

Il suo abbandono vi ha moralmente restituito la libertà, e questo è il solo, ma grandissimo, aspetto positivo della vicenda. I vostri soli doveri riguardano i figli, se ne avete. Per il resto non dovete più rendere conto a nessuno di ciò che fate: potete uscire, rientrare, organizzarvi e muovervi come e quando ne avete voglia. Soltanto le esigenze dei figli possono praticamente fare da freno; altre censure non ne esistono, e sentirsi *moralmente* e psicologicamente libere si è rivelato di grande aiuto per le mogli rimaste sole.

Lungi da me istigarvi alla sfrenatezza, però cinicamente credo (e chiedo scusa agli animi più timorati) che, se avete la fortuna di imbattervi in un brav'uomo che si mostra attratto da voi, vi invita a cena e vi corteggia, potete persino concedervi la distrazione di un idillio. Lasciandovi per un'altra donna, vostro marito vi ha esonerato dall'obbligo della fedeltà: nella coppia esiste la reciprocità dei diritti e dei doveri, e chi infrange questa regola ha creato la via d'uscita all'altro.

Non ho cambiato idea sul fatto che aggiungere problemi a problemi complica soltanto il cammino verso la soluzione, ma qui si è verificata l'eccezionalità. Una donna è rimasta, sola, in una strada lastricata di sofferenza, umiliazione, paura, ricordi; se nel percorrerla trova chi le tende una mano, è libera di aggrapparvisi.

Alcune mogli vanno oltre: si buttano nell'infedeltà «strumentale»; usano cioè un altro uomo nella speranza che l'infedele si ingelosisca e si allarmi. Su questa strategia ho parecchie perplessità. Per cominciare, penso che un'avventura «per dispetto» provochi più tristezza che consolazione e gioia. E in secondo luogo è improbabile che il marito abbocchi: non so come e perché, ma esistono antenne sensibilissime per captare l'artificio, per «avvertire» se una donna (o un uomo!) frequenta un'altra persona per amore o per rabbia. In quest'ulti-

... gli eventi chiamati non arrivano mai...

mo caso l'abbandonata susciterà non gelosia, bensì compassione.

L'idillio «morale» è quello che davvero aiuta: a ritrovare la sicurezza, a sentirsi meglio, a non lasciarsi sopraffare dai ricordi. E, soprattutto, a non trasformare la speranza in paranoia col rischio di compiere patetici gesti: tipo telefonare alle ore più impensate ai due amanti per poi riattaccare precipitosamente, scrivere lettere grondanti disperazione al traditore, aspettarlo quando esce dall'ufficio, inviare amici comuni nel ruolo di mediatori o ambasciatori di inconsolabile pena.

Ciò infastidirebbe soltanto. La compassione, ricordatelo, può impedire all'uomo di andarsene, ma *mai* spingerlo a ritornare. E la molla dell'eventuale ritorno non è tanto l'amore che ha riscoperto per voi, quanto il *disamore* che lo ha staccato dalla nuova compagna. Nel momento in cui varca di nuovo la soglia di casa, dalla moglie non si aspetta incanti e passione, bensì comprensione e sicurezza.

L'avventura temporanea, ma emotivamente coinvolgente, è d'aiuto anche per facilitare questo comportamento: le deconcentrazione dalla speranza ha impedito di attendere il lieto evento dandogli contorni di epica solennità. Marito e moglie, dopo essersi dispersi, riprendono il cammino insieme: tutto qui.

E con questo, la parentesi su quella che potrebbe sembrare l'apologia della sbandata consolatoria è chiusa. Il messaggio che volevo lanciarvi era uno solo: il marito che vi ha abbandonato non merita nulla, e tanto meno mesi e mesi di non-vita: cos'altro è aspettare vietandosi ogni distrazione, ogni sentimento, ogni consolazione?

Qui più che mai vale la regola che d'amore non si muore purché ci si sappia curare. E non è affatto da escludersi che in sciagurati casi di masochistica soggezione la donna, lasciata sola, ritrovi con la forzata libertà anche l'autostima e l'autonomia di giudizio.

Così che, il giorno in cui l'aguzzino dovesse ripresentarsi per riannodare il rapporto di padronanza e di torture, lei fermamente gli possa dire: è finita, ora sono un'altra persona e non ti voglio più.

ARMI PROPRIE E IMPROPRIE

Salvo che non sia un esaltato o un irresponsabile, è assai improbabile che un marito ritorni sui suoi passi prima di sei-sette mesi. Ed è già un bel record del ripensamento: per quanto ne so, normalmente la presa di coscienza dell'eventuale sbaglio arriva dopo circa un anno. Il nostro partner se n'è andato *per amore*, non scordiamocelo, e inoltre questa decisione gli è costata fatica, scrupoli e sofferenza: in teoria, dovrebbe essere irrevocabile. E in buona fede lui pensa di ricostruirsi un nuovo rapporto «per sempre».

Se l'unione traballa e naufraga è perché l'amante l'ha deluso o non gli si è rivelata congeniale. Ammettere questa realtà comporta nuove sofferenze, e comunque l'uomo lotta con tutto se stesso prima di arrendersi all'amara evidenza. In alcuni casi la verifica è ancora più lunga: sono quelli in cui il marito separato e la nuova compagna preferiscono non andare subito a convivere. Il legame si mantiene allo stadio superficiale degli incontri, dei fine settimana e delle vacanze insieme, però ha il vantaggio di essere risparmiato dall'impatto con la routine.

Calandomi nei panni di una moglie abbandonata, francamente non so se preferirei battermi contro l'idillio romantico o una coppia alle prese con la realtà. Entrambe le situazioni hanno il rovescio della medaglia (che nell'ottica dell'abbandonata è invece il lato positivo...).

Un uomo abituato a vivere con la donna che ama, e in un contesto familiare fatto di rilassanti abitudini, dopo qualche tempo trova faticoso e mortificante il protrarsi di un'unione romanticamente disimpegnata.

E questo vale, peraltro, per tutti gli innamorati: un rapporto passa attraverso quattro fasi che gli sono «fisiologiche» (il corteggiamento, la conoscenza, la verifica e la stabilità) e indugiare oltre il necessario in una di esse significa bloccarne l'evoluzione e svuotarlo di stimoli. La stanchezza dei lunghissimi fidanzamenti o le laceranti crisi di molte coppie spesso sono la spia di un ripetitivo e ormai sterile indugiare in uno stadio che ha compiuto il suo ciclo.

Tornando ai nostri adulteri, se la forzata clandestinità è durata a lungo, e ritengono di aver positivamente collaudato il loro amore, è probabile che optino subito per la convivenza. E questa soluzione è, nell'ottica della moglie, un'arma a doppio taglio: la realtà di coppia fa impietosamente emergere eventuali difetti e incompatibilità, ma aiuta anche a rendere più stabile e profondo un amore vero.

Ripeto: non so contro quale delle due soluzioni preferirei battermi, sempre ammesso che desiderassi con tutta me stessa ripigliarmi il traditore. Comunque si tratta d'un falso problema, visto che gli amanti non consultano certamente la «ex» per sapere cosa preferisce che essi facciano.

Il vero problema è che, continuando ad amare vostro marito e non volendo assolutamente arrendervi, dovrete restare sulle barricate per tempo imprecisabile: col rischio di sparare colpi sbagliati e di subire quelli della controffensiva.

Ed eccoci di nuovo ai piani di guerra. La «strategia del distacco» deve rigorosamente privilegiare la difesa. Se nelle piccole crisi del matrimonio la regola d'oro è prevedere sempre il peggio e comportarsi come se il peggio fosse già accaduto (in due parole: mai minimizzare), nella grande crisi della separazione s'impone una modifica: prevedere sempre *il meglio*, ma organizzare la propria vita e quella degli eventuali figli come se l'allontanamento del rispettivo compagno e partner fosse senza più ritorno.

Ciò significa che bisogna innanzitutto deporre le armi improprie dell'astio, della rappresaglia e del ricatto: presumendo che un violento rapporto di odio-amore *non possa* durare per sempre (sarebbe l'autodistruzione!), comportatevi con vostro marito esattamente come fareste se il divorzio e molti anni vi avessero ormai divisa da lui. Riassunto in un solo termine: civilmente.

Se avete dei figli, lasciate che il padre li frequenti e li incontri liberamente: nulla fa inferocire il separato come il dover mendicare o patteggiare l'esercizio di un ruolo al quale, se è una persona perbene, non intende rinunciare. Capisco che dopo un divorzio astioso una donna tema che le visite ai figli siano un pretesto o un'occasione dell'ex marito per continuare a incombere nella sua vita e nella vecchia casa. Ma *voi* non avete questo problema: e dovreste essere, al contrario, felici di rivederlo visto che vi state dando tanto da fare per riprendervelo.

Al di là di ogni considerazione strategica, una buona madre ha *comunque* il dovere morale di mantenere in vita il rapporto genitore-figlio. L'amor paterno subisce delle complesse modificazioni quando la convivenza cessa. Se si è separato dalla moglie con odio, e la moglie continua ad alimentarlo con ogni mezzo, inconsciamente l'uomo finirà per associare i figli alla loro madre, identificando il rifiuto di lei a farglieli incontrare come un rifiuto *loro* di vederlo.

Questa associazione è del resto familiare al maschio: la psicologia insegna che tanto più l'uomo è innamorato della donna, quanto più ama i figli avuti da lei. Nell'indifferenza per il figlio di un'avventura, e nel violento rifiuto di riconoscerne la paternità, gioca un ruolo determinante la scarsa stima o l'inesistente amore che l'uomo ha per la donna con cui l'ha concepito.

Rendendovi, nei suoi confronti, indegna di stima o di sentimenti amichevoli, rischiate di far scattare il medesimo processo di «rifiuto». È un discorso teorico, almeno per voi che sperate con tutte le forze di riconquistare vostro marito e di conseguenza non avete alcuna intenzione di suscitargli sentimenti negativi.

Consentendogli di continuare ad amare i figli con serenità, farete ancora di più: gli causerete un amichevole senso di gratitudine. E il giorno in cui dovesse essere deluso dal nuovo rapporto, fare un atto di contrizione gli sarebbe più facile: il filo che lo teneva allacciato alla famiglia non si è *mai* spezzato, voi non gli avete *mai* dato la sensazione di essersi lasciato terra bruciata alle spalle.

Se non avete figli, dovreste ugualmente cercare di ottenere questo effetto. Ricordate? Avete accettato la sua decisione di andarsene con grande civiltà, senza accusarlo né fargli scenate. Non dovrebbe pertanto stupirsi se di tanto in tanto, diciamo una volta al mese, gli faceste una telefonata in ufficio per chiedergli come sta e per scambiare due chiacchiere. Non occorrono pretesti: è sufficiente confessare, con sorridente franchezza, che avevate il desiderio di sentirlo. Evitate i toni nostalgici e qualsiasi accenno alla sua donna; e, prima di riattaccare, ditegli che vi farà piacere se di tanto in tanto anche lui vi chiamerà.

Sembra un'iniziativa spregiudicata, e difatti pochi separati o divorziati la prendono se non hanno figli di cui parlare o rigurgiti di astio da sfogare. A pensarci bene, è invece terrificante che dopo cinque, dieci o vent'anni di vita insieme due persone possano interrompere ogni contatto, perdendosi come se fossero morte.

Lo stesso discorso vale per le rispettive parentele: baruffe e screzi a parte, per anni siamo andate a colazione da nostra suocera, abbiamo giocato con i piccoli figli dei cognati, ci siamo sentite partecipi delle gioie, dei lutti e dei problemi di un intero clan familiare. Una separazione selvaggia dal coniuge rende purtroppo problematico proseguire il rapporto: ma nel caso di un distacco corretto il problema non sussiste affatto. E farsi di tanto in tanto vive anche con i familiari di lui è un'ottima strategia al fine di non interrompere alcun contatto e non creare alcuna remora nel momento della possibile riconciliazione.

Lo slancio di alcune volenterose potrebbe spingersi a voler conoscere la «rivale», nell'entusiastica malizia del tutti-insieme-amichevolmente. Dato per scontato che amate ancora vostro marito, dovreste essere l'ex allieva prediletta di Lee Strasberg per recitare con plausibilità

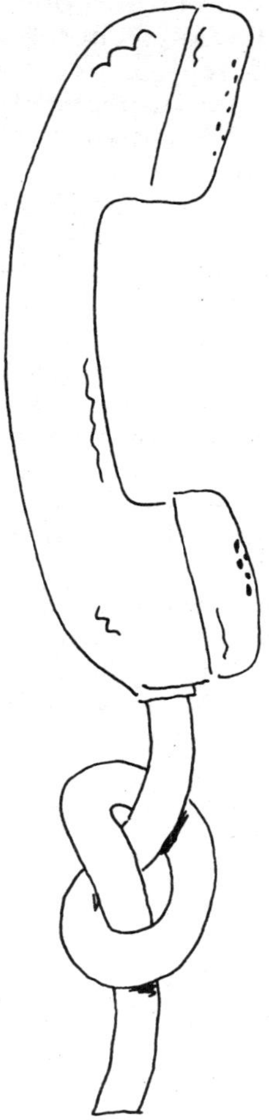

... se di tanto in tanto
gli faceste una telefonata...

la parte di quella che si sente disponibile, allegra e a suo agio. O quanto meno, per nascondere in minima parte la sofferenza e l'umiliazione che la situazione vi provoca. Meglio lasciar perdere!

Non voglio neppure prendere in considerazione (sarebbe far torto alla vostra intelligenza) l'ipotesi che vogliate chiedere un incontro «da donna a donna» alla partner di vostro marito, onde convincerla a farsi generosamente da parte. Con tutto il rispetto per la sorellanza, perché mai dovrebbe farlo? Voi, per lei, siete un'estranea. E per di più non le siete neppure simpatica: a causa vostra ha dovuto nascondersi, umiliarsi, litigare, passare interminabili domeniche da sola.

Ha dovuto tener testa alle vostre astuzie, spuntare le vostre armi, assistere impotente alle vostre trappole: toccare con mano sino a che punto siete ancora innamorate dell'uomo che è finalmente riuscita a strapparvi non può che accrescere la sua antipatia.

Posto che non faccia altro, riferirà a vostro marito il penoso colloquio, col risultato che avrete suscitato in lui molto fastidio e un po' di compassione.

Concludendo: la strategia del distacco richiede comportamenti urbani e *buoni* sentimenti. Oltre, s'intende, a una sovrumana pazienza.

Capitolo sedici

DALLA PARTE DELLE AMANTI

Sono certa che *nessuna* delle donne che mi sta leggendo è una moglie arida, distruttiva e ricattatoria: possedendo l'innato talento di rendere infernale la vita all'uomo che ha avuto la sciagura di sposarle, queste signore non hanno alcun bisogno di suggerimenti, né alcuna volontà di «imparare l'amore». Per questa ragione apro senza troppi scrupoli un capitolo per dare una mano a quelle benemerite che con fatica, sensibilità e un sentimento sincero tentano di strappare il malmaritato al suo inferno.

Distaccatevi un attimo dal caso personale. Quante volte, leggendo un libro o guardando un film, vi siete ritrovate a fare il tifo per l'amante? A sperare che il nostro eroe trovasse il coraggio di spezzare la catena che lo legava a una moglie devastante, per ragioni di maggior coinvolgimento anche socialmente intimidatoria e finanziariamente potente? Moltissime, penso.

Ora io credo che, al di là di qualche esasperazione spettacolare, anche nella realtà esistano *buone* amanti che moralmente meritano la nostra solidarietà. Purtroppo come ho già avuto modo di dire, sono anche quelle che hanno minor fortuna in quanto lottano contro donne assai più agguerrite e scaltre di loro.

Quando vi imbattete in una coppia di adulteri che da lunghissimo tempo trascinano in semiclandestinità e tristezza il loro rapporto, potete giurare che c'è dietro una moglie che non molla. Dal cronico esaurimento nervoso alla sospesa minaccia di suicidio, dai figli al parente carismatico dagli intransigenti principi, ogni mezzo e solidarietà diventano buoni per ricattare e scoraggiare.

Anni di soggezione finiscono spesso per spegnere nell'uomo ogni capacità di ribellione e di autodifesa. Oppure per trasformarlo in un masochista inconsapevole, troppo condizionato dal ruolo di schiavo per riuscire a desiderare la libertà. L'altra donna, che per una brevissima stagione ha rappresentato l'impossibile sogno, con il tempo diventa una compagna di prigionia o una stampella.

A questo punto metto momentaneamente in disparte le buone mogli e mi rivolgo direttamente alle brave amanti. In quanto donne, anche voi potete avere la vocazione missionaria-sacrificale di eroine confortate dalla letteratura silenziosamente e amorosamente consumate all'ombra di un adulterio senza fine. Farvene scorgere il folle sperpero sarebbe inutile.

Vorrei invece mettere in guardia quelle che hanno da poco iniziato una relazione con il succubo o il masochista e ingenuamente credono nel gesto di riscatto e di coraggio. L'amore può compiere miracoli, ma soltanto nella breve stagione degli inizi, quando il suo potere non è ancora stato attentato, inquinato e svilito da compromessi e vigliaccheria. Diciamo, in termini concreti, che un anno di tempo è il limite massimo entro cui il marito prigioniero può spezzare la catena: trascorso questo periodo nulla potrà più accadere, se non l'atto di forza della donna-amante che «abbandona».

Fortunatamente non sempre il malmaritato è ridotto allo stato di masochistica dipendenza. Incontrata una partner che gli restituisce autostima e speranza, sinceramente desidera uscire allo scoperto e rifarsi una vita con lei. All'atto pratico, però, il senso del dovere può fare da censura e da freno: la pietà per la moglie nevrotica e il timore di far soffrire i figli incolpevoli lo spingono suo malgrado a rimandare una decisione che la sua ottica scrupolosa gli fa ritenere egoistica ed è invece sacrosanto istinto di sopravvivenza.

Il divorzio dei genitori, e non lo si ripeterà mai abbastanza, è sicuramente per i figli una *brutta* esperienza: le loro certezze vacillano, i punti di riferimento crollano, insorgono assurdi sensi di colpa (non vi è ragazzino che non si senta in qualche modo «responsabile» della lacerante divisione). Tuttavia è sufficiente che anche *uno solo* dei genitori sappia comportarsi in modo corretto e con amore perché lo shock venga superato e si crei un nuovo assetto familiare capace di restituire sicurezze e punti di riferimento.

Convivere con due genitori esistenzialmente falliti, e perciò infelici, aggressivi, frustrati e ostili, è invece una *brutta* esperienza che non finisce mai: il futuro adulto porterà sempre in sé i segni di una crescita avvenuta senza alcun esempio positivo, in un clima di sconfitta e di disamore. Ecco perché il divorzio rappresenta, in certi casi, oltre al male minore, il solo bene possibile.

È di questo che dovete convincere l'infelice uomo che amate. Senza esagitazioni e senza polemiche bensì invitandolo a parlare *realmente* coi figli, se sono in grado di capire, oppure a guardarli *profondamente* negli occhi, se sono ancora piccoli: non potrà non accorgersi di quanto essi siano turbati, o insicuri, o spaventati a causa dell'ambiente in cui vivono.

Il timore, purtroppo fondato, che la moglie ricattatoria possa usarli come strumento se lui «oserà» andarsene da casa può essere un altro motivo di titubanza. L'onesto uomo che amate prevede che, a divorzio avvenuto, tra lui e i figli si crei un rapporto di incontri circospetti e faticosamente conquistati. Sa che la loro madre li monterà contro di lui creando l'immagine del padre irresponsabile che li ha abbandonati per una donnaccia e rendendosi perciò immeritevole di amore e di stima.

So di fare un'affermazione che può suonare spregiudicata, ma (fermo restando il sacrosanto diritto di sopravvivenza!) *anche questo* è il male minore rispetto al seme dell'insicurezza e del disamore. Il ragazzo che ha una cattiva opinione di suo padre può ugualmente diventare un adulto «affettivo», mentre quello cresciuto con la convinzione che la famiglia è il cimitero dell'amore, della libertà e delle speranze non sarà mai in grado di formarne una armoniosa.

In un certo senso, un divorzio strappato a costo della

disistima dei figli è il doveroso prezzo da pagare per salvarli da una serie di condizionamenti rovinosi. E tocca a voi, la donna che questo povero padre ama e stima, compiere una intelligente opera si persuasione in questo senso,

Il tempo gioca a favore di un recupero: se l'uomo non si lascia scoraggiare dal gelo degli incontri, se continua ad amare i suoi figli e a compiere scrupolosamente tutti i propri doveri, compreso quello di essere *sempre* disponibile, la condanna della figura paterna non potrà più avere alcun appiglio razionale una volta che i ragazzi saranno in grado di ragionare.

Ma mettiamo, per ipotesi, che la madre iperprotettiva, incombente e affettivamente ricattatoria abbia fatto di loro dei quasi-adulti egoisti, viziati e rigidamente censori: sarò cinica, ma penso che in certi casi esista una predisposizione genetica. O, se preferite, un bagaglio di egoismo e di presunzione individuale. I figli sono *persone*, ed esistono persone positive è negative, esseri generosi e umani ed esseri meschini e violenti.

So bene che per ogni teoria esiste la scuola di pensiero contraria, e c'è chi fa carico alla famiglia di tutte le piccole e grandi patologie dell'adulto. Io mi dissocio, tra l'altro confortata dall'esperienza di ottimi genitori che hanno loro malgrado visto crescere pessimi figli.

La mia obiettività non si spinge al punto di andare a ricercare l'errore inconsapevole, l'eccesso d'amore, il gesto inconsciamente ostile o il comportamento involontariamente negativo. Esseri perfetti non ne esistono, e credo che la criminalizzazione dei padri e delle madri abbia raggiunto vertici inaccettabili.

Il disgraziato marito che si è salvato con il divorzio non può colpevolizzarsi a vita nella lacerante certezza che, se fosse rimasto accanto ai figli, essi sarebbero sicuramente cresciuti bene. La realtà è che forse sarebbero cresciuti meglio e solo a condizione di potergli offrire esempi rassicuranti e costruttivi.

Non vorrei dare l'impressione di essere una madre irresponsabile e incapace d'amore. Con le mie gemelle ho compiuto ogni sorta di errore. Molte volte avevano bisogno di me e non c'ero; ho provato per loro ostilità e rabbia; non sono riuscita a capire quando mi chiedevano

... un anno di tempo
è il limite massimo ...

aiuto; mi è successo di mortificarle, aggredirle e respingerle.

Ma, nonostante tutto questo, non ho smesso un istante di amarle e di sentirmi responsabile della loro vita. Questo non mi ha impedito di separarmi e ricostruirmi un nuovo legame. Però, fin dal primo momento, ho chiarito col mio uomo che avevo due bambine e che queste bambine sarebbero state sempre una presenza concreta nel nostro rapporto.

Non avrei mai potuto amare un uomo che non avesse amato anche loro. E per anni le gemelline sono state una rumorosa presenza anche nelle gite domenicali, nei pranzi di famiglia (mia e sua), nei pomeriggi rubati al lavoro per andare sul lago o in campagna. Poi è cominciata la stagione delle festine e dei «morosi» e le due si sono ribellate al grido di «andatevene da soli».

Ma intanto si era creato in loro il senso della stabilità affettiva, del non sentirsi mai trascurate ed «escluse».

Mi sono soffermata a lungo sul tema dei figli perché costituiscono il solo e vero problema per due persone che si amano e non li hanno concepiti insieme. La soluzione non sta nel tenere in vita un matrimonio di morte, bensì nell'uscirne mantenendo ben saldo il nodo dell'amore paterno (e materno).

Anche se l'incomprensione dei figli è insopportabile, anche se la loro disistima è ostentatamente enorme, anche se l'assenza di dialogo pesa come un sasso, il separato deve resistere alla tentazione di dichiararsi sconfitto e rompere i ponti con loro. Il diritto all'autodifesa non vale «contro» esseri che si sono messi al mondo e dei quali, fino all'età adulta, si è in ogni modo responsabili.

Se amate davvero il vostro uomo, esortatelo a comportarsi in questo senso. È coi fatti che dovrà dimostrare un giorno ai suoi ragazzi quanto si sono sbagliati a giudicarlo. E nell'ipotesi che non riuscisse, avrà almeno la coscienza tranquilla.

Il termine «strategia» qui non è di buongusto, tuttavia è innegabile che desiderate con tutte voi stesse che il vostro partner trovi il coraggio di separarsi mettendo fine a una mortificante situazione di ambiguità. A questo fine tanto maggiori saranno le probabilità di successo quanto più riuscirete a infondergli sicurezza e a lenire i suoi sensi di colpa.

Parlate, reagite e comportatevi dando per scontato che i doveri verso i figli vengono «prima» delle vostre esigenze e trasmettendogli la certezza che non abdicherete mai a questo principio.

Non dovete mettergli fretta, né sottolineare i ricatti e le violenze della moglie, né tanto meno ripetergli il solito luogo comune che i figli, un giorno, non chiederanno il permesso a lui per costruirsi la vita che vorranno. Un padre onesto è consapevole che questo diritto di tutti i figli adulti, da lui stesso a suo tempo esercitato, non dispensa il genitore dai doveri che ha verso i figli adolescenti o bambini.

Gli autentici rivali delle amanti sono i sensi di colpa, non la moglie. Ecco perché, se volete sconfiggerli, le armi migliori sono la tenerezza e la comprensione. Far leva sulla felicità che solo con voi lui può conoscere è uno strumento di persuasione micidale, in quanto gli fa vivere la scelta del divorzio come un egoistico inseguimento del proprio benessere a discapito di quello dei figli.

È la passione che l'ha spinto da voi, ma è il rimorso per questa stessa passione che potrebbe allontanarlo. Che voi lo amiate con tutte voi stesse lo dà per scontato: ciò che lo tranquillizza e lo convince a rimanere è soltanto la consapevolezza che siete una persona buona, qualità morale che gli fa apparire morale anche il sentimento che nutre per voi.

UNA IMPARI LOTTA

E torniamo alle brave mogli che mi stanno leggendo. Quelle che desiderano riconquistare il marito non per un consacrato diritto di possesso ma solo perché non concepiscono la vita senza di lui. Le reazioni equilibrate, i comportamenti giusti, le armi corrette e le piccole malizie strategiche hanno buone probabilità di successo a una condizione: che il partner non sia emotivamente immaturo.

Noterete che non ho usato aggettivi forti come irresponsabile, spregiudicato o peggio. Attenzione: non è impossibile che abbiate sposato un uomo simile senza accorgervene, è addirittura possibile che un matrimonio tranquillo e la mancanza di occasioni scatenanti lascino per sempre allo stato latente queste potenzialità negative.

Ma una volta che si siano manifestate, spero con tutto il cuore che l'insano desiderio di riconquista crolli e si lasci all'ingenua amante, con tanti auguri e molta gratitudine, l'orrendo Hyde.

L'immaturità emotiva di cui parlavo è una piccola patologia incolpevole ma non per questo, all'atto pratico, meno calamitosa. L'uomo che ne è affetto può essere ingenuo, infantile e suggestionabile, ma anche rigoroso, concreto e mentalmente rigido. Sono due diversi modi di vivere un rapporto inadeguato con l'equilibrio affettivo e pertanto segni di una latente vulnerabilità.

L'equilibrio crolla e questa vulnerabilità si manifesta nel momento in cui il marito in crisi si innamora di un'altra donna: nel primo caso la grande passione è talmente suggestiva da diventare invincibile; nel secondo caso l'impatto con una realtà teoricamente condannata è talmente violento che la barriera dell'intransigenza e del perbenismo non riesce a reggerlo.

L'«immaturità» di cui sopra rende più superficiali gli scrupoli e meno pesanti i sensi di colpa, non essendo questi uomini psicologicamente strutturati per aderire in profondità ai loro doveri. Ne consegue che tutte le strategie per trattenerlo si rivelano perdenti: soprattutto se si imbattono in una donna che ritiene morale tutto ciò che rende felici.

È solo in parte una massima giusta. Per esserlo del tutto, andrebbe citata interamente: è morale ciò che rende felici noi *senza rendere infelici gli altri*. E questo esclude, ovviamente, l'adulterio che *comunque* causa umiliazioni, sofferenze e problemi.

Sono moltissime le amanti che rifiutano di prendere in considerazione questo aspetto. La moglie dell'uomo amato è una sconosciuta, i figli non sono loro, il problema di chiedere la separazione o il divorzio non le coinvolge direttamente: pertanto si ritengono dispensate dal porsi degli scrupoli. Vivono la relazione con senso di razionale «estraneità», delegando al partner la gestione psicologica e pratica delle conseguenze della relazione.

Ma c'è di peggio. Sarà capitato a tutte voi di vedere uomini intelligenti perdere la testa per donne scaltre, arriviste e navigate e di chiedervi come possano essere finiti nella rete arrivando a considerarle creature speciali e umanamente stupende. La spiegazione è semplice: salvo rare eccezioni, si tratta di ragazze molto giovani e molto belle. Il genere a cui l'immaturo non sa resistere. Ritornando a un esempio già fatto, è come mettere una manciata di vetrini luccicanti davanti all'occhio del buon selvaggio; oppure far dondolare l'esca davanti a un pesciolino.

Lo scrittore francese Rétif de La Bretonne osservava acutamente a proposito degli uomini incapaci di resistere alla suggestione della gioventù: «È sciocco aver voglia di mele acerbe quando si ha a portata di mano un bel frutto maturo!». Il guaio è che la giovinezza ha il mitico fascino delle cose irripetibili e fuggenti; la sua brevità ne ha fatto, da sempre, oggetto di ispirazioni letterarie, nostalgie crepuscolari e sogno. E da alcuni decenni anche oggetto di desiderio e di consumo sfrenato.

Le «voglie matte» di tanti quarantenni altro non sono che paura del decadimento e desiderio di verifica del proprio potere di conquista. E le passioni travolgenti di tanti immaturi spesso si riducono alla suggestione intimidatoria di una folgorante bellezza.

... che il partner non sia emotivamente immaturo...

Le armi con cui le mogli passano al contrattacco sono inoffensive in quanto l'infedele ha indossato la corazza dell'imbecillità. Al fascino di una donna che ha l'intelligenza della vita e gli è, anche sessualmente, familiare e complice, preferisce le goffaggini della giovinezza e le emozioni di un corpo che è come un bel giocattolo nuovo.

La lotta può essere impari anche se l'altra donna, non giovanissima né bellissima, possiede l'implacabilità di chi ha sempre scelto, deciso, reagito e vissuto amando la propria persona al di sopra di tutto. Questo lungo esercizio l'ha resa egoista, spregiudicata, inflessibilmente determinata ad arrivare dove vuole. E le ha anche conferito il grande fascino delle donne narcisiste le quali, volendosi bene, riescono a porgersi con amorosissima sapienza.

Se il vostro immaturo marito finisce nella trappola di una di queste, potete stare certe che non se ne libererà più. Consideriamo pure l'eventualità che le vostre strategie di riconquista abbiano provocato un soprassalto di scrupoli o di nostalgia nell'infedele: a questo punto l'altra, decisa a non mollarlo, sfodererà armi senza scampo. Una di queste potrebbe essere l'annuncio, platealmente dignitoso e sommesso, di un figlio in arrivo.

Recitando l'irresistibile parte della madre coraggio che non chiede nulla e non esige nulla («questo bambino è mio, tu non hai alcun dovere»), l'amante è consapevole del suo trionfo. Ha dato da bere al partner un micidiale cocktail: la passione più il dovere. Il legame trasgressivo è diventato «morale», gli eventuali scrupoli nei confronti dei figli più grandi cadono di fronte ai diritti prioritari di un bambino in arrivo.

Benché raramente, può capitare che il sentirsi messo con le spalle al muro e moralmente costretto a rompere i ponti con la vecchia famiglia per legalizzarne una nuova apra gli occhi all'accecato causando un'improvvisa crisi di disamore o di rigetto nei confronti della ricattatrice.

Ma a questo punto, credo, è un problema loro, e non delle mogli. La situazione si è troppo confusa e deteriorata per permettere (e fare ancora desiderare!) la ricomposizione del matrimonio.

LA RICONQUISTA DI SÉ

Come ben sanno gli strateghi, saper capire quando è arrivato il momento di arrendersi equivale a una mezza vittoria: per quanto una moglie sia disposta a investire e a perdere nella riconquista, a un certo punto deve capire che tutto è contro di lei, compresa l'evidenza dei fatti. Superato un ragionevole periodo, durante il quale è *normale* sentirsi furiose, umiliate, infelici e svuotate d'ogni energia, comincia una nuova battaglia: la riconquista di se stesse. Vale a dire dell'autostima, della serenità, dell'autonomia emotiva.

Per prima cosa, chiedete l'aiuto di un buon avvocato perché vi aiuti a ottenere un assegno alimentare equo. Le penosissime guerre che si scatenano al proposito sono in piccola parte causate anche dalle armi improprie sfoderate dalle moglie. Vi sono quelle che, infiammate dall'odio, chiedono al marito ricco una «liquidazione» ricattatoria, minacciandolo di mettere in piazza bilanci neri, società di comodo e investimenti sommersi. È possibile che qualcosa ottenga, ma a un prezzo molto alto se ha dei figli che rimarranno con lei: avrà infatti psicologicamente liberato il loro padre da responsabilità e coinvolgimenti ben più importanti, inducendolo a ritenere di aver «pagato» in anticipo e coi soldi tutto quanto doveva.

Altre mogli sopravvalutano le reali possibilità del marito che, grazie a un soddisfacente stipendio, riusciva a far vivere la famiglia con un certo benessere. La separazione (anche se non dà subito avvio a una seconda famiglia cui provvedere) comporta all'uomo l'esigenza di affittare una seconda casa, pagare chi si prenda cura delle pulizie e del bucato, organizzare insomma un nuovo ménage con relative spese di gestione (telefono, riscaldamento ed energia elettrica compresi). Un solo stipendio deve in pratica bastare a due nuclei, e va da sé che la qualità del tenore di vita si riduce della metà.

Altre mogli, infine, in un'esaltata smania di simil-dignità rifiutano addirittura l'assegno alimentare. Hanno, ovviamente, un lavoro proprio e ritengono di dare uno schiaffo morale all'ex coniuge con questa esibizione d'indipendenza. A parte il fatto che l'ex coniuge apprezza soprattutto i piacevoli vantaggi di non doversi accollare alcun onere finanziario, questo comportamento non mi sembra giusto *se vi sono dei figli*. L'assegno alimentare che il padre, doverosamente, dovrebbe versare contribuirebbe a rendere più confortevole la loro vita e comunque eviterebbe loro sacrifici e rinunce che la madre non ha il diritto di imporre.

Una buona separazione, tale da consentire civili rapporti tra ex coniugi e mantenere saldo il legame d'affetto tra padre e figli non più conviventi, deve essere basata su un accordo economico chiaro, che non lasci spazio a latitanze, rappresaglie, acrimonia e furberie.

I mariti offrono al proposito esempi di meschinità e squallore ineffabili. Ma, scusate se infierisco, credo che anche qui le mogli siano in piccola parte corresponsabili: il timore, ahinoi fondato, di vedersi assegnare una cifra da fame le spinge ad affrontare il problema degli alimenti affinando assai più le armi di offesa che non quelle di difesa.

Ne consegue che le trattative avvengono in un clima di rissosità, di minacce e di esagitazione che inducono l'uomo a ritenere la propria meschinità una legittima difesa e ad attribuire all'esiguità della cifra un simbolico potere di rappresaglia e di vendetta.

Mi ostino a ritenere che molti problemi si eviterebbero se la moglie (chi ha testa, la usi!) civilmente invitasse il marito a sedersi a tavolino e, conti alla mano, si appellasse al suo senso di responsabilità onde far tirare le somme a *lui*. In altre parole, spingerlo a stabilire con correttezza la cifra che dovrà versare, compatibilmente alle sue possibilità, per garantire una decente sopravvivenza alla famiglia.

Al di là di questo fine primario, chiudere in armonia le trattative impedisce di tenere un «conto aperto» con la litigiosità. Una volta che il giudice ha ufficializzato la separazione e ne ha sancito le modalità, l'ex moglie deve mirare al traguardo successivo: decontaminarsi dal veleno del rancore, che in alcuni casi è vero e proprio odio.

Lo ammetto, non è facile. L'odio è, per un certo periodo, la più solida barriera contro il dolore. Tutta l'emotività è concentrata sull'ex partner, e fino a quando il disprezzo, la condanna e il rancore invadono il cuore e la mente non resta spazio per l'umiliazione e la sofferenza.

Rinunciare all'odio equivale ad aprire la diga del dolore: ecco perché le resistenze sono talmente istintive e profonde che alcune ex mogli riescono a detestare per tutta la vita.

Non si rendono conto che l'odio crea una barriera anche contro tutte le possibilità di ricostruirsi una vita: è infatti un sentimento che devasta anche la speranza, l'allegria, la disponibilità, la fiducia. Se ci fate caso, le divorziate che si risposano hanno *sempre* un rapporto amichevole o di neutro distacco con l'ex marito, mentre è raro che una donna rimasta sola non continui a detestarlo.

È un drammatico circolo vizioso: l'odio impedisce di ricreare una coppia, e la solitudine mantiene in vita l'odio. Credo che liberarsene sia tanto più facile quanto più ci si impone di ragionare. Avevamo investito tutto su un uomo, e questo uomo ci ha abbandonate per amore di un'altra donna. Con quest'altra donna ha creato un rapporto gratificante e costruttivo; non è per umiliarci che se n'è andato, ma solo perché non gli eravamo più congeniali.

Siamo *noi* a umiliare noi stesse continuando a dipendere da una persona che ha ormai un'altra vita: infatti il rancore è sostanzialmente solo questo, *dipendenza*. All'infuori dell'amore per i figli (se ne abbiamo), i soli sentimenti che riusciamo a provare sono quelli, negativi, che proiettiamo su un «ex». Un estraneo. Non è avvilente?

Non ho purtroppo formule magiche per aiutarvi nel processo di decontaminazione, se non invitarvi a riflettere. Scacciate il pensiero dell'estraneo, imponetevi l'esercizio mentale di *deconcentrarvi* dall'odio ogni volta che un raptus vi travolge facendovi tremare le mani e invadendovi con un'ondata di furia. È una reazione sterile che serve soltanto a cristallizzarvi nella realtà di un fallimento perpetuandone la frustrazione e l'assenza di vita.

Vi concedo di indugiare, ma per poco!, in una piccola e ingenerosa consolazione: i secondi matrimoni non si rivelano mai felici quando lei o lui, per contrarli, hanno lasciato un buon partner e fatto naufragare una buona unione. Questo risponde a una legge della vita: le trasgressioni alla morale sono le sole che sicuramente non restano impunite.

RICOMINCIARE INSIEME

Come tutte le persone ottimiste, di fronte a ogni problema o emergenza prima mi prospetto tutti i possibili sviluppi negativi e poi passo alle eventualità positive e felici. È quanto ho fatto anche stavolta. Esaminato il peggio, e cioè la sconfitta senza scampo, passo con sollievo (anche vostro, spero!) al meglio. Anzi, al massimo: avete vinto. L'arte del buonsenso e la strategia della «pazienza attiva» hanno funzionato e vostro marito è ritornato a casa.

Il sollievo è comprensibile, però non è ancora arrivata l'ora di seppellire il passato e riprendere la strada insieme. C'è stato un momento in cui è successo qualcosa, e il vostro matrimonio è entrato in crisi: tutto quanto è accaduto dopo (il disamore per voi, la passione per un'altra donna, l'abbandono della famiglia) ha preso avvio da qui.

Il ritorno ha posto fine alla separazione, ma i motivi di *quella* frattura sono da chiarire, in quanto ciò che non funzionava durante la lontananza non si è automaticamente aggiustato: ricomporre la coppia come se nulla fosse accaduto, senza correggere i comportamenti sbagliati, senza cercare di capire in che cosa si era mancato e perché ci si era stancati e delusi, significa ricreare in tempi più o meno brevi l'identica situazione di crisi.

Purtroppo, ancora una volta, tocca a voi l'onere della

«rivisitazione» e dell'analisi: vostro marito non è psicologicamente in grado di darvi una mano in questo senso. Che abbia rinunciato all'altra donna per un soprassalto del dovere, perché lei non si è rivelata all'altezza delle sue aspettative, perché il distacco da voi gli è a un certo punto apparso doloroso, è comunque un uomo sconfitto. E probabilmente anche umiliato e stanco.

Nella situazione più sofferta e difficile della sua vita ha preso la decisione sbagliata, e la sola possibilità di riparare dipendeva da voi: la donna che aveva lasciato con l'euforica sicurezza di chi va verso un'utopia di felicità e dalla quale è ritornato infelice e vinto.

Ciò di cui per alcune settimane ha bisogno è comprensione e tranquillità. Ributtarlo in dialettiche tormentose e analisi sofferte sarebbe, oltre che impietoso, del tutto inutile: non è in grado di collaborare in questo senso, il suo grafico emotivo è piatto.

Le mogli che per mesi avevano atteso il ritorno, sognando romanticamente gli slanci, la felicità del ritrovarsi e la gioiosa sofferenza delle spiegazioni chiarificatrici, possono a questo punto avvertire una profonda delusione. E le capisco: riprendersi un marito immalinconito, spento e doverosamente gentile non è certo entusiasmante. E rischia di spegnere anche loro.

A voi che mi leggete dico: preparatevi a questa realtà. E, se la state vivendo, non vi spaventate. È una crisi di assestamento più che normale: addirittura inevitabile. La riconciliazione unisce un uomo e una donna emozionalmente alle antitesi. Lei è disponibile, euforica, caricata. Lui, nel momento in cui varca le soglie della vecchia casa, sente invece calare tutte le tensioni; come una batteria logorata, ha bisogno di ricaricarsi e non è *fisicamente* capace di alcuna scintilla.

Ha bisogno di ritrovare i suoi oggetti e le sue abitudini, ma soprattutto di confermare a se stesso che non ha sbagliato una seconda volta decidendo di lasciare l'altra donna. Non dimenticate mai che l'ha molto amata: è perciò possibile che sia turbato anche da qualche soprassalto di nostalgia, soprattutto se il ciclo della passione non si era ancora fisiologicamente esaurito.

In questo caso, deve avere il tempo di metabolizzare una scelta razionale trasformandola in una *verità del cuore*: in altre parole, capire di essere più legato alla moglie di quanto non lo fosse all'amante.

La prima realtà che scoprirà è che con voi *si sente meglio*. Una confusa malinconia è più sopportabile dei sensi di colpa, un vago rimpianto meno tormentoso della sensazione di sradicamento che provava lontano dalla sua famiglia e dalla sua casa. Ma questa consapevolezza di *star meglio* dovete dargliela voi: continuando a mantenere i nervi saldi; evitando di rivolgergli domande a cui non è ancora in grado di dare risposte chiare; comunicandogli la certezza che non recriminate su ciò che è accaduto e non gli serbate rancore.

Abbiamo fatto tanto: possiamo tentare anche questo. Quando le batterie si saranno ricaricate e il relax emotivo sarà finito, il nostro uomo sarà dapprima stupito di come ci siamo comportate, e poi grato, e infine ammirato. Solo ora sarà arrivato il momento di riscoprire i sentimenti e la complicità perduta. E di chiarire, insieme, quel che è successo e *perché*.

A questo punto potrebbe verificarsi l'ultimo colpo di scena: in un soprassalto d'orgoglio, ripercorrendo i compromessi, le tensioni, le fatiche e le frustranti strategie che la riconquista ci è costasta, potremmo furiosamente chiederci: ma ne è valsa la pena? Un uomo irresponsabile, o folle, o «emotivamente immaturo» come quello che ci ha lasciate e riprese meritava tanto sperpero di noi?

No, probabilmente no. Ma questo prezzo lo abbiamo *già pagato*, e in termini di economia sentimentale rinunciare a quel che ci siamo comprate ed è ormai nostro, sarebbe dissennato.

Le insidie e gli incidenti di percorso lungo la via per ritrovarsi non si esauriscono qui. Al soprassalto dell'orgoglio potrebbe subentrare la smania rinnovatrice: delle abitudini, dell'*habitat*, dell'organizzazione del ménage e persino di sé. Le intenzioni sono buone («visto che prima le cose non hanno funzionato, adesso proviamo a cambiare tutto») ma il loro effetto controproducente: il marito è tornato perché nell'ottica della lontananza è proprio di *quelle* abitudini e di *quell'*habitat che sentiva la mancanza.

Sovvertirgliele significherebbe soltanto rendergli più complessa la crisi di assestamento. Peggio ancora è l'impegno di cambiare se stesse. E qui possono giocare la paura di una nuova perdita, un oscuro senso di inadeguatezza, la gelosia per la donna che per un certo periodo ha amato più di noi.

Ci sono cascata anch'io. Nell'unico episodio di puntigliosa e reciproca infedeltà, quando io ebbi un idillio con lo *chansonnier* e il futuro compagno della mia vita con una superba viennese, la prima cosa che feci quando ci ritrovammo fu correre dal parrucchiere a tingermi i capelli di rosso. Il colore della mia rivale. Solo che lei, a quanto ne so, aveva una lussureggiante cascata e io la solita cagionevole chiomina che per star su ha bisogno di amorose cure. Fatto sta che, come mi vide, l'infedele chiese perplesso: «Ma come ti sei *pettinata*? Stai malissimo».

Appreso che la viennese gli aveva confezionato un meraviglioso maglione (che poi finì in un sacco di raccolta per il Mato Grosso), riesumai le infantili lezioni ricevute dalla vecchia tata e mi cimentai a mia volta con lana e ferri. Ne uscì un cosone largo e lunghissimo, pieno di buchetti che mimetizzai ricucendoli al rovescio: non ho mai più dimenticato la crisi di ilarità dell'infedele quando amorosamente gliene feci dono. Per la cronaca, il cosone ha girato a lungo per la casa come lucidapavimenti.

Scherzando e ridendo (ma un po' amaro!) arrivai a capire una grande verità che vorrei trasmettervi: se è vero che ognuno di noi fa le scelte che gli assomigliano, ciò non vale mai per l'infedeltà. Disamorato o deluso dalla propria compagna, l'uomo è istintivamente attratto da una donna diversa da lei. Il vecchio adagio che «la passione è cieca» sta proprio a significare questo: il tradimento è istintivo, e non razionale; l'amante è la donna che travolge e non quella *congeniale* come a suo tempo è stata la moglie.

Ritornando da noi, nostro marito, ha mostrato che quella che gli rassomiglia di più e che preferisce è proprio la moglie. Abbiamo vinto *perché siamo diverse dall'altra*, e sforzarci di assomigliarle è, ugualmente, patetico e sbagliato.

Il solo modello a cui dobbiamo ispirarci siamo noi stesse come eravamo quando le nostre qualità lo attrassero talmente da fargli desiderare di vivere con noi per tutta la vita. Quali si sono appannate? Quali abbiamo perduto? Questi sono gli interrogativi, i soli, che dobbiamo porci. Ovviamente auspicando che *anche* il pentito, superato il periodo critico, si sforzi di recuperare una piccola parte delle attrattive perdute.

L'UNICA EMERGENZA

Tutti i rischi, tutti gli «incidenti», tutte le eventualità e tutte le sorprese sono stati via via ipotizzati nei precedenti capitoli: la riconquista è un'emergenza non-stop, e a questo punto non vi è altro da aggiungere. Mi sembra tuttavia doveroso e utile dedicare l'ultima parte del libro a quelle mogli che, lungo la via di questa riconquista, hanno smarrito l'amore per il marito.

Succede più spesso di quanto si creda, e in alcuni casi è una fortuna. Quando lui se n'è andato, nonostante tutto hanno sinceramente sofferto; riadattarsi alla vita da *single* e ricostruire nuove abitudini è costato molta fatica. Ma alla fine sono riuscite. A un certo punto si sono addirittura accorte che la loro vita ha acquistato la qualità che proviene dal sentirsi serene, libere, di nuovo capaci di sperare.

Non hanno neppure lo spiacevole tarlo del senso di colpa: sanno, in coscienza, di aver fatto di tutto per aiutare il marito a veder chiaro in se stesso e, per un certo periodo, anche per riportarlo a casa. Più per sensibilità che per strategia hanno mantenuto con lui un rapporto civile, fatto di telefonate cortesi e qualche sporadico ma amichevole incontro.

Ma ecco, giorno dopo giorno, verificarsi il segnale sempre più inquietante che «qualcosa» sta attentando al conquistato equilibrio. L'ex partner, che ha cominciato a prendere sempre più spesso l'iniziativa di telefonare, fare la sorpresa di una visitina, buttare lì l'invito al cinema o a cena, a un certo punto si profila come una figura implacabile e incombente.

Contrariamente a quanto è accaduto alla moglie, durante la lontananza si è accorto di vivere molto male. Scambiando la civiltà e la cortesia di lei per irriducibile amore, si è presuntuosamente preso tutto il tempo necessario per arrivare alla grande scoperta di voler ritornare a casa.

E quando lo comunica alla poverina, con lo stato d'animo del padreterno che ha concesso la grazia, si aspetta suoni di violino e rintocchi di campane a festa. È dapprima con incredulità, e poi con sorpresa, vanità ferita e ira a stento repressa, che realizza l'offensiva realtà: sua moglie non desidera più ripigliarselo.

Un marito normale a questo punto reciterebbe il *mea culpa* e si rassegnerebbe a una rottura che è stato lui stesso a provocare e volere. Purtroppo il signore in questione è psicologicamente un po' disturbato: all'insicurezza di base fanno contorno aggressività, presunzione, manie persecutorie e un temperamento umorale che lo fa vivere in una perenne altalena tra esaltazione e disfattismo.

Nell'ambito di un ménage bene organizzato (da lei, ovviamente) questi disturbi erano rimasti allo stato latente e comunque tenuti sotto controllo. Ma posto di fronte a una realtà ai suoi occhi inaccettabile, il rifiuto della moglie, le sue negatività esplodono e il Nostro passa all'attacco.

Qui i comportamenti si differenziano: c'è l'ex-marito che sfodera l'arma del ricatto psicologico e della persecuzione morale e quello che invece concretamente incombe, minaccia, perseguita e devasta. Nel primo caso ha prevalso il lato «introverso» della personalità (disfattismo e paranoia), nel secondo quello «estroverso» (aggressività ed esaltazione). Entrambi segnano per la moglie un ritorno all'inferno.

L'introverso le lancia messaggi di continuo allarme. Ciò che più o meno consciamente vuole è mantenere l'ex compagna in uno stato di dipendenza psicologica e, allo scopo, ogni pretesto è buono: dal piccolo coinvolgimento pratico (un documento, una firma, un atto notarile per una vecchia proprietà in comune) allo sfogo intimidatorio: sto male, voglio dimettermi, il capo ce l'ha con me, dovrei avere il coraggio di rompere con tutti, tu non hai problemi perché sei sempre stata superficiale e fortunata.

Inutilmente la moglie gli suggerisce di chiedere aiuto a un analista o a uno psicoterapeuta: la sola idea che lei scambi le sue intelligenti infelicità esistenziali per «malattia» lo rende, se possibile, ancor più furioso. *Star male* per lui significa realizzare, con amara superiorità, quanto la gente comune sia adattabile, falsa, egoista, insensibile e imbecille.

Recidere il cordone ombelicale da un uomo tanto invasivo e disturbato richiede ciò che una donna scrupolosa non ha: cinismo e indifferenza. Essa è, suo malgrado, consapevole che l'ex partner *dipende* da lei e che lei è la sola persona in grado di dargli una mano. Questo è indubbiamente vero: però questa disponibilità, vissuta come dovere morale, è catastrofica per entrambi.

L'ex moglie rimane in stato di schiavitù e l'ex marito cronicamente disturbato: fino a quando le sue paranoie e il suo disfattismo avranno un appiglio, non scatterà in lei la molla dell'autentico bisogno di guarirne. La recita nevrotica ha un'ottima ascoltatrice, e la gratificazione è troppo esaltante per rinunziarvi. La sola via d'uscita è *smettere* di ascoltare. Rispondere con cortese laconicità alle telefonate, rifiutare con giustificati motivi gli incontri, delegare un commercialista o una persona amica per gli eventuali interessi rimasti sospesi: in altre parole, lanciare forte e chiaro il messaggio che *non si è più disponibili*.

Nessun dovere è morale se per compierlo una persona deve autodistruggersi o rinunciare ai propri esistenziali diritti: è una regola codificata dalla legge, dalle religioni e dall'etica della vita stessa. Ed è quanto una donna scrupolosa deve razionalizzare, a costo di usarsi violenza.

L'autentico vittimismo, di cui certe persone soffrono, è molto doloroso ma *incruento*. Il vittimista cronico non si toglie la vita, non compie gesti insani e, affidato energicamente a se stesso, finisce per trovare la via d'uscita.

Egli è infatti un razionale e un egoista, incrollabili barriere contro l'autodistruzione.

Assai più difficile è difendersi dall'ex partner estroverso, e cioè quello che ha scelto l'aggressività concreta anziché quella psicologica. Qui il cinismo della ex e la sua determinazione a salvarsi si rivelano armi pateticamente insufficienti.

Se vi sono dei figli, egli se ne serve come *alibi* per giustificare il proprio incombere: è soltanto per la necessità di vederli e per il dovere di verificare se stanno bene che telefona a ogni ora, piomba nella vecchia casa quando crede, parcheggia l'auto sotto il portone e rimane in guardia per controllare i movimenti.

Se i figli non ci sono, il pretesto è «l'amore» per la moglie. Ma non necessariamente l'aggressivo si cerca degli alibi. Il più delle volte perseguita con fini scopertamente minatori: tu mi hai respinto e io ti impedirò di vivere in pace. Può arrivare a fermare per strada, a telefonare nel cuore della notte, a fare una scenata in un locale pubblico, a riempire di botte: le cronache quotidiane sono esplicite in questo senso.

Il suggerimento che parenti, amici e pseudo esperti danno alla vittima è: denuncialo. Se permettete, capisco le donne che esitino a farlo. Non penso che la convocazione dei carabinieri e una pur severa messa in guardia siano una terapia contro il morbo della violenza; talvolta, al contrario, contribuiscono a renderlo ancor più grave.

La sadica gioia di «punire» l'ex partner è per certi uomini assai superiore al timore di incorrere in guai giudiziari. Ma c'è anche un aspetto pratico da considerare: una volta avvertiti, i carabinieri non possono certo offrire una sorveglianza alla donna perseguitata; la loro tutela è di natura preventiva, nel senso che hanno diffidato dal proseguire con i ricatti e le violenze. Ma non possono esserci, né far nulla, nel momento tuttaltro che ipotetico in cui l'aguzzino irrompesse nella vecchia casa reso ancor più aggressivo dalla rabbia per la denuncia.

La situazione è dunque senza via d'uscita? Devo rispondere, con amarissima obiettività, che purtroppo un «ex» incivile e persecutorio è una delle peggiori disgrazie, e come tale consente più compromessi che soluzio-

... è dapprima con incredulità,
poi con sorpresa...

ni. Uomini come questi hanno spesso un parente o una persona amica dei quali avvertono l'influenza oppure temono il giudizio: una buona mossa potrebbe essere rivolgersi a loro chiedendone l'intervento.

Nel caso si rivelasse inefficace, non resta che la strategia della «demotivazione», faticosa e dai tempi piuttosto lunghi. Quel che eccita il violento è la consapevolezza del proprio potere di spaventare, essere preso sul serio, tenere in stato di soggezione: parte del suo sadismo si spegnerebbe se la donna riuscisse a far vacillare questa sensazione di potere mostrando di *non avere paura*. Non è facile, quando si è addirittura in preda al panico, ma esistono comportamenti intermedi che consentono, un poco alla volta, di arrivare allo scopo.

Per prima cosa, l'ex moglie deve imporsi di non reagire più giustificando, motivando, perdendo le staffe. E questo è possibile soprattutto per telefono. Come lui chiama per accusare o aggredire, lei cominci a «replicare» con assoluto mutismo, qui e là intervallato da poche e pacate parole di circostanza tipo «non ci avevo pensato», «forse hai ragione», «ne riparleremo perché adesso ho fretta».

Quando l'«ex» si presenta alla porta di casa negli orari e coi pretesti più impensati, anziché farglielo polemicamente notare o accoglierlo in un atteggiamento di rigida ostilità, lei si comporti come se la visita fosse cosa normalissima e che, comunque, la lascia indifferente. Una frase tipo «i bambini ti stavano aspettando, scusa se io torno in camera mia ma ho da fare», può funzionare benissimo.

Se il violento fa per alzare le mani, invece di raggomitolarsi o arretrare con aria spaventata la donna resti dov'è fissandolo con ostentata calma: in un modo o nell'altro, il manrovescio arriva comunque, ma un poco alla volta l'uomo realizza con sbalordimento che la sua «ex» ha smesso di aver paura e proverà assai meno gusto nel malmenarla.

Il sadismo è un piacere che deriva dalla constatazione di arrecare sofferenza, paura, infelicità: tutto ciò che sarà possibile fare per nascondere questi eccitanti stati d'animo contribuirà a *demotivare* la sadica aggressività.

Ripeto: un «ex» così è una disgrazia. Qualcosa contro

cui ci si può (e ci si deve) difendere come avviene per un terremoto, un lutto, una perdita: raccogliendo tutte le proprie forze, e con la consapevolezza che riconquistare la serenità esige tempi lunghi e la solita pazienza.

Arrivate a questo punto, dopo aver preso in esame *anche* la riconquista della propria pace, oltre che del marito infedele, il lungo viaggio attraverso la coppia si è concluso.

Credo di avervi detto tutto quello che ho imparato e so, facendo tesoro degli sbagli miei e di quelli di tutte le donne che me ne hanno raccontato la storia. Raramente mi è capitato di scrivere qualcosa con lo scrupolo e l'amore che ho messo in questo libro; è possibile che di tanto in tanto l'entusiasmo, lo sdegno, l'ingenuità o l'amarezza mi abbiano preso la mano. Ma sono i sentimenti che mi hanno via via coinvolto ricostruendo la storia ideale di un rapporto con tutto ciò che di felicità e sofferenza comporta.

In buona fede, posso aver travisato o minimizzato o ecceduto: ma qui subentra il *vostro* buonsenso. L'amore s'impara ma le buone regole vanno adattate e ritoccate affinché assomiglino il più possibile a noi e all'uomo che amiamo. Benché tutte le coppie conoscano le stesse emozioni, le stesse gioie e gli stessi problemi, in ogni rapporto esiste qualcosa di meravigliosamente unico, nonché un meccanismo di equilibi segreti.

E qui subentra l'intelligenza amorosa di ciascuna di noi. Auguriamoci che insicurezze, paure e rabbie non la ottenebrino mai: è il nostro vero patrimonio di superiorità e di forza.

IL TEST DELLE PROBABILITÀ

Quali concrete speranze esistono per ricomporre un matrimonio in crisi? Quali effettive possibilità ha una moglie di recuperare l'amore di un coniuge che si è fisicamente e psicologicamente allontanato da lei? Gli sbagli che entrambi hanno commesso *contro* il rapporto fino a che punto hanno reso la frattura insanabile?

Il test che segue non ha domande spettacolari o a trabocchetto: è tratto da un questionario esplorativo che il servizio di terapia della coppia (Sfm), dipendente dalla Wellesley University (Usa), consegna a tutti i coniugi, prima che l'eventuale recupero abbia inizio. Va da sé che le domande, per quanto scoperte, esigono molta riflessione e molta franchezza perché la «diagnosi» sia il più possibile specchio del reale malessere.

Ho preso in considerazione solo il questionario «per lei». Ogni interrogativo presume due risposte, la «a» e la «b»: segnate con una crocetta la vostra e, alla fine, andate a leggere ciò che per ciascuno dei due comportamenti i terapeuti osservano.

1) La crisi del matrimonio si è verificata:
a) lentamente ☐
b) in seguito a un grave episodio ☐

2) Dopo la crisi i rapporti sessuali:
a) sono saltuariamente proseguiti ☐

b) non ve ne sono più stati ☐

3) Non ve ne sono più stati perché:
a) ho respinto gli approcci ☐
b) mio marito non ha più fatto approcci ☐

4) Se suo marito se ne è andato da casa è perché:
a) io l'ho invitato a farlo ☐
b) lui ha desiderato farlo ☐

5) I rapporti del padre coi figli sono rimasti:
a) affettivamente ottimi ☐
b) affettivamente disturbati ☐

6) Se non vi sono figli è perché:
a) entrambi non li abbiamo desiderati ☐
b) uno dei due non li ha voluti ☐

7) Lei ha un lavoro al di fuori della casa perché:
a) c'è bisogno di uno stipendio in più ☐
b) così mi ritengo più gratificata ☐

8) Lei fa solo la casalinga perché:
a) mi piace farlo ☐
b) ho rispettato un desiderio del marito ☐

9) Vi siete sposati dopo un fidanzamento:
a) più breve di un anno ☐
b) superiore a un anno ☐

10) Suo marito è stato per lei:
a) il primo uomo ☐
b) non il primo uomo ☐

11) Sul valore da dare al danaro avete:
a) le stesse idee ☐
b) frequenti dissensi e dissapori ☐

12) La situazione economica della famiglia è:
a) soddisfacente ☐
b) insoddisfacente ☐

13) Nel suo lavoro suo marito le sembra:
a) troppo ambizioso e impegnato ☐
b) incapace di farsi largo ☐

14) Il rimprovero che ha più spesso fatto a suo marito è:
a) parlare troppo poco ☐
b) avere un forte spirito di contraddizione ☐

15) Quando lo conobbe, di lui apprezzò soprattutto:
a) il temperamento brillante e socievole ☐
b) l'onestà e l'impegno professionale ☐

16) Suo marito si è spesso mostrato geloso?
a) no, non è geloso ☐
b) sì, molto spesso ☐

17) Avete una vita sociale soddisfacente?
a) sì, abbastanza ☐
b) no, stiamo molto in casa ☐

18) Pensa che suo marito le dica qualche bugia?
a) presumo di sì ☐
b) sono certa di no ☐

19) Le risulta che le sia stato anche una sola volta infedele?
a) ne ho il sospetto, ma non le prove ☐
b) sono certa di sì ☐

20) C'è qualche cosa che la ferisce più dell'infedeltà?
a) la crudeltà mentale ☐
b) no, nulla ☐

21) Come giudica suo marito sessualmente?
a) un amante molto frettoloso ed egoista ☐
b) un uomo molto virile ☐

22) Qual è il tipo di uomo da cui sarebbe fortemente attratta?
a) un uomo molto intelligente e socialmente impegnato ☐

b) un uomo molto tenero e aperto ☐

23) Qual è il peggior difetto che si riconosce?
a) essere intransigente e brontolona ☐
b) essere possessiva e gelosa ☐

24) Di suo marito vorrebbe cambiare:
a) i difetti che gli ha inculcato sua madre ☐
b) la tendenza a eludere i problemi ☐

25) Tiene a salvare il suo matrimonio perché:
a) sono ancora legata a mio marito ☐
b) sono per principio contraria al divorzio ☐

26) Del divorzio teme soprattutto:
a) la solitudine che segue ☐
b) il cambiamento del tenore di vita ☐

27) C'è qualcosa che suo marito continua ad apprezzare di lei?
a) l'organizzazione della casa ☐
b) l'onestà ☐

28) Le capita di essere corteggiata da altri uomini?
a) non lo permetterei ☐
b) sì, talvolta ☐

29) Per lei la gelosia è:
a) un segno di interesse per l'altra persona ☐
b) una sofferenza inutile ☐

30) Dopo un litigio, solitamente chi fa il primo passo?
a) alternativamente ☐
b) quasi sempre lui ☐

31) Se gli tiene il broncio è perché:
a) voglio castigarlo ☐
b) non riesco proprio a comportarmi normalmente ☐

32) Pensa che un uomo possa divorziare anche senza avere un'amante?
a) sì, se non è felice ☐

b) c'è sempre dietro un'altra ☐

33) **Quale regalo vorrebbe in questo momento da suo marito?**
a) un pensiero tenero e simbolico ☐
b) la proposta di una stupenda vacanza a due ☐

PREVALENTI RISPOSTE A

Gli psicoterapeuti dell'Sfm hanno riassunto in sei comportamenti fondamentali tutti gli errori psicologici e pratici che ciascuno dei coniugi (in questo caso la moglie) può compiere. Le risposte *A* indicano *convenzionalità-aggressività-idealismo* e denotano una seria sofferenza del matrimonio, difficilmente recuperabile se la donna non muta sostanzialmente atteggiamento: non (come vedremo subito) perché oggettivamente sbagliato, ma perché inadeguato per risolvere una situazione di grave crisi. La donna A è onesta, corretta, ligia ai doveri, capace di grande tenerezza se ritiene che l'oggetto del suo amore ne sia degno (*convenzionalità*), ma si irrigidisce ostilmente di fronte alla più piccola manifestazione di debolezza o egoismo (*aggressività*). Avendo investito tutto nei sentimenti, si aspetta gratificazioni eccessive (*idealismo*). Nell'emergenza, manca di strumenti di difesa preziosi quali la malizia, la fantasia e la tolleranza. Rifiutando visceralmente ogni forma di compromesso, tende a polemizzare e impuntarsi anziché accettare il dialogo chiarificatore.

Il marito della donna A può col tempo entrare in crisi sia per un complesso di *inadeguatezza* (l'intransigenza della moglie lo colpevolizza e gli causa non poche frustrazioni) sia per *mancanza di stimoli* (le idee tradizionali della partner, la ripetitività del ménage, i rimproveri sempre per le medesime cose gliela rendono prevedibile e stancante).

PREVALENTI RISPOSTE B

I tre comportamenti negativi di base della donna B sono *contraddittorietà-presunzione-passionalità*, causa ma in pratica non tali da rendere problematica la ricomposizione del matrimonio. Estremista e suggestionabile, questa moglie può passare da atteggiamenti di servile dedizione a gesti di violenta ribellione (*contraddittorietà*); ambiziosa e mentalmente molto viva, è frenata da una pigrizia di fondo che tende a proiettare sul coniuge accusandolo di non «farsi valere» e assumendo spesso atteggiamenti dogmatici e supponenti (*presunzioni*). Anticonformista ma romantica, è anche sentimentalmente contraddittoria. Tende a drammatizzare e affrontare i problemi di petto, contribuendo a rendere il rapporto di coppia molto litigioso (*passionalità*). Il marito della donna B può entrare in crisi per stanchezza, per rabbia, perché non regge a una continua tensione emotiva. L'inaffidabilità della contraddittoria partner, inoltre, può renderlo diffidente e persino aggressivo.

Se la donna B *passionalmente* decide di salvare il proprio matrimonio è assai probabile che vi riesca in quanto possiede armi efficaci quali l'intuito, l'intraprendenza, l'inarrestabilità. È la tipica moglie «sopra le righe» alla quale l'uomo finisce suo malgrado per assuefarsi avvertendone, talvolta, la nostalgia e la mancanza in caso di distacco.

SOMMARIO

PARTE SECONDA
Come tenersi stretto un uomo

PARTE TERZA

Come riconquistare un uomo

BUR
Periodico settimanale: 19 giugno 2002
Direttore responsabile: Evaldo Violo
Registr. Trib. di Milano n. 68 del 1°-3-74
Spedizione in abbonamento postale TR edit.
Aut. N. 51804 del 30-7-46 della Direzione PP.TT. di Milano
Finito di stampare nel giugno 2002 presso
Legatoria del Sud - via Cancelliera, 40 - Ariccia RM
Printed in Italy

ISBN 88-17-12942-9